新时期
会计基础理论与实务研究

李　欣　徐文思　李杉杉　著

山西出版传媒集团

山西经济出版社

图书在版编目（CIP）数据

新时期会计基础理论与实务研究 / 李欣，徐文思，
李杉杉著 .—太原：山西经济出版社，2020.12

ISBN 978-7-5577-0800-9

Ⅰ.①新… Ⅱ.①李… ②徐… ③李… Ⅲ.①会计学
—研究②会计实务—研究 Ⅳ.① F23

中国版本图书馆 CIP 数据核字（2020）第 263877 号

新时期会计基础理论与实务研究

著　　者：李　欣　徐文思　李杉杉
责任编辑：侯轶民
特约编辑：张素琴　张玲花　许　琪　庄凌玲
装帧设计：崔　蕾

出 版 者：山西出版传媒集团·山西经济出版社
地　　址：太原市建设南路 21 号
邮　　编：030012
电　　话：0351-4922133（市场部）
　　　　　0351-4922085（总编室）
E—mail：scb@sxjjcb.com（市场部）
　　　　　zbs@sxjjcb.com（总编室）
网　　址：www.sxjjcb.com

经 销 者：山西出版传媒集团·山西经济出版社
承 印 者：北京亚吉飞数码科技有限公司

开　　本：787mm×1092mm　1/16
印　　张：19.75
字　　数：354 千字
版　　次：2021 年 8 月　第 1 版
印　　次：2021 年 8 月　第 1 次印刷
书　　号：ISBN 978-7-5577-0800-9
定　　价：95.00 元

前　言

当今世界,互联网、移动通信、云计算、物联网、智慧地球等现代信息技术的应用,催生了网络时代的发展和知识经济时代的到来,迎来了信息技术发展和应用的第三次浪潮。会计信息化也步入了以标准化、知识化、智能化、社会化和产业化为主要标志的第三次浪潮变革期。

会计信息化主要利用现代科学技术尤其是计算机信息技术,使得会计核算工作更加准确与高效。会计信息化促使会计核算工作更多地利用现代信息技术高速发展的成果,推动了会计理论与会计实务的进一步发展与完善,促进了会计管理制度的改革;会计信息化的实现,在很大程度上推动了我国会计行业的发展与完善,对我国会计管理制度改革的深化具有巨大的推动作用。

新时代互联网技术改变了传统的事后核算模式,实现会计核算与业务活动的同步集成;互联网技术解决了电子信息在单位之间的快速传递;可扩展商业报告语言(XBRL)技术强大的识别、分析、比较、汇总等功能,使会计信息由人工识别转化为计算机识别,会计信息的准确性、时效性、集成度都将得到大幅提升;互联网的发展促进了会计核算与业务活动在物理空间上的适度分离,使会计工作从分散式的独立核算模式向集中式的财务共享模式转变;会计服务机构将线下业务发展为以线上业务为主,打破了会计服务的地域限制。可以说,互联网及其承载的技术和思想,正在推动着生产方式和生产关系的深刻变革,也推动着会计行业的深刻变革与跨越式发展。

本书结构清晰、内容翔实、思维缜密、逻辑性强,共分 11 章:第 1 章是对会计基础的阐释,着重介绍了会计的含义、会计的对象和目标、会计的职能和核算方法、会计核算的前提及基础、会计信息质量要求及会计法规体系。第 2～10 章主要介绍会计要素及会计科目、复式记账、企业基本经济业务核算、账户的分类、会计凭证、会计账簿、财产清查、编制财务报告、账务处理程序。第 11 章为新时期会计领域的新发展,主要从 IT 技术对会计的影响、大数据与云计算在会计信息化中的机遇和挑战、云计算环境下的中小企业会计信息化模式三方面来进行具体阐述。

本书由李欣、徐文思、李杉杉共同撰写,具体分工如下:

第 1 章 ~ 第 4 章:李欣(聊城大学),共计 12.66 万字;

第 9 章 ~ 第 11 章:徐文思(武汉工商学院),共计 10.86 万字;

第 5 章 ~ 第 8 章:李杉杉(武汉工商学院),共计 10.42 万字。

本书作者具有丰富的会计教育教学经验和企业会计专业实践经验。本书在撰写过程中还参考了有关文献,在此对这些文献的原作者表示感谢。由于时间仓促及作者水平所限,书中不足之处在所难免,敬请读者批评指正。

作　者

2020 年 9 月

目　录

第1章 概　述

会计是人类生产活动发展到一定阶段的产物。在市场经济条件下，企业作为生产者，其基本职能是要生产出一定的产品，以满足人们的物质与文化生活需要。[①] 要对生产经营过程进行管理，并对市场变化做出正确决策，就必须拥有信息。企业内部的经营管理者和外部的经济利害关系人对企业的信息需要是多方面的，既有生产、销售方面的，也有投资、人事等方面的，但最基本、最主要的是财务信息。

1.1　会计概述

"会计"这个词对于我们来说并不陌生，但要说清楚什么是会计，并不容易，让我们来了解下会计的定义、产生与发展历史、基本特征。

1.1.1　会计的含义

通俗地说，会计就是记账、算账和报账。在我国，"会计"一词产生于西周，主要指对收支活动的记录、计算、考察和监督。[②] 人们对会计概念的认识不尽相同。

（1）会计是在社会实践中产生和发展的。会计是从最初只是人们在生产中同时记数的生产职能的附属物，发展为用货币记录、计算劳动成果的独立管理职能。

（2）随着经济的发展，会计逐步发挥它在经济管理方面的作用。会计的记账、算账、报账的会计核算作用，发展为对账务进行审核、检查、预测、决策的会计监督和反馈作用。

---

① 李雪琴. 论会计是一个信息系统 [J]. 平原大学学报，2003（03）：29-30.
② 王艳华. 从算帐会计到管理会计职能转变方法和途径 [J]. 东方企业文化，2012,0（A06）：11-12.

（3）随着现代科学技术的发展,会计作用日益显著。会计从具有核算和监督作用扩展为预测、决策、控制、分析多种作用的经济管理活动。长期实践证明,经济越发展,会计越重要。

综上所述,会计的概念概括为:会计是以货币为主要计量单位,以凭证为依据,借助于专门的技术方法,对一定单位的资金运动进行全面、综合、连续、系统的核算和监督,旨在提高单位经济效益的一种经济管理活动。即会计是一项管理工作,是一项管理过程,是一个信息系统。

会计是以货币作为主要计量单位、运用一定的程序和方法,对单位的经济活动进行核算和监督,提供反映会计主体经济活动信息的管理活动。

企业通过会计工作,把生产经营过程中的每项经济业务所产生的初始信息(数据)运用原始凭证的方式接收下来,然后利用填制记账凭证、复式记账和账簿登记等专门方法,对初始数据进行分类、记录(储存)、整理和汇总,使之成为具有初步用途的账簿信息,最后,再通过财务报告的编制程序对账簿信息进行进一步的加工,形成会计报表信息,并向有关各方进行报送。

1993年7月1日,我国会计工作按照社会主义市场经济要求,对会计模式进行重大改革,出台了与国际会计惯例接轨的《企业会计准则》和《企业财务通则》。2006年,财政部对《企业会计准则》进行了修订,公布并施行了新的《企业会计准则——基本准则》和38项具体准则。会计准则的建立,适应了中国经济快速市场化和国际化的需要,强化了为投资者和社会公众决策提供有用的会计信息理念,实现了我国会计准则体系又一次新的跨越和历史性突破。

1.1.2 会计的产生与发展

会计是一项应用技术,同时又是一门古老的学问。人们对它的理性思考由来已久。在人类社会的经济活动中,资源的有限性与人类需求的无限性之间的矛盾始终存在。因此,人们总是尽可能地用最少的消耗获得最大的效益。为此,就必须对物质生产的消耗与产出进行计量、记录、比较。会计作为对物质生产的耗费与产出进行计量、记录的工具,就随着社会生产的发展和经济管理的要求而产生、发展起来。

1.1.2.1 我国会计历史的演变

（1）会计的萌芽。会计在我国具有悠久的历史,早在原始社会末期就出现了"结绳记事""刻契记事""刻木记数"等简单的记录和计算行为来记载劳动成果和劳动耗费,会计并没有成为一项专门的工作。

（2）会计职业的形成。在西周时期,随着社会生产和经济的发展,大量剩余产品的出现。劳动耗费和劳动成果的计量,记录日益频繁,因管理的需要形成了一种专职的。独立的会计活动。专门掌管国家钱粮税赋的官员的官职在当时称为"司会"。"司会"主天下之大计,计官之长,这就是会计这一职业的来历。

（3）会计账簿体系的形成。在西周时期出现的"会计"这一职业,当时就赋予了它清晰的含义。《周礼·天官篇》中指出:"会计,以参互考日成,以月要考月成,以岁会考岁成"。"参互"为十日成事之文书,相当于旬报;"月要"为一月成事之文书,相当于月报;"岁会"则是一年成事之文书,相当于年报。春秋战国时期,把记录会计事项的简册称为"簿书"或"计簿"。而把记录统计事项的简册称为"籍"。在唐宋两朝,我国会计方法有了新的发展。当时在记账规则方面开始有了比较一致的做法,会计账簿和财务报表的设置也日益完备,由流水账（日记账）和誊清账（总清账）组成的账簿体系已初步形成,特别重要的是创建和运用了"四柱结算法"。[①]"四柱结算法"的创建和运用,是对会计学领域的一项重大贡献,为我国通行多年的收付记账法奠定了理论基础。在清代,《孟子·正义》一书中又对"会"和"计"两个字的含义作了一定的区分:"零星算之为计,总合算之为会"。"会"和"计"两字连用,形成一个专门的名词。即特指对财物收支所进行的日常零星的记录、计算和定期汇总工作。在民间以"四柱清册"为基础的"龙门账""四脚账"等记账方式,充分显示了我国传统簿记的特点。

（4）现代会计的发展。辛亥革命以后,我国引进了西方会计,其对我国会计的发展起到了一定的积极作用。新中国成立后,我国政府制定了一系列会计制度,并于 1985 年公布了第一部《中华人民共和国会计法》（以下简称《会计法》）。随着社会主义经济的发展和扩大对外开放的需要,会计要与国际惯例接轨,在 1992 年 11 月公布了《企业会计基本准则》,开始陆续出台《企业会计具体准则》。1999 年 10 月 31 日,第九届全国人民代表大会常务委员会第十二次会议审议通过了重新修订的《会计法》,并于 2000 年 7 月 1 日起施行,为会计工作更好地为社会主义市场经济服务提供了重要的法律保障。[②]2006 年 10 月,财政部颁布了 38 项具体

---

① 刘国武,陈少华. 会计等式的演变及其体现的经济关系研究 [J]. 湖北经济学院学报,2004（04）:61-64.
② 蒋美荣. 论企业会计监督职能的履行 [J]. 时代金融,2012,000（004）:16+18.

会计准则《企业会计准则——应用指南》,应用指南的第二部分为会计科目及主要账务处理,主要根据具体准则中涉及确认和计量的要求,规定了156个会计科目及主要账务处理,基本涵盖了所有企业的各类交易和事项。①

1.1.2.2 世界会计历史的演变

意大利佛罗伦萨银行在 1211 年已用借贷记账法记账,当时人们把这种记账称为"威尼斯簿记法"。1494 年,由意大利数学家卢卡·巴乔利所著的《算术·几何比及比例概要》一书出版,在该书的"计算与记录要论"论题中,比较系统地介绍了"威尼斯簿记法"。并结合数理原理从理论上加以概括,这是复式记账法形成的重要标志。②1581 年,威尼斯会计学院的建立,表明会计已作为一门学科在学校里教授。之后,借贷复式记账法便相继传至德、法、英、美、日、中等国家,并得到各国会计学者在理论和技术上的不断发展和完善,直到今日仍为世界各国广泛采用。

1.1.2.3 中华人民共和国会计核算制度模式的演进过程

(1)1949—1952 年为初创时期。这一时期最大的成绩是确立中国会计核算制度的基本模式,将中国传统会计簿记模式和苏联会计思想综合体现在会计核算制度中,改变了旧中国会计工作混乱无序、各自为政的状态。

(2)1953—1957 年为全盘苏化期。由于苏联与中国在经济规模和经济层次上尚有很大的差别,会计人员的素质也不尽相同,因此,对苏联会计核算制度的照抄照搬,使苏联会计核算模式在中国运用时显得过于繁琐,形成了呆板的条条框框,同时中国簿记彻底退出了历史舞台。

(3)1958—1978 年为与苏式会计决裂。这一时期的会计核算制度从不断地简化到有名无实,所有的会计核算制度自动失去其约束力,这种演变是一种强制性和诱致性相互作用的混合变迁。苏联会计中的利润、成本、财产等观念遭到批判,会计核算向更加粗放的形式发展,会计本身所具备的知识性被大大简化,会计核算制度的形象被扭曲。

(4)1979—1992 为苏联会计的扬弃期。这个时期会计核算制度是

① 黄丽霞.《小企业会计准则》与《企业会计准则》的比较及启示 [J]. 商业会计,2012(22):70-72.
② 刘国武,陈少华. 会计等式的演变及其体现的经济关系研究 [J]. 湖北经济学院学报,2004(04):61-64.

在恢复苏联会计的同时,又依据中国改革中的现实情况对苏式会计核算制度模式进行了适量的调整和变革。注意对苏式会计的经验借鉴和扬弃,使得以前被认为是西方资本主义国家的会计观念被采用。

(5)1992年至今为与国际会计准则协调发展时期。随着改革的不断深入和市场化的发展,西方国家的示范效应在会计核算制度演变方面起到的作用越来越强。

1.1.3 会计的基本特征

根据上述会计的产生和发展过程,说明会计具有以下几个基本特征。

1.1.3.1 会计是以货币为主要计量单位

会计主要是对经济活动过程中的资金运动进行核算,以取得资金运动的信息,考核资金的运动效果,因而货币成了会计核算的主要计量单位。[1] 由于货币是所有财产物资的统一单位和尺度,所有财产物资和劳动消耗都可以用货币这个统一尺度进行度量,它是总括指标,所有经济活动都可以利用价值形式间接地进行计算,从而取得必要的、连续的、系统的、全面的综合的会计信息,使经济核算成为可能。

1.1.3.2 会计是一种经济管理活动

会计的本质就是一项经济管理活动,它属于管理范畴。会计产生于人们管理社会和经济事务的过程,通过参与经营方案的选择、经营计划的制定、经营活动的控制和评价等各种方式直接进行管理,会计工作往往在单位内部管理的整个系统中进行,每一个管理环节都离不开会计人员的参与。因此,会计是一种经济管理活动。

1.1.3.3 会计是一个经济信息系统

会计是一个旨在提高企业和各单位的经济效益,加强经济管理而建立的以提供财务信息为主的经济信息系统。随着电子计算机的普及和信息时代的来临,会计信息涵盖的范围也在扩大,从单纯的财务信息扩大为一个更能适应具体社会环境要求的经济信息系统。会计作为一个信息系统.通过客观而科学的信息,为管理提供各种数据和咨询服务。

---

[1] 刘梅玲.会计信息化标准体系研究[D].财政部财政科学研究所,2013.

1.2 会计的对象和目标

1.2.1 会计的对象

会计对象是指会计所要核算与监督的内容。在我国,企业与机关、事业单位的经济活动不同,其会计对象的内容也有所不同。同样是企业,不同的行业如工业、商业、农业、交通运输业,其会计对象的内容也各有差异。

1.2.1.1 企业会计对象

企业的经济活动内容主要是生产经营活动。由于各个企业的经济业务不同,其经济活动也不同,资金运动的表现也有所区别。任何事物的运动都有相对静止和显著变动两种形态,资金运动也不例外,也有静态和动态两个方面。

(1)资金运动的静态表现。资金运动的静态表现是指一个企业在一定时点上的资产总值和权益总值。表现为资产和负债及所有者权益的恒等关系,其内容反映在企业的资产负债表中。

(2)资金运动的动态表现。资金运动的动态表现是资金的循环和周转。它反映了一个企业在一定期间的经营成果,它是资金在生产经营过程各个阶段不断转变形态的结果,表现为收入、费用和利润。其内容反映在利润表中。

以商品流通企业为例,企业资金运动主要是按照"货币—商品—货币"的方式不断依次进行。在商品购进阶段,用货币购入商品,货币资金转化为商品资金;在商品销售阶段取得销售收入,商品资金又转化为货币资金。其具体过程如图 1-1 所示。

1.2.1.2 行政、事业单位会计对象

行政、事业单位会计对象的内容与企业有所不同,它们的经济活动是执行国家预算过程中的预算收入和预算支出。行政、事业单位的预算收

支活动也有相对静止和显著变化两个方面的表现,但其具体内容与企业有所不同。预算资金活动的静态表现是指预算资金的使用和来源,如货币资金、固定资产、财政拨款、应交款项等。在执行预算过程中所发生的预算资金收支,如拨款的收入、支用、结存,也构成了预算资金活动的动态表现。

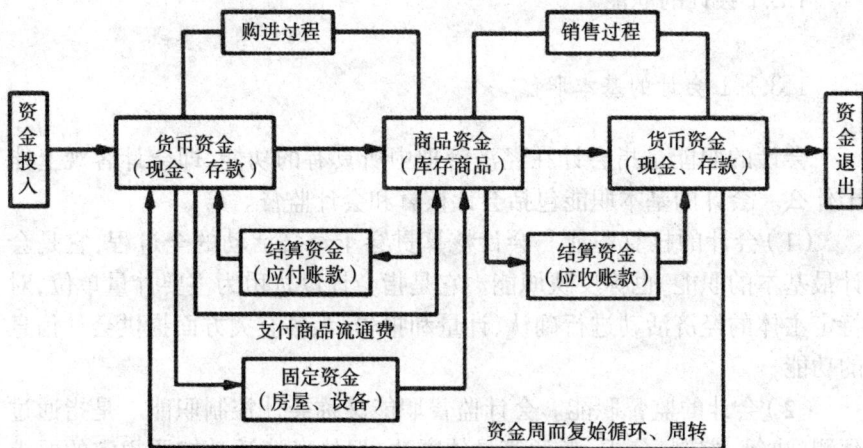

图 1-1 商业企业资金循环

1.2.2 会计的目标

会计目标也称会计目的,是要求会计工作完成的任务或达到的标准,有助于财务会计报告使用者做出经济决策。

会计目标主要包括以下两个方面的内容。

(1)向信息使用者提供对决策有用的会计信息。向信息使用者提供有利于其决策的会计信息,它强调会计信息的相关性和有用性,要求会计能提供企业财务状况、经营成果和现金流量等方面的信息。

(2)向资源的提供者报告资源受托管理的情况。由于现代企业的所有权和经营权相分离,企业管理层是受委托经营和管理企业的。企业管理层作为受托者负有对委托者解释,说明其活动及结果的义务。而企业的财务状况、经营成果和现金流量等方面的信息是由会计提供的,因此,会计目标要求会计信息应能充分反映企业管理层受托责任的履行情况,帮助委托者评价企业经营管理和资源使用的有效性。

1.3 会计的职能和核算方法

1.3.1 会计的职能

1.3.1.1 会计的基本职能

会计的职能是指会计在经济管理中所具有的功能,即会计客观上能干什么。会计的基本职能包括会计核算和会计监督。

(1)会计的核算职能。会计核算贯穿于经济活动的全过程,它是会计最基本的职能,也称反映职能。它是指会计以货币为主要计量单位,对特定主体的经济活动进行确认、计量和报告,为各有关方面提供会计信息的功能。

(2)会计的监督职能。会计监督职能又称会计控制职能。是指通过预测、决策、控制、分析、考评等具体方法,促使经济活动按照规定的要求运行,以达到预期的目的。会计监督是从价值量上进行的监督。会计核算主要是通过货币计量,提供一系列综合反映企业经济活动的价值指标。而会计监督主要是利用核算职能所提供的各种价值指标进行的货币监督。

1.3.1.2 会计职能的拓展

会计的基本职能是核算与监督,但随着历史的进展,传统的职能已得到不断充实,新的职能不断出现,各种职能的重要性也发生了变化。例如,随着我国经济体制改革和国民经济发展的需要,为了加强经济核算,讲求经济效益,要求会计工作开展预测经济前最、控制经济过程、参与经济计划和经济决策,把这些职能从核算与监督中分离出来,就更切合实际和符合需要。因此,在会计学术界提出了"会计多功能论"。我国会计界一般认为,会计除了核算和监督职能外,还有预测、决策、控制、分析等职能。

1.3.2 会计核算方法

会计核算方法是一个完整的科学方法体系。会计核算方法是对经济进行完整、连续和系统的记录和计算,为经营管理提供必要的会计信息所应用的方法,包括设置科目和账户、复式记账、填制和审核会计凭证、登记账簿、成本计算、财产清查、编制财务报告、会计资料分析利用八种专门方法。

当交易或事项发生后,首先要取得或填制原始凭证、按统一规定设置会计科目和账户、采用复式记账方法,编制和审核会计凭证,据以登记账簿,根据账簿记录及其他有关资料,采用一定方法计算成本,期末通过财产清查,在保证账实相符的基础上编制财务报告,并对会计资料进行分析利用。

1.3.2.1 会计核算方法体系

填制和审核会计凭证,设置会计科目和账户、复式记账、登记会计账簿、成本计算、财产清查、编制财务会计报告等专门方法相互联系、紧密结合,共同构成了会计核算方法体系。会计核算方法体系各个方法之间相互协作,确保会计工作有序进行(表1–1)。

表1–1　会计核算方法

会计核算方法	具体介绍
设置会计科目	根据会计对象的具体内容和组织管理要求,事先规定分类核算的项目,并在账簿中据以开设账户,以便取得所需要的核算指标
复式记账	对每一项经济业务都以相等的金额同时在两个或两个以上的相互联系的账户中进行记录的一种方法
填制和审核会计凭证	以会计凭证作为记账的依据,保证会计记录真实、完整、可靠,审查经济活动是否合理、合法的一种专门方法
登记账簿	根据审核无误的会计凭证,在账簿上进行全面、连续、系统记录的方法
成本计算	对生产经营过程中所发生的各种费用,按照一定对象和标准进行收集和分配,以计算确定各对象的总成本和单位成本的方法
财产清查	对各项财产物资、往来款项等进行实物盘点和清查,将清查盘点的结果与账面结存数相核对,以确定账实是否相符。如果清查中发现账实不符,应分析原因,明确责任并调整账面记录,使账实相符。进行财产清查一方面是可确保会计记录正确;另一方面能够保证企业财产的安全完整,促使企业加强资产管理
编制会计报表	对日常会计核算的总结就是将账簿记录的内容定期地加以分类、整理和汇总,提供为经济管理所需要的会计核算指标的方法

1.3.2.2 会计循环

会计循环是指按照一定的步骤反复运行的会计程序。完整的会计核算工作程序,如图 1-2 所示。

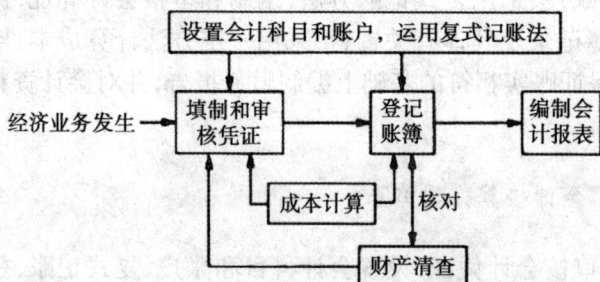

图 1-2　会计核算方法关系图

这个转换过程,即从填制和审核凭证到登记账簿,直至编出会计报表周而复始的变化过程,就是所谓的会计循环。概括来看,会计核算工作的程序主要有三个环节:填制和审核凭证、登记账簿和编制会计报表。在一个会计期间,所发生的经济业务,都要通过这三个环节进行会计处理,将大量的经济业务转换为系统的会计信息。会计核算工作程序,如图 1-3 所示。

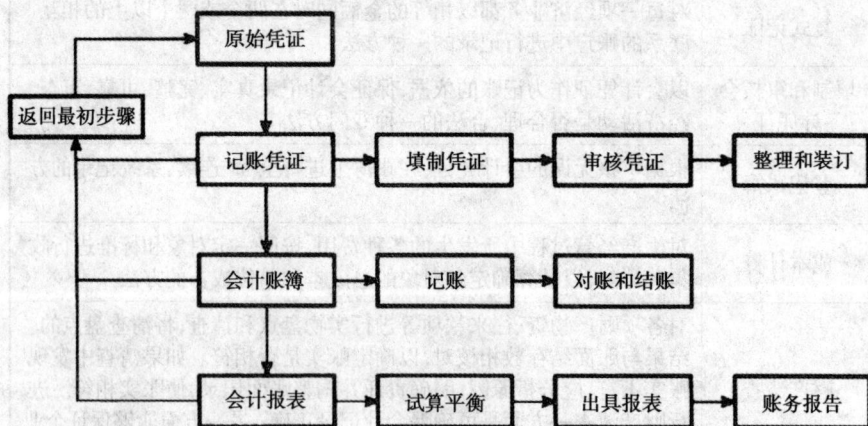

图 1-3　会计核算工作程序

1.4 会计核算的前提及基础

会计核算的基本前提是为了保证会计工作的正常进行和会计信息的质量,对会计核算的范围、内容、基本程序和方法所作的假定,并在此基础上建立会计原则。会计准则是会计核算工作的基本规范,它以《会计法》为指导,就会计核算的原则和会计处理方法及程序做出规定,为制定会计制度提供依据。我国会计准则包括基本准则和具体准则两个层次,会计核算前提及会计信息质量标准为基本准则的内容。

1.4.1 会计核算的前提

会计核算的基本前提又称会计假设,是会计人员对会计核算所处的变化不定的环境做出的合理判断,是会计核算的前提条件。会计核算的基本前提,是人们在长期的会计实践中逐步认识和总结的基础上形成的。会计核算的基本前提主要包括会计主体、持续经营、会计分期和货币计量等四项。

会计核算对象的确定、会计方法的选择、会计数据的收集都要以这一系列的基本前提为依据。会计基本前提是会计核算的基本依据,也是制定会计准则和会计核算制度的重要指导思想。

1.4.1.1 会计主体

企业应当对其本身发生的交易或者事项进行会计确认、计量和报告。这就是会计主体假设,又称会计个体假设。其基本含义是:会计确认、计量和报告是用来说明特定企业个体所发生的交易或事项的,对该特定个体的各项生产经营活动的记录和反映应当与其所有者的活动、债权人的活动以及交易对方的活动相分离。

会计主体是指会计工作为之服务的特定单位和组织。会计主体假设规定了会计工作的空间范围,会计只能核算和监督其特定主体的经济活动,只能计量、记录和报告其特定主体的资金运动及其结果。作为会计主体的特定单位,可以是一个法人单位,也可以是不具备法人资格的经济实体,如具有独立资金并能单独核算生产经营成果的企、事业内部单位;可以是一个独立的企业,也可以是由若干独立企业组织起来的、需要编制合并财务报表的公司或企业集团。企业、事业、机关等单位只要能控制一定经济资源并对此承担法律责任,能进行独立核算,都可以成为会计主体,典型的会计主体是企业。

1.4.1.2 持续经营

在市场经济条件下,激烈的市场竞争使企业被淘汰、兼并的可能性随时存在,但这仅仅是一种可能性,会计处理如果以这种可能性为依据来进行,就会给会计工作带来很大的困难。既然不能确定一个会计主体何时会破产,那么就不如假定它可以无限期地持续经营下去。这种假定的合理性在于:第一,每个企业都有长期生存下去的愿望,为企业服务的会计以企业的愿望为假定前提,是顺理成章的;第二,就大多数企业来说,它们是会持续经营下去的,破产清算的只是少数。

事实上任何企业都存在破产、清算的风险,也就是说,企业不能持续经营的可能性总是存在的。一旦判定企业不符合持续经营前提,就应当改变会计核算的方法。

1.4.1.3 会计分期

会计分期是指企业应当划分会计期间,分期结算账目和编制财务会计报告。会计期间分为年度和中期。年度是指一个完整的会计年度的报告期间,中期是指短于一个完整的会计年度的报告期间。会计分期假设的基本含义是:连续不断的经营过程可以被划分为相等的时间单位,以便对企业的经营状况进行及时、连续的反映。这种为了会计核算的需要而人为划分的、相等的时间单位,称为会计分期。

会计分期是指将企业持续不断的生产经营活动人为地划分为若干会计期间,以便分期核算资金运动,报告经营成果。它是对持续经营假设的必要补充。基本的会计期间是 1 年,称为会计年度。

实际工作中,一个会计年度还要按月份、季度进行结账、报账。会计年度与国家的财政年度一般是一致的。我国会计准则规定,会计年度的起讫日期是公历 1 月 1 日到 12 月 31 日,称为日历年度。日本、加拿大等国则是从 4 月 1 日到第二年 3 月 31 日,称为 4 月制会计年度。美国是从 10 月 1 日到第二年 9 月 30 日。澳大利亚、埃及则是从 7 月 1 日到第二年 6 月 30 日。

1.4.1.4 货币计量

货币计量是指会计主体在会计核算过程中采用货币作为计量单位,记录、反映会计主体的经营情况,并假定在不同时期货币本身的币值不变。可见,货币计量假设包含两层含义:一是一切作为会计事项的经济活动均能用货币计量;二是假定货币币值是稳定不变的。会计计量是会计记录的前提。单位可能发生各种各样的经济活动,不同特点的经济活动可以用不同的计量单位进行计量,当存在不统一的计量单位时,无法进行汇总、比较。

货币计量以货币价值不变、币值稳定为条件,对于货币购买力的波动不予考虑。货币本身的币值是不稳定的,币值变动时有发生,也就是说,货币并不是一个充分稳定的计量单位。这就需要假定币值不变。

在货币计量前提下,我国企业会计通常应当以人民币为记账本位币。业务收支以人民币以外的货币为主的企业,可以选定其中一种货币作为记账本位币,但是编报的财务会计报告应当折算为人民币。在境外设立的中国企业向国内报送的财务会计报告,应当折算为人民币。

1.4.2 会计核算基础

会计核算基础,也称会计处理基础,是指确定收入和费用归属期间的标准。收入和费用的收付期间与归属期间是否一致,可归纳为以下三种情况:收入和费用的收付期间与归属期间是一致的;本期收入和支付的款项不应归属于本期;应归属于本期的收入和费用尚未收款或付款。

会计核算的基础有权责发生制和收付实现制两类。简单地说,权责发生制是以归属期为标准来确认各个会计期间的收入和费用的,收付实现制是以款项的收付期为标准来确认各个会计期间的收入和费用的。不同类型的会计主体,其提供会计信息的目的和经济业务存在差异性,可采用不同的会计核算基础。

1.4.2.1 权责发生制

权责发生制要求凡是当期已经实现的收入、已经发生和应当负担的费用,不论款项是否收付,都应当作为当期的收入、费用;凡是不属于当期的收入、费用,即使款项已经在当期收付了,也不应当作为当期的收入、费用。

权责发生制主要是从时间上规定会计确认的基础,其核心是根据权、责关系的实际发生的期间来确认收人和费用。根据权责发生制进行收入与成本、费用的核算,最大的优点是:更加准确地反映特定期间真实的财务状况及经营成果。

由于权责发生制能比较真实、合理地反映企业的财务状况和经营成果,故广泛用于经营性企业,而收付实现制处理方法相对简单,显然对各期收益的确定不够合理,主要用于不需明确收益的行政事业单位。

1.4.2.2 收付实现制

与权责发生制相对应的一种会计基础是收付实现制,它是以收到或支付的现金作为确认收人和费用等的依据。目前,我国的行政单位会计采用收付实现制;事业单位会计除经营业务可以采用权责发生制外,其他大部分业务采用收付实现制。表 1-2 为权责发生制与收付实现制的比较。

表 1-2　权责发生制与收付实现制的比较

比较项目		权责发生制	收付实现制
基本原则		以收入或费用的归属期为标准	以是否收到货支出现金为标准
费用处理	支付前期费用	不作为当期费用（前期已作费用处理）	作为当期费用（前期未作费用处理）
	支付当期费用	作为当期费用	作为当期费用
	预付后期费用	不作为当期费用(作后期费用)	作为当期费用
	本期费用暂欠	作为当期费用	不作为当期费用（支付时作为费用）
收入处理	收到当期销售收入	不作为当期收入（已作前期收入）	作为当前费用（前期没有作为收入）
	收到当期销售收入	作为当期收入	作为当期收入
	本期销售收入暂欠	作为当期收入	不作为当期收入（以后收到作收入）
	预收销售收入	不作为当期收入(提供商品、劳务时确认收入)	作为当期收入

1.5 会计信息质量要求及会计法规体系

1.5.1 会计信息质量要求

会计工作的基本任务就是将与企业财务状况、经营成果和现金流量等有关的会计信息提供给会计报告使用者,而会计信息的质量要求是对企业财务报告中所提供的会计信息质量的基本要求,是使财务报告中所提供的会计信息对使用者决策有用所应具备的基本特征,它是评价会计工作成败的标准。会计核算的一般原则是进行会计核算的指导思想和衡量会计工作成败的标准。具体包括两个方面,即衡量会计信息质量方面的一般原则,确认和计量的一般原则。

1.5.1.1 可靠性

可靠性要求企业应当以实际发生的交易或者事项为依据进行确认、计量和报告,如实反映符合确认和计量要求的各项会计要素及其他相关信息,保证会计信息真实可靠,内容完整。企业的会计信息要满足会计信息使用者的决策需要,就必须内容真实,数字准确,资料可靠;而为了确保真实,会计信息应经得起验证。

1.5.1.2 相关性

相关性是指企业所提供的会计信息应与财务会计报告使用者的经济决策相关,有助于财务会计报告使用者对企业过去、现在或者未来的情况作出评价或预测。这里所说的相关,是指与决策相关,有助于决策。如果会计信息提供后,不能帮助会计信息使用者进行经济决策,就不具有相关性,因此会计工作就不能完成会计所需达到的会计目标。

1.5.1.3 可理解性

可理解性要求企业的会计信息应当清晰明了,便于财务报告使用者理解和使用。可理解性要求会计记录和财务会计报告必须清晰明了、简明扼要,数据记录和文字说明一目了然地反映出经济活动的来龙去脉。

会计信息从产生到报表无疑要经过专业会计人员的加工处理,但处理结果即会计报表应当是通俗易懂的,该原则要求基本不懂会计的人都要能理解会计信息,即要使会计信息简明易懂,能清晰地反映企业经济活动的来龙去脉。[①] 所以我们在会计报表中大量使用"库存现金""银行存款""原材料"等通俗易懂的名词,而尽量避免过分专业而难于理解的名词。

当然,另一方面,信息使用者必须具备一定与企业经营活动相关的会计知识,并愿意付出努力去研究这些信息。

1.5.1.4 可比性

可比性是指企业提供的会计信息应当具有可比性,包括两个方面的质量要求。

(1)横向可比。企业可能处于不同行业、不同地区,经济业务发生在不同地点,为了保证会计信息能够满足经济决策的需要,便于比较不同企业的财务状况和经营成果,不同企业发生相同的或者相似的交易或事项,应当采用国家统一规定的相关会计方法和程序。

(2)纵向可比。即同一企业不同时期发生的相同或相似的交易或事项,应当采用一致的会计政策,不得随意改变,便于对不同时期的各项指标进行纵向比较。在此准则要求下,企业不得随意改变目前所使用的会计方法和程序。一旦作出变更,也要在会计报告附注中作出说明。例如,存货的实际成本计算方法有先进先出法、加权平均法等。

1.5.1.5 重要性

重要性要求企业提供的会计信息应当反映与企业财务状况、经营成果和现金流量等有关的所有重要交易或者事项。

重要性的应用应从项目的性质和金额大小两方面来判断其重要性。在评价某些项目重要性时,很大程度上取决于会计人员的职业判断。

可见,运用重要性原则,一方面可使会计人员适当简化核算程序,减少核算工作量;另一方面也可使会计信息使用者抓住重点和关键,从而更好地利用会计信息。[②] 运用此原则的关键是如何确定什么是重要的经济业务。一般应根据企业规模与业务涉及的金额大小来确定。

① 唐春雯. 无形资产出售的核算之我见 [J]. 现代商业,2008(12):222-222.
② 朱勤波. 重要性原则在会计准则中的体现与运用 [J]. 财会研究,2004.

1.5.1.6 谨慎性

谨慎性原则又称稳健性原则,是指企业对交易或事项进行确认、计量和报告应当保持应有的谨慎,即在存在不确定因素的情况下,不应高估资产或者收益,低估负债或者费用,对于可能发生的损失和费用,应当加以合理估计。企业经营存在风险,实施谨慎性原则,对存在的风险加以合理估计,就能在风险实际发生之前化解并防范风险,有利于企业作出正确的经营决策,有利于保护所有者和债权人的利益,有利于提高企业在市场上的竞争力。

1.5.1.7 及时性

及时性要求企业对于已经发生的交易或者事项,应当及时进行会计确认、计量和报告,不得提前或者延后。在会计核算过程中贯彻及时性,一是要及时收集会计信息,即在经济业务发生后,及时收集整理各种原始单据或者凭证;二是要及时处理会计信息,即按照会计制度统一规定的时限,及时编制出财务会计报告;三是要及时传递会计信息,即在统一规定的时限内,及时将编制的财务报告传递给财务报告使用者,以供其及时参考、使用。

1.5.1.8 实质重于形式

实质重于形式要求企业应当按照交易或事项的经济实质进行会计确认、计量和报告,不应仅以交易或者事项的法律形式为依据。在具体会计实务中,交易或事项的经济实质往往存在着与其法律形式明显不一致的情形,如果会计核算仅仅按照交易或事项的法律形式进行,而其法律形式又没有反映其经济实质和经济现实,那么,其最终结果将会误导会计信息使用者的决策。

1.5.2 会计法规制度体系

会计法规是由国家和地方立法机关以及中央、地方各级政府和行政部门制定颁发的有关会计方面的法律、法规、制度、办法和规定等。会计法规制度体系主要包括会计法律、会计准则和会计制度等会计核算方面的法规。

1.5.2.1 会计法律

（1）《会计法》。《会计法》是会计领域的基本法。《会计法》由全国人民代表大会常务委员会制定，以国家主席令的形式发布，是我国从事会计工作、办理会计事务的法律规范，是拟定各项会计法规、准则、制度的基本法律，是我国会计法规的母法和根本大法。

《会计法》于 1985 年 1 月 21 日由第六届全国人民代表大会常务委员会第九次会议通过，并于当日由中华人民共和国主席第 21 号发布，自 1985 年 5 月 1 日起施行。为适应我国社会主义市场经济的发展和深化改革的需要，1993 年和 1999 年我国对《会计法》进行了两次修订。

新修订的《会计法》共七章五十二条，分别为总则、会计核算、公司与企业会计核算的特别规定、会计监督、会计机构和会计人员、法律责任和附则。修订后的《会计法》自 2000 年 7 月 1 日起施行。2017 年 11 月 4 日第十二届全国人民代表大会常务委员会第三十次会议《关于修改 < 中华人民共和国会计法 > 等十一部法律的决定》第二次修正。

新《会计法》是针对会计人员工作中存在的主要问题而制定的，只对会计核算和会计监督等会计基本工作职能提出了要求规范，没有对会计人员参与经济预测和决策，进行会计控制、分析、考评等方面提出具体要求。同时作为会计根本大法的《会计法》具有高度的概括性和原则性，该法只针对会计工作中那些最基本的、最主要的、需要和能够辨别合法与非法界限的，并要强制执行的内容做出了规定。比如《会计法》只对会计凭证的填制和审核、账簿的登记、会计报表的编报等提出原则要求，作为辨别合法与否的标准。至于填制、审核、登记的具体操作方法，在《会计法》中则没有必要做出具体的规定，这些问题在其他会计法规如《会计基础工作规程》中加以明确。

修订后的《会计法》，补充、完善了会计核算和会计记账的基本制度和基本规则，强化了单位负责人对本单位会计工作和会计资料真实性、完整性负责的责任制，加强了对会计人员的资格管理，强化了会计活动的制约和监督，加大了对违法行为的处罚力度，适应了当前经济和财务管理的需要。其主要表现为以下几个方面。

①明确规定了单位负责人对本单位的会计工作和会计资料的真实性、完整性负责。明确了单位负责人与会计机构各成员的工作责任关系及正确处理这些关系的法定性原则。

②防范会计信息失真责任体系的建立固然重要，但要发挥其作用，关

键在于不断地维护和强化这个体系。故而,新《会计法》中专门规定了较为具体的禁则和罚则,即实行或不实行某种行为的界限。而原法在这方面的规定却不是很具体。

③新《会计法》明确了执行主体——县级以上人民政府的财政部门,而原法对这方面的规定则不甚明确。

(2)《注册会计师法》。《注册会计师法》于1993年10月31日由第八届全国人大常委会第四次会议审议通过,并于1994年1月1日施行。《注册会计师法》共七章,四十六条,包括总则、考试和注册业务范围和规则、会计师事务所、注册会计师协会、法律责任和附则。

1.5.2.2 会计行政法规

会计行政法规是指由国务院制定并发布,或者国务院有关部门拟订并经国务院批准发布,调整经济生活中某些方面会计关系的法律规范。它是根据《会计法》制定的,是对会计法律的具体化和补充。我国现行的会计行政法规主要是国务院发布的《企业财务会计报告条例》和《总会计师条例》等。

《企业财务会计报告条例》由国务院于2000年6月21日发布,自2001年1月1日起实施。它共分六章,四十六条,包括总则、财务会计报告的构成、财务会计报告的编制、财务会计报告的对外提供、法律责任和附则。

《总会计师条例》由国务院于1990年12月31日发布,自发布之日起施行。它共分五章,二十三条,包括总则,总会计师的职责、权限、任免与奖惩和附则。

1.5.2.3 会计部门规章

(1)企业会计准则。

会计准则是会计核算工作的基本规范。它处于会计工作规范体系的第二个层次,主要就会计核算的原则和经济业务的会计处理方法及程序做出规定。它是我国企业会计核算工作的基本规范,它以《会计法》为指导,同时又指导会计制度,是会计制度的制定依据。

我国的企业会计标准自20世纪50年代直至20世纪90年代初,一直采用企业会计制度的形式。我国自1988年起开始研究起草企业会计准则。1992年11月经国务院批准,财政部以部长令的形式,正式发布了《企业会计准则》,规定从1993年7月1日起正式施行。这是我国会计改革的一项重要措施,它标志着我国企业会计工作进入了一个新的发展时期。

我国的企业会计准则分为基本会计准则与具体会计准则两个层次。1993 年实施的《企业会计准则》属于基本会计准则,它主要就企业财务会计的一般要求和主要方面做出原则性的规定,为制定具体会计准则和会计制度提供依据。它包括四个部分:会计核算的基本前提、会计核算的一般原则、会计要素准则、会计报表的基本内容与要求。

基本会计准则颁布之后,具体会计准则的制定被提上议事日程,1997 年上半年正式发布了一项具体会计准则:《企业会计准则——关联方关系及其交易的披露》。截至 2001 年年底,共发布具体会计准则 16 项。2006 年 2 月 15 日财政部在对原基本会计准则作重大修订的基础上,发布了《企业会计准则——基本准则》和 38 项具体会计准则,2014 年 1 月至 7 月,财政部修订了基本会计准则及 5 项具体准则,并颁布了 3 项具体准则,2017 年又颁布了 1 项具体准则,至此,财政部共颁布了 42 项具体准则,标志着我国已基本建立起既适合中国国情又与国际会计准则趋同的能够独立实施的企业会计准则体系。

(2)会计制度。

从广义上讲,会计制度应该包括会计工作制度,会计人员管理制度和会计核算制度等内容,而习惯上所称的会计制度则仅指会计核算制度。

虽然我国在 1990 年以财政部令的形式颁布了会计准则,并于 1993 年 7 月 1 日起正式执行。但由于受我国长期计划经济等国情的制约,全国制定及推行企业会计准则存在一些现实问题。因此,为了保障各企业的会计报表能够统一可比,层层汇总,满足国家宏观调控的需要,并规范企业会计工作,财政部采取了制定、公布分行业会计制度的办法,从而形成了企业会计准则和企业会计制度长期并存的局面。总体来说,我国先后共制定了 13 个行业会计制度和 1 个股份有限公司会计制度。这 13 个行业会计制度包括工业企业会计制度、邮电通信企业会计制度。施工企业会计制度、房地产开发企业会计制度、对外经济合作企业会计制度、金融企业会计制度、农业企业会计制度民航企业会计制度、铁路运输企业会计制度,保险企业会计制度等。

新颁布的《企业会计制度》的最大特点就是统一性强。按照《企业会计制度》的要求,各行业在会计核算的一般原则上实现了高度统一;在会计科目的使用和会计报表的项目,内容上实现了高度统一;在会计处理方法和程序上实现了高度统一。各行业根据《企业会计准则》的要求,参照分行会计制度,结合企业的具体情况,制定本企业会计制度正确进行账务处理。

新《企业会计准则》体系实现了与国际会计准则的"实质性趋同"，随着会计准则完善和运用的不断深入，企业会计制度的模式将最终被舍弃，用准则代替制度是会计国际化发展的必然。考虑到我国国情，财政部还是审慎地保留了企业会计制度的基本内容，但不再颁布并执行单独的企业会计制度，而是将其作为企业会计准则应用指南，以《企业会计准则应用指南——会计科目和主要财务处理》的形式出现。会计准则体系的三个层次——基本准则、具体准则和应用指南均具有强制性，企业必须执行。但是与以前的企业会计制度相比，会计科目和主要账务处理不再与企业会计准则处于平行地位。当会计科目和账务处理与基本准则和具体准则相冲突时，企业应当以基本准则和具体准则的规定为准并执行。

除此之外，会计法规体系还包括一些会计规章制度以及单位内部的一些具体的管理制度、各种法律、法规的组成。

第2章　会计要素及会计科目

会计要素是对会计对象的基本分类,是会计对象的具体化,是反映会计主体财务状况和经营成果的基本单位。会计科目是对会计要素进行分类的项目,它必须结合会计要素的特点来设置。只有通过对会计要素内容的再分类,确定科学合理的会计科目,才能对经济活动进行连续、系统、全面的记录和反映,为信息使用者提供更为全面有效的信息。

2.1　会计要素

2.1.1　会计要素的概念

我国《企业会计准则》界定六个会计要素,即资产、负债、所有者权益、收入、费用和利润[①]。财务会计报告按照这六个要素进行分类计算和处理,从而形成会计信息处理的基础。那么,这些会计要素究竟有什么含义呢?

以货币形式为主,其他形式为辅计量的企业经济活动是一种资金运动。会计工作所加工处理的对象正是这种资金运动。在一个企业中,资金运动表现得极为复杂。例如服装批发公司,资金投入后常见的是货币资金形态,采购服装后便形成了成品资金形态,在销售完服装以后获得资金回笼,因此又变回货币资金形态,从而可以再进行资金分配或退出。如果发生了赊购和赊销行为,货币资金形态由结算资金形态表现。如果企业形式换成制造业、建筑业等企业,以货币资金购买的原材料等物资形成储备资金状态,在经过加工制造过程的生产资金状态后,才能到达成品形成后的成品资金状态。这些状态不断循环交替,反映出一个企业的资金投入和退出的日常运动状态,如图2-1所示。

[①] 杨为烈,王小龙.虚拟企业的会计问题[J].经营与管理,2011(7):82-83.

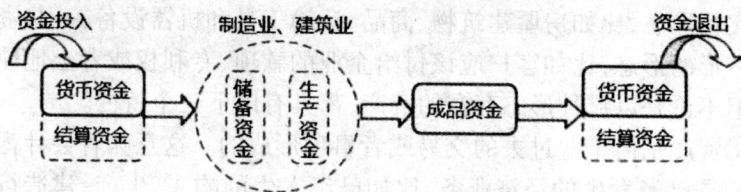

图 2-1　资金运动的过程

　　按照经济特征对上述复杂的资金运动(会计的对象)加以分类便形成了会计要素。因此会计要素就是会计对象的具体表现,是反映企业财务状况和经营成果的基本单位。它帮助会计人员将纷乱繁杂的经济业务以分类和汇总的方式加工成全面而系统的信息。在分别反映企业财务状况和经营成果的财务报表中,六个会计要素就是基本组成部分。因此,会计要素又被称为财务报告要素。对会计要素的规定,各国存在着一定的差异。国际会计准则委员会(IASC)和美国财务会计准则委员会(FASB)分别定义了五个和十个会计要素。我国的《企业会计准则》吸纳了《国际会计准则》的界定特点,设置了六个会计要素,要素的定义接近《国际会计准则》标准。在这六个要素中,资产、负债和所有者权益属于静态要素,反映一个时点的静态状况;收入、费用和利润属于动态要素,反映一个时段里的动态成果。企业应当按照交易或者事项的经济特征来确定会计要素。理解会计要素的具体内容是掌握会计语言的基础,也是区分和处理具体业务问题的依据,对于学习本书后面的内容有着至关重要的作用。

2.1.2 会计要素的内容

2.1.2.1 资产

（1）定义和特征。

　　资产是会计要素中最为重要的一个,是所有会计要素内在有机联系的核心。会计学上的"资产"在经济学上是"经济资源"的概念,正因为有了这些资源,才会有资源的所有权问题,才会有这些资源的流入与流出问题,也才会有所有者权益、负债、收入、费用等问题。[①]

　　资产在《企业会计准则》中的定义是:"资产是指企业过去的交易或者事项形成的、由企业拥有或者控制的、预期会给企业带来经济利益的资源。"资产是包括各种财产、债权和其他权利在内的经济资源。一些资产

---

① 武宇卿.浅议会计要素以及计量原则[J].知识经济,2013（4）：137.

具有实物形态,比如房屋建筑物、商品、运输工具和机器设备,一些资产并没有有形的形态,比如客户应该付给企业的款项、专利权或者土地使用权等。但不论是以哪种形态存在的资产,都具有以下三个特征。

①资产是由企业过去的交易或者事项形成的。这意味着会计记录和报告的是已经发生的经济业务,比如已经发生的购买、生产、建造行为或者其他交易或事项。能够使企业获得经济利益、控制别人获得这种利益的交易或其他事项必须是已经发生的。预期在未来发生的交易或者事项不形成资产。所以将可能要发生并可能获得的资产进行提前确认是不被允许的。只有当资产上的风险和报酬转移到企业后,才能考虑确认为资产。

②资产是由企业拥有或者控制的。这意味着企业享有某项资源的所有权,或者虽然不享有某项资源的所有权,但该资源能被企业控制。比如融资租入的固定资产,虽然企业没有所有权,但是企业可以实际控制和支配这些资产,因此,如果这些资产仍符合资产的确认条件和其他特征,在资产负债表上就能确认为企业的资产。

③资产预期能够给企业带来经济利益。这意味着资产具有直接或者间接导致现金和现金等价物流入企业的潜力,强调了资产的有用性或者盈利性。资产是企业拥有或者控制的,但是企业拥有或者控制的资源未必都是资产,未来不能给企业带来经济利益的就不是资产。有些资源原来是可以给企业带来未来经济利益的,但由于后来情况发生了变化,比如一项专有技术被另外的新技术取代,没有了转让价值,就不能再被确认为资产。如果一幢建筑物的可收回金额低于其账面价值,说明可以带来的未来经济利益减少了,就需要提取减值准备。

(2)确认条件。

资源在满足上述三个特征以后,还必须具有以下两个确认条件才可以被列入资产负债表。

①与该资源有关的经济利益很可能流入企业。比如已经签订购买合同的商品,虽然销售商还没有将其运出仓库或没有送到购买方企业所在地,但是由于所有权已经转移给购买方企业,商品上所含的经济利益(比如涨价后的得益)已流入购买方企业,所以应将其视作购买方的资产。

②该资源的成本或者价值能够可靠计量。可靠计量是指必须取得确凿、可靠的证据,并且具有可验证性。对于符合资产的定义但不符合资产的确认条件的项目,应在会计报告附注中进行相关披露。

(3)主要内容。

资产的构成内容相对比较多,分类方法也有很多。使用最多的是按照流动性进行的分类。所谓资产的流动性,就是指在不需要大幅度价格让步的情况下,资产转换为现金、出售或者耗用的速度,以此表现资产带来未来现金流量的能力。按照流动性不同,资产主要可分为流动资产和非流动资产(长期资产),如图 2-2 所示。

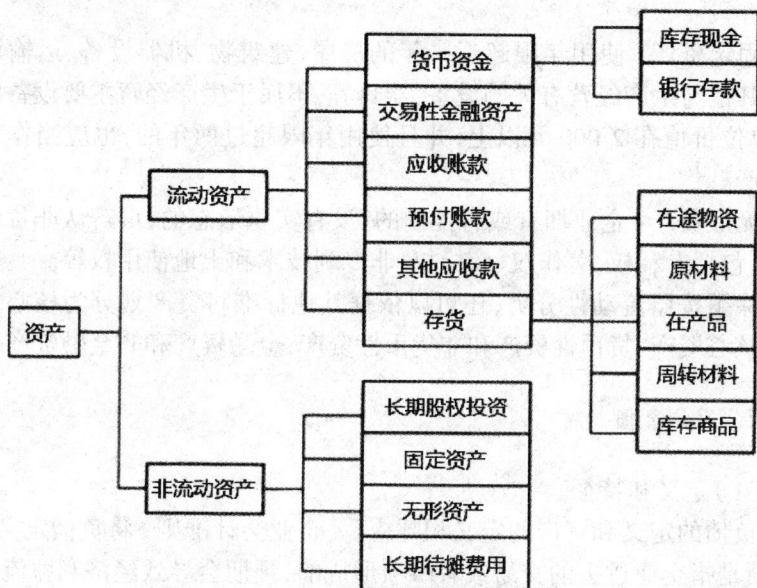

图 2-2　资产的主要内容

①流动资产。流动资产是指主要以交易目的而持有的,或者预计能够在一个正常营业周期内变现、出售或者耗用的资产。正常营业周期是指企业从购买用于加工的资产起至实现现金或现金等价物的期间。正常营业周期通常短于一年。生产周期较长等导致正常营业周期长于一年的,尽管相关资产往往超过一年才变现、出售或耗用,但其仍应当划归为流动资产。正常营业周期不能确定的,应当以一年作为正常营业周期。流动资产具有形态改变快、周转快和流动性强的特点,包括库存现金、银行存款、应收账款、预付账款、存货等。图 2-2 中所列示的只是几个重要项目,并没有列举全部资产项目。

库存现金:主要核算企业的库存现金。

银行存款:核算企业存入银行和其他金融机构的各种存款。

应收账款:核算企业因销售商品、提供劳务等应收取的款项。

预付账款:核算企业按照购货合同规定预付给供货单位的款项。

存货:在服装批发公司这样的商业企业中,存货包括库存商品、包装物和低值易耗品等。

在制造业企业中,流动资产还包括原材料、在产品和自制半成品等。

②非流动资产。非流动资产是指除流动资产以外的资产,它具有形态相对稳定、周转慢和流动性较弱等特点。非流动资产包括长期股权投资、固定资产、无形资产和长期待摊费用等。下面简单介绍其中两个重要项目。

固定资产:使用年限超过一年的房屋、建筑物、机器设备、运输设备以及其他与生产经营有关的设备、器具等,不属于生产经营主要设备的物品,单位价值在 2 000 元以上,并且使用年限超过两年的,也应当作为固定资产。①

无形资产:企业拥有或者控制的、没有实物形态的、可辨认非货币性资产,包括专利权、著作权、商标权、非专利技术和土地使用权等。

除了按照流动性分类,还可以依据其他标准将资产划分为核心资产和非核心资产、货币性资产和非货币性资产、金融资产和非金融资产等。

2.1.2.2 负债

(1)定义和特征。

负债的定义和资产的定义相呼应。《企业会计准则》将负债定义为:"负债是指企业过去的交易或者事项形成的、预期会导致经济利益流出企业的现时义务。"负债是企业的一种经济义务或者经济责任,代表了债权人对借款人的资产的要求权,它具有以下特征。

①负债是由企业过去的交易或者事项形成的。预期在将来要发生的交易或者事项可能产生的债务不能作为负债。

②负债是企业现时的义务,指企业在现行条件下已承担的义务,而不是潜在的义务。

③清偿债务将会导致企业未来经济利益的流出。企业往往会在将来把本企业拥有或者控制的资产或劳务转移给对方以清偿债务,也可以通过转化为所有者权益的方式来清偿债务。不论什么方式的偿还,最终都表现为含有经济利益的经济资源的减少。这是和资产相对应的特征。

(2)确认条件。

一项义务在符合负债定义的同时,还必须满足以下两个确认条件才可以在资产负债表中作为负债列示。这些确认条件也是与资产的确认条件相对应的。

---

① 李滨. 浅议企业固定资产管理改进对策 [J]. 全国商情·理论研究,2020(1):87-88.

①与该义务相关的经济利益很可能流出企业。

②未来流出的经济利益的金额能够可靠计量。

（3）主要内容。

负债一般根据偿还期限的长短划分为流动负债和非流动负债（长期负债），如图2-3所示。

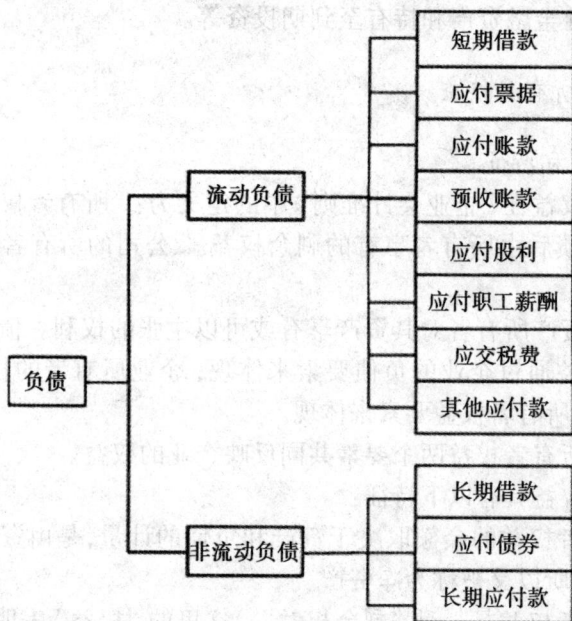

图2-3 负债的主要内容

①流动负债。流动负债是指主要为交易而持有的，或者将在一个正常营业周期内偿还的债务。它包括短期借款、应付票据、应付账款、预收账款、应付股利、应付职工薪酬、应交税费、其他应付款等。下面简单介绍短期借款、应付账款和预收账款。

短期借款：核算企业向银行或者其他金融机构等借入的期限在一年以及一年以内的各种借款。

应付账款：核算企业因购买材料、商品和接受劳务供应等而应付给供应单位的款项。

预收账款：核算企业按照合同规定向购货单位预收的款项。

②非流动负债。非流动负债是指流动负债以外的负债，包括长期借款、应付债券和长期应付款等。一项长期借款如果在资产负债表日之后的一年内到期，则应当在流动负债中列示。下面简单介绍长期借款和应付债券。

长期借款：核算企业向银行或者其他金融机构等借入的期限在一年以上的各种借款。

应付债券：核算企业通过发行公司债券方式募集资金所需要归还的债务。这和企业拥有闲余资金、对外进行投资、购买其他公司发行的债券等是不同的。前者是一项负债，后者则作为企业的资产，根据时间长短可以分为交易性金融资产和持有至到期投资等。

2.1.2.3 所有者权益

（1）定义和特征。

所有者权益在《企业会计准则》中的定义为："所有者权益是指企业资产扣除负债后由所有者享有的剩余权益。"公司的所有者权益又被称为股东权益。

权益是资产所有者对其资产享有或可以主张的权利。债权人在企业中拥有的权益通过企业的负债要素来体现；企业所有者的权益，顾名思义，就是通过所有者权益要素来体现。

负债和所有者权益两个要素共同反映企业的权益。

所有者权益具有以下特征：

①所有者权益的余额取决于资产和负债的计量，是由资产和负债的差额决定的，所以又被称为净资产。

②所有者权益是一种"剩余权益"。这里的"权益"表明：虽然所有者权益从形式上等于资产减去负债，但是所有者权益并不是这个差额本身，而是指对这个差额所拥有的权益，即投资人对投入的资本及其运用所产生的结果享有的所有权、占用权、处置权、分配权等要求权。"剩余"则说明该权益对企业资产的要求权是在负债之后的。企业对债权人同样负有经济责任，债权人对企业资产的要求权，从法律角度上优先于投资人。所以所有者享有的是剩余资产的要求权。

③在企业持续经营的情况下，所有者投入的资金一般不能收回。所有者可以享受长期的权益，直到企业破产清算后结束。所有者可以获得的分红没有确定的金额。而债权人的权益却有着明确的时限和金额。同样是权益，所有者和债权人在企业享受着不同的权益内容，这是由他们一开始选定的。通过债转股等方式，他们可以选择转换角色，比如从债权人身份转换成所有者身份。

（2）来源。

所有者权益的来源包括所有者投入的资本、留存收益、直接计入所有者权益的利得和损失等。

所有者投入的资本很容易理解。留存收益是企业从历年实现的利润中提取或者形成的留存于企业内部的积累,来源于企业的生产经营活动所实现的利润。[①] 留存收益是投资者的原始投资在企业内部滋生并留存下来的部分。

利得和损失是区别于收入和费用的两个概念,它们是指企业边缘性或偶发性交易或事项所形成的经济利益的流入或流出。

直接计入所有者权益的损失则是指企业非日常活动所发生的、会导致所有者权益减少的、与向所有者分配利润无关的经济利益的流出。

（3）主要内容。

所有者权益主要由实收资本、资本公积、盈余公积和未分配利润组成,如图 2-4 所示。

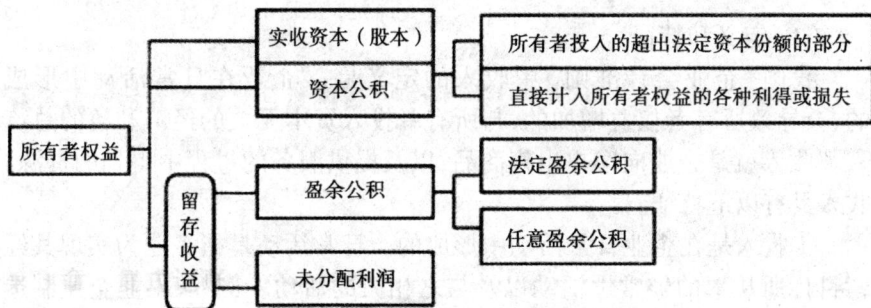

图 2-4　所有者权益的主要内容

实收资本是指投资者作为资本投入到企业中的各种资产的价值。股份有限公司对股东投入资本用"股本"来核算。投资者投入企业的资本可以是现金、其他有形资产、无形资产,比如货币、实物、工业产权、非专利技术、土地使用权、知识产权或者股权等用货币估价并可以依法转让的非货币财产。其中非货币财产需要通过评估作价。

资本公积是指由投资者或其他人（或单位）投入,所有权归属于投资者,但不构成实收资本的那部分资本或者资产[②],也即企业收到投资者出资额超出其在注册资本或股本中所占份额的部分。它的来源主要有所有者投入的超出法定资本份额的部分或者应直接计入所有者权益的利得和损失。资本公积是不能用于弥补公司亏损的,它是一种资本的储备形式。

盈余公积是指企业按照规定从净利润中提取的各种积累资金。盈余

---

① 程斌 . 试论企业筹资活动中的税务筹划 [J]. 财会通讯,2010（35）:125-126.
② 蒋玉娟 . 资本公积转增资本问题研究 [J]. 会计之友,2011（34）:46-48.

公积可以分为法定盈余公积和任意盈余公积两类。盈余公积可以用于弥补亏损和转增资本。根据《中华人民共和国公司法》（简称《公司法》）的规定，企业分配当年税后利润时，需要提取利润的 10% 作为企业的法定盈余公积。当法定盈余公积金累计额超过公司注册资本的 50% 以后，可以不再提取法定盈余公积。法定盈余公积转增资本时，所留存的法定盈余公积不得少于转增前公司注册资本的 25%。

未分配利润是企业留待以后年度进行分配的结存利润。企业的留存收益中，没有指定用途、可以留待以后年度分配或者转为再投资的部分，就是未分配利润。它和盈余公积一起合称为留存收益，构成企业内部的积累资金。

2.1.2.4 收入

（1）定义和特征。

我国《企业会计准则》中收入的定义是："企业在日常活动中形成的、会导致所有者权益增加的、与所有者投入资本无关的经济利益的总流入。"收入就是企业向客户出售商品，以及提供服务的过程中得到的资源。收入具有以下特征。

①收入是在企业日常活动中形成的。日常活动是指企业为实现其经营目标所从事的经常性活动以及与之相关的活动。例如，工业企业制造并销售产品、商业企业销售商品、保险公司签发保单、咨询公司提供咨询服务、软件企业为客户开发软件、安装公司提供安装服务、商业银行对外贷款、租赁公司出租资产等，均属于企业的日常活动。这就将收入和利得区分开来了。并不是除了投资者投资之外，企业所有增加的经济利益都是收入。产生收入的经营活动具有经常性、重复性和可预见性。企业在边缘性或偶发业务中取得或者是没有预期获得的收益，就是利得，而不是收入，比如企业罚款收入、公允价值变动或非流动资产处置时的净收益等。

②收入是会导致所有者权益增加的、与所有者投入资本无关的经济利益的总流入。这说明收入的表现形式是经济资源的流入。经济利益的流入有时是所有者投入资本引起的，这就是所有者权益中的内容，而非收入范畴。收入的经济利益流入具体表现为资产的增加或负债的减少，最终体现为净资产的增加。比如销售 10 000 元商品确认收入时，就是增加了资产 10 000 元（银行存款、库存现金、应收账款等形式）或者抵消了负债 10 000 元（预收账款等）。如果企业为客户代收款项，比如增值税、利

息税和押金等,增加企业资产(库存现金等)的同时增加了企业的负债(应交税费等),并不会形成所有者权益的增加,经济利益也没有流入本企业,所以就不是企业的收入。

(2)确认条件。

收入只有在符合定义、特征和以下两个确认条件以后,才能列入利润表。收入的确认条件是:

①经济利益很可能流入从而导致企业资产增加或者负债减少;

②经济利益的流入额能够可靠计量。

(3)确认标准。

在确认收入时,还涉及确认标准,其影响了确认收入的时间。应该在什么时候确认收入? 是在收到货款时,还是在签订合同、发出货物时确认收入? 对这个问题的不同解释,会影响不同时间段里确认的收入金额,从而导致各个时间段的利润总额发生变动。

目前比较通行的确认标准有两种:权责发生制和收付实现制。这两种方法对收入和费用的确认依据不同的标准,从而影响了企业经营业绩的各期计量结果。两种方法各有利弊。我国目前采用权责发生制作为会计确认、计量和报告收入的基础,并以现金流量表做补充。权责发生制又被称为应收应付制、应计制,是指凡当期已经实现的收入和已经发生或应负担的费用,不论款项是否收付,都应作为当期收入和费用处理;凡不属于当期的收入和费用,即使款项已经在当期收付,也不应作为当期的收入和费用。这意味着,如果现在提供商品给客户,但是客户下个月才将货款补上,在权责发生制下,应该算是这个月的收入,而非收款当月即下个月的收入。

收付实现制又被称为现金收付制、现金制,是指凡当期实际收到或支付的款项,不论收入或费用是否在本期实现或发生,都视作本期的收入或费用;凡当期没有实际收到或支付的款项,即使收入或费用在本期实现或发生,都不作为本期的收入或费用。这意味着,如果现在提供商品给客户,客户下个月才付款,那么在收到款项的当月款项才能作为收入被确认入账。

(4)主要内容。

对于不同企业而言,收入的构成可能不尽相同。比如:银行的主要收入来源可能是利息收入和手续费收入,保险公司的主要收入来源是保费收入。因此收入的内容有很多。收入一般包括主营业务收入和其他业务收入,主营业务收入一般是指营业执照注明的主营业务所取得的收入,如制造业企业主要包括销售商品、对外提供劳务等所取得的收入。其他业务收入一般是指营业执照注明的兼营业务所取得的收入,如制造业企业主要包括出售原材料、出租固定资产、出租包装物、出租无形资产等业务所取得的收入。

2.1.2.5 费用

(1)定义和特征。

费用的定义是与收入相对的,是指企业在日常活动中发生的、会导致所有者权益减少的、与向所有者分配利润无关的经济利益的总流出。费用具有以下特征。

①费用是在企业日常活动中发生的。其与损失的区别是:损失是企业由于除主要的经营活动以外的或偶然发生的交易所导致的经济利益的流出,是被动的、边缘性的、管理者难以控制的,如企业罚款支出或者非流动资产处置的净损失等。而费用是经常性的主动行为。

②费用是会导致所有者权益减少的、与向所有者分配利润无关的经济利益的总流出。费用的发生代表了经济资源的减少或牺牲,这种减少或牺牲表现为资产的减少、负债的增加或者兼而有之,最终导致所有者权益减少。比如:用现金或者现金等价物支付水电费,减少了资产,如果积欠没有支付,则增加了负债。

(2)确认条件。

费用还需要具备以下条件才能在利润表中确认:

①经济利益很可能流出从而导致企业资产减少或者负债增加。

②经济利益的流出额能够可靠计量。

(3)确认标准。

费用的确认受到三个标准的影响:权责发生制、配比性以及划分资本性和收益性支出。

①我国使用权责发生制作为确认、计量和报告费用的标准。所以,当期已经发生或者应当负担的耗费,不论有没有支付款项,都作为当期的费用处理;而不属于当期发生的耗费,即使当期支付了款项,也不作为当期的费用处理,比如这个月支付的上个月的电费,就不属于这个月的费用。

②我国根据流转过程收入理论强调费用与收入之间形成配比关系。也就是说,为取得当期收入而付出的代价,作为当期的费用确认。

根据权责发生制和配比性要求,费用确认的时点是根据相关支出的效用发挥时点来确定的,而非支出发生时点。因此,依据受益期确认费用。比如现在一次性支付明年一年的店面租金12 000元,受益的时间是明年,明年的每个月都获得了使用店面的效用。因此明年的每个月确认租金费用为 1 000 元,而不是在支付租金款项的现在确认 12 000 元费用。费用和当期实现的收入存在着因果的"期间配比"关系。

③费用和资产之间的界限由划分收益性和资本性支出标准来界定。解释收益性支出和资本性支出之前,先明确支出的概念。支出,是指企业在生产经营过程中为了达到特定的目的而做出的支付行为导致的资源流出,发生于获得资产、清偿债务、交纳税金、分配利润等经常性业务中。和"支出"相对的就是企业没有付出努力而发生利益纯扣减的"损失"。企业资源减少有两种方式:支出和损失。

支出都是由特定目的形成的,根据其目的不同,可以分为偿债性支出、权益性支出、资本性支出和收益性支出。偿债性支出和权益性支出是企业为了偿还债务、交纳税金、分配利润等而导致的资源流出,有时可以合称为偿付支出。这些支出是否划分为费用,要依具体情况而定,比如用银行账户里的存款支付的本期企业所得税,是本期费用;但是用银行存款偿还的应付账款、短期借款等债务,就不是本期费用了。资本性支出和收益性支出是为企业带来经济效益的支出。如果一项支出能给企业带来超过一个会计期间(或一个正常营业周期)的效益,则称其为资本性支出,进行资本化处理,计入资产,在后续期间中再从资产转入费用,影响转入时期的损益。如果一项支出给企业带来的效益只作用于当期,则称其为收益性支出,记作费用,算入当期损益。比如:企业购买的生产设备可以使用五年,超过一个会计期间,所以我们将它资本化处理,计入固定资产,在使用过程中逐渐将其转入费用;企业支付的行政部门水电费等办公经费,效益作用于经费发生的该月,所以我们将其作为当月费用确认,形成当月利润的扣减项。

《企业会计准则》还规定了一些情况下的费用确定,如:"企业发生的支出不产生经济利益的,或者即使能够产生经济利益但不符合或者不再符合资产确认条件的,应当在发生时确认为费用,计入当期损益"可见不构成资产的支出作为费用确认。"企业发生的交易或者事项导致其承担了一项负债而又不确认为一项资产的,应当在发生时确认为费用,计入当期损益。"

(4)主要内容。

费用是一定期间所发生的全部收益性支出,主要可以分为三个部分:第一部分是当期营业活动应承担的营业成本和税金,以"主营业务成本""其他业务成本"和"税金及附加"来核算;第二部分虽然不直接产生收入,但也是为获取当期收入而发生的经济利益总流出,如工会经费、利息净支出、展览费、行政人员的办公经费等,称为期间费用,主要指本期发生的、不能直接或间接归入某种产品成本的、直接计入损益的各项费用;第三部分是资产减值损失等企业为计提坏账准备等发生的损失(图2-5)。

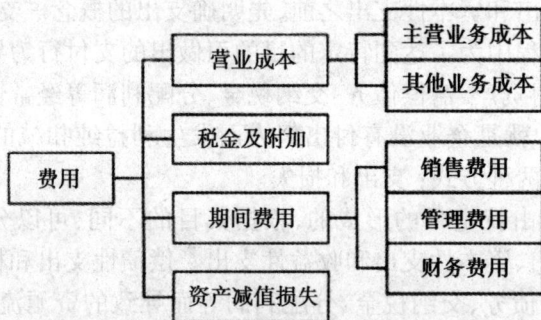

图2-5 费用的主要内容

其中,期间费用又可以分成三个项目:

①管理费用。管理费用主要是指企业行政管理部门为组织和管理生产经营活动而发生的各种费用,包括工会经费、职工教育经费、业务招待费、公司经费、无形资产摊销、劳动保险费等。公司经费主要是指企业总部管理人员的工资、职工福利费、差旅费、办公费、折旧费、修理费等。

②销售费用。销售费用主要是指企业在销售产品、提供劳务等日常经营过程中发生的各项费用以及专设销售机构的各项经费,包括销售过程中的运输费、装卸费、保险费、包装费、广告费和展览费,以及销售机构职工工资、福利费等经常性费用。

③财务费用。财务费用主要是指企业筹集生产经营所需资金而发生的费用,包括利息净支出、汇兑净损失、金融机构手续费等。

(5)费用和成本的区别与联系。

费用和成本是两个不同的概念,很容易混淆。费用是和特定会计期间实现的收入相配比的耗费,比如行政管理人员的工资和办公费,销售中发生的广告费、运输费、包装费等。成本是企业为生产产品、提供劳务而发生的各种资源耗费或转移,是针对特定对象(如生产的产品或提供的劳务)而归集和计算的经济资源的耗费,比如生产过程中发生的材料耗费和车间人员薪酬等。企业要获得一项资源,必然要以牺牲另一项资源为代价①。可以说,成本是为了获得一项资产或某种服务而付出的代价。成

---

① 郑安平,李华.成本、费用、支出概念及其关系研究[J].财会通讯(学术版),2005(8):67-69.

本是企业资源转化的量度。企业发生成本,并没有发生经济利益的净流出。只是企业资源从一种形态转变成了另外一种形态,企业的总资源并未发生变化,因而不会减少所有者权益。这是成本与费用的根本区别。成本不能抵减收入,只能以资产的形式反映在资产负债表中,而费用则冲减当期的收入,反映在利润表中。但是成本通过转化为存货成本,最终可以转化为费用。

2.1.2.6 利润

(1)定义和特征。

"利润是企业在一定会计期间的经营成果。"这是《企业会计准则》中利润的定义。利润包括收入减去费用后的净额、直接计入当期利润的利得和损失等。这意味着利润是经济利益的净增加额。我国利润要素的定义类似于美国 FASB 倡导的"全面收益"要素,并不仅仅等于收入减去费用后的净额,还包括利得和损失的部分。收入和费用之间形成因果的配比关系,利得和损失之间没有这种配比关系。利润的定义体现了这种相关性,用收入扣减相关的费用,再计算彼此不相关的利得和损失。

值得注意的是,这里的利得和损失只是应当计入当期损益、会导致所有者权益发生增减变动的、与所有者投入资本或者向所有者分配利润无关的利得或者损失。

利润的计量可以用公式表示如下:

利润=(收入—费用)+直接计入当期利润的利得—直接计入当期利润的损失

(2)主要内容。

按照利润和企业经营活动关系的不同,利润可以分为营业利润和营业外收支两个部分。

营业利润主要是企业通过日常经营活动主动获得的。这些利润的产生过程是企业自己筹划、安排和管理的,通常表现为生产产品、销售商品、提供劳务、进行投资等。因而营业利润由营业收入减去营业成本和税金、期间费用、资产减值损失,再加上公允价值变动收益和投资收益形成。

营业利润=营业收入—营业成本—税金及附加—期间费用—资产减值损失+公允价值变动收益+投资收益=(主营业务收入+其他业务收入)—(主营业务成本+其他业务成本)—税金及附加—(销售费用+管理费用+财务费用)—资产减值损失+公允价值变动收益+投资收益

投资收益是指企业对外投资取得的收益减去发生的投资损失和计提的投资减值准备后的净额,是投资净收益的意思。营业外收支主要是企业无法控制的非日常经营活动引起的盈亏,如利得和损失,通常表现为企业遭受意外灾害引起的财产损失、资产的减值、非流动资产的处置或者非货币性交易收益等。

利润总额 = 营业利润 + 利得 — 损失 = 营业利润 + 营业外收入 — 营业外支出

净利润是指扣减了所得税之后的利润净额。其等于利润总额减去所得税费用。

$$净利润 = 利润总额 — 所得税费用$$

利润各层次的关系如图 2-6 所示。

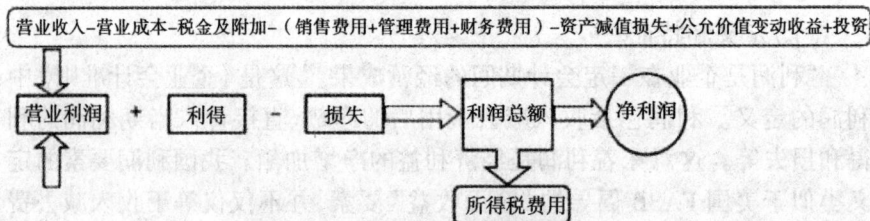

营业收入–营业成本–税金及附加–(销售费用+管理费用+财务费用)–资产减值损失+公允价值变动收益+投资

营业利润 + 利得 − 损失 → 利润总额 → 净利润

所得税费用

图 2-6 利润各层次的关系

2.1.3 会计要素的确认与计量

企业会计的最终"产品"是提供财务会计报告,财务会计报告的具体组成项目就是会计要素,而在编制财务会计报告之前必须先按照一定的要求对会计要素进行确认和计量。

2.1.3.1 会计要素的确认

会计确认是指将某一项目作为资产、负债、收入、费用等会计要素而加以确认的过程。确认主要解决某一项目是否确认、如何确认以及何时确认三个问题。

我国《企业会计准则—基本准则》中规定了会计要素的确认条件,具体包括以下内容。

(1)满足会计要素的定义要求。

某一项目能否作为一项会计要素加以确认,必须要满足该项会计要素的定义。例如,将一项资源确认为企业资产必须符合资产的定义,而将一项债务确认为企业负债则必须满足负债的定义。

(2)与该项目有关的经济利益很可能流入或流出企业。

"很可能"要求经济利益流入或流出企业的可能性要达到 50% 以上。

例如,当与资产或者收入有关的经济利益很可能流入企业,同时也满足了资产或收入确认的其他条件时,就可以确认企业的资产或收入;当与负债或费用有关的经济利益很可能流出企业,同时也满足了会计确认的其他条件时,就可以分别确认为企业的负债或费用。

（3）与该项目有关的经济利益能够可靠计量。

例如,企业购买的各项资产,其实际发生的购买成本能够可靠计量,就视为满足了资产确认的可计量的条件。

2.1.3.2 会计计量属性

会计学界最有争议且最基本的问题,就是如何确定各项会计要素的金额,尤其是其中的资产和负债要素。这是因为会计本身就是一个计量过程,如何计量是会计的核心问题。会计计量属性就是指用财务形式对会计要素进行定量化计量。传统上,财务会计采用历史成本计量模式,但随着社会的进步和经济的发展,企业创新业务层出不穷,对传统的历史成本会计计量模式提出了挑战,呼唤多重计量属性进入财务会计系统。我国《企业会计准则》顺应了这个趋势,对符合确认条件的会计要素按照多少金额计量,规定了五种会计计量属性。

（1）历史成本。

在历史成本（historical cost）计量属性下,资产按照购置时支付的现金或者现金等价物的金额,或者按照购置资产时所付出的对价的公允价值计量。负债按照因承担现时义务而实际收到的款项或者资产的金额,或者承担现时义务的合同金额,或者按照日常活动中为偿还负债预期需要支付的现金或者现金等价物的金额计量。历史成本就是取得资产或者背负债务时支付或收到的现金或现金等价物的金额。历史成本计量属性因为可靠性较高,也比较容易获得实际数据,所以为人们广泛接受和习惯采纳,一直是会计计量中最重要、最基本的属性。但是,在价格变动比较明显的时候,非货币性项目容易被高估或低估,历史成本计量属性体现出局限性。

（2）重置成本。

在重置成本（replacement cost）计量属性下,资产按照现在购买相同或者相似资产所需支付的现金或者现金等价物的金额计量。负债按照现在偿付该项债务所需支付的现金或者现金等价物的金额计量。重置成本又被称为现行成本（current cost）或现时投入成本（current input cost）,区别于现行市价（current market value）,是指现时重置一项特有资产或现时偿付债务所支付的金额。由于各种成本因素和供求关系等的变动,尤其是如果存在货币价值较大变动的情况,现时重置的成本往往和历史成本呈现出不同的金额,因此考虑采用重置成本计量有一定的意义。不过使用重置成本会带来频繁调账的问题,因此重置成本在一定时期才会被采用。

（3）可变现净值。

在可变现净值(net realizable value)计量属性下,资产按照其正常对外销售所能收到现金或者现金等价物的金额扣减该资产至完工时估计将要发生的成本、估计的销售费用以及相关税费后的金额计量。可变现净值,是指对某项资产在正常过程中可带来的未来现金流入或将要支付的现金流出,在不考虑货币时间价值的情况下,进行计量的价值,因此又被称为预期脱手价值(expectexit value)。它适用于计划未来要进行销售的资产或未来需清偿既定数额的负债。

（4）现值。

在现值(present value of future cash flow)计量属性下,资产按照预计从其持续使用和最终处置中所产生的未来净现金流入量的折现金额计量。负债按照预计期限内需要偿还的未来净现金流出量的折现金额计量。现值就是未来现金流量的金额。现值计量在考虑货币的时间价值的情况下,运用适当的贴现率对预期的未来经济利益或产生的未来现金流量进行计算。现值计量在管理会计领域得到了广泛使用,因为其考虑因素比较全面,现在在财务会计中也得到了重视,比如资产减值的处理。但是现值属性有获取困难的问题,因此现实中常有通过公允价值替代它的做法。

（5）公允价值。

根据2014年修订的《企业会计准则》,公允价值被定义为市场参与者在计量日发生的有序交易中,出售一项资产所能收到或者转移一项负债所需支付的价格。在企业取得资产或者承担负债的交易中,交易价格是取得该项资产所支付或者承担该项负债所收到的价格(即进入价格);公允价值是出售该项资产所能收到或者转移该项负债所需支付的价格(即脱手价格)。资产或负债的脱手价格体现了持有资产或承担负债的市场参与者在计量日对该资产或负债相关的未来现金流入和流出的预期。

公允价值定义中的市场参与者,是指在相关资产或负债主要市场(或最有利市场)中,相互独立的、熟悉资产或负债情况的、能够且愿意进行资产或负债交易的买方和卖方。有序交易,是指在计量日前一段时期内相关资产或负债具有惯常市场活动的交易。清算等被迫交易不属于有序交易。企业以公允价值计量相关资产或负债,应当假定计量日出售资产或转移负债的有序交易发生在主要市场(或者在不存在主要市场情况下的最有利市场)中,并在当前情况下适用且有足够可利用数据和其他信息支持的估值技术。在公允价值层次的选择上,企业应当优先使用相同资产或负债在活跃市场的公开报价,然后使用直接输入值或可观察的间接输入值,最后再使用不可观察的输入值。

在我国的会计准则规定中,公允价值的运用目前主要集中于投资性房地产、长期股权投资、资产减值处理、债务重组、非货币性交易和金融工具等方面。公允价值如何合理确定,以及如何确保可靠性,是会计界的焦点问题所在。

以上解释了五种会计计量属性,历史成本仍然是其中的计价基础。要素的计量一般采用历史成本,如果选用重置成本、可变现净值、现值或公允价值计量,则需要保证两个条件的实现:一是确认的金额可以取得;二是金额能够可靠计量。

2.2　会计等式

所谓会计等式,也称会计恒等式,是运用数学平衡式描述会计对象的具体内容之间数量关系的表达式。

2.2.1 反映资产、负债、所有者权益三者关系的基本会计等式

$$资产 = 负债 + 所有者权益 \qquad (2-1)$$

这是最基本的会计等式,通常称为第一会计等式或会计恒等式。它反映了企业在任一时点所拥有的资产以及债权人和所有者对企业资产要求权的基本状况,表明了资产与负债、所有者权益之间的基本关系。

企业为了从事生产经营活动,获取利润,必须拥有一定量的资产。企业所拥有的资产,均有其来源。为企业提供资金来源者,对企业的资产就具有求索权,比如,企业投资者有参与企业管理和分享企业利润的权利。在会计上称这种求索权为权益。权益是资产的提供者对企业资产具有的要求权。企业对其资产的提供者承担着满足其要求权的经济责任。

资产与权益反映了同一经济资源的两个不同方面:一方面是归会计主体所拥有或支配的各项资产,另一方面是经济资源提供者对资产的一

系列要求的权益。资产表示企业拥有哪些经济资源,以及拥有多少。权益则表示资产的来源,即资产由谁提供、归谁所有。资产与权益是同一事物的两个方面,两者之间存在着相互依存、相互制约的关系。没有资产就没有权益,同样,没有权益也就没有资产,两者不能彼此脱离而各自独立存在。从数量方面来观察,一个企业有多少资产,就必定有多少权益;反之,有多少权益,也就必然有多少资产。从任何一个时点来观察,一个企业的资产总额必然等于权益总额。两者之间的这种数量关系可表述如下:

$$资产 = 权益 \qquad\qquad (2-2)$$

在现代企业中,筹集资金的方式除了投资者对企业的投资外,还有一种重要的筹资渠道就是举债。企业可以向银行等金融机构借款,也可以通过发行公司债券向社会公众借款。这些款项都有约定的支付期限,但在尚未到期偿还以前,企业可以周转使用,形成了购置企业资产的一项来源。凡是向企业提供借款的称为企业的债权人,企业为债务人。

企业所有者和债权人把资产投入企业,供企业在生产经营过程中使用,因而对企业的资产就享有一定的权利,包括在一定时间收回本金及获取投资报酬的权利等。这种权利在会计上统称为权益,其中属于债权人的权利称为债权人权益,属于所有者的权利称为所有者权益。

债权人权益和所有者权益虽然都是权益,但两者具有明显的区别。债权人将资产提供给企业后,一般要求企业到期偿还本金,并按规定的形式支付利息。所以,会计上将债权人权益称为负债。所有者将资产提供给企业,供企业长期使用,并不规定偿付期限,也不规定应定期支付的投资报酬。投资的目的是希望分享企业的利润,获取较高的报酬。所有者权益在金额上等于所有者投入企业的资本和企业累积的利润,也就是企业的全部资产扣除全部负债后的余额,在会计上称为净资产,即所有者权益。

上述等式称为静态等式,也称资产负债表会计等式,它反映了会计主体在某一时点资产与权益(负债和所有者权益)之间的恒等关系,是设置账户、复式记账、试算平衡设计与编制资产负债表的理论依据。图2-7是静态会计要素之间的关系。

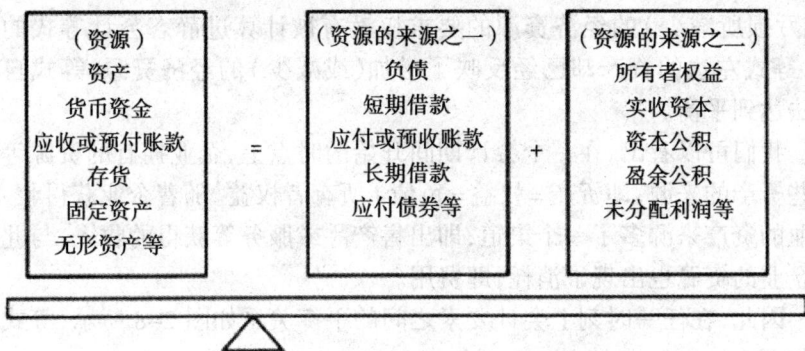

图 2-7　静态会计要素之间的关系

2.2.2 反映收入、费用和利润三者关系的基本会计等式

$$收入 - 费用 = 利润 \tag{2-3}$$

这个会计等式是对会计基本等式的补充和发展，称为第二会计等式。它表明了企业在一定会计期间经营成果与相应的收入和费用之间的关系，说明了企业利润的实现过程。企业的资产投入营运，取得营运收入，也发生耗费，合理地比较一定期间的营业收入与费用，便可确定企业在该期间所实现的经营成果。营业收入大于费用的差额称为利润；反之，营业收入小于费用时，其差额为亏损。

上述等式称为动态会计等式，也称利润表会计等式，它是企业计算确定经营成果，设计和编制利润表的理论依据。

2.2.3 会计要素之间的关系

静态会计等式反映的是企业特定时点的静态财务状况。比如公司刚成立，拥有 80 万元资产、30 万元负债和 50 万元所有者权益，80 万元 =30 万元 +50 万元，达到平衡。两天之后企业销售物品，赚取收入 6 万元，承担费用 4 万元，6 万元 — 4 万元 =2 万元，所以实现利润 2 万元。如果这时 6 万元的收入和 4 万元的费用都已经收到和付出，那么资产就增加了 2 万元。如果静态会计等式右边保持不变，就会出现 82 万元 ≠ 30 万元 +50 万元的情况。这又是为什么呢？

原因是静态会计等式是在会计期间开始或者结账后才能达到的平衡。在会计期间开始到结账前的这段时间的任何时点上，企业产生的利润因为没有通过结账体现在静态会计要素中，因此对企业这些盈利所得

（或亏损所减少）的经济资源的要求权没有被计算进静态会计等式的右边，等式左边的资产却已经反映了增加（或减少）的经济资源，等式自然无法达到平衡。

我们可以看出，在一个会计期间开始的时点上，企业拥有的资源等于这些资产的来源，即资产＝权益＝负债＋所有者权益。随着企业获得收入，企业的资产来源多了一个渠道，即出售产品或服务等获得的收入，与此同时企业的资源也出现了消耗，即费用。

因此，在任一时刻上会计要素之间的平衡关系如图 2-8 所示，等式表达如下：

$$资产 = 负债 + 所有者权益 + 利润 \tag{2-4}$$

$$资产 = 负债 + 所有者权益 + （收入 - 费用） \tag{2-5}$$

等式可以变形为

$$资产 + 费用 = 负债 + 所有者权益 + 收入 \tag{2-6}$$

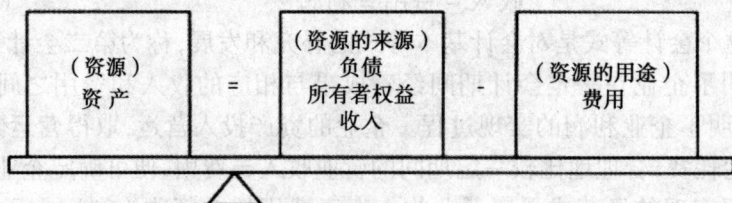

图 2-8　会计要素之间的平衡关系

会计期末，对收入与费用进行比较，计算出净利润。企业再将净利润中的一部分分配给企业所有者，作为他们投资的回报。分配完毕，净利润中剩下的部分，即未分配利润，作为所有者享有要求权的留存收益，归入所有者权益要素。这样一个周期结束，有关这段时间动态经营成果的收入、费用以及净利润全部都结转完毕，三个要素清空回到零数，下一期重新开始计算新时段的经营成果。

会计要素之间的转换关系如图 2-9 所示。在这张图里我们看见，资产负债表和利润表是建立在静态会计等式和动态会计等式基础上的，一个会计期间开始时和结账后它们都处于平衡的状态。在起始之前的任一时点，左边的资产总是等于右边虚框里的部分，保持总的平衡。期末结账时，右边利润表先结出净利润，分配利润后将未分配部分转入静态会计要素所有者权益，静态会计等式达到平衡，左边资产负债表实现了自身的平衡。

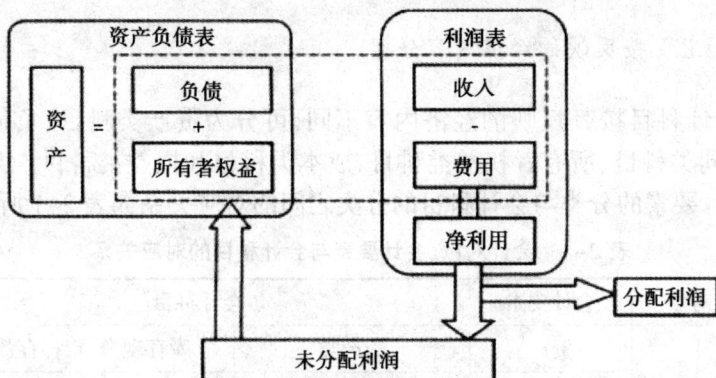

图 2-9　会计要素之间的转换关系

2.3　会计科目与账户

2.3.1 会计科目的概念

会计科目是对会计要素的具体内容进行分类核算的项目,是进行会计核算和提供会计信息的基础。

企业的经营活动表现为资金运动,会计对象是对资金运动的第一层次划分,而会计要素是对资金运动的第二层次划分。通过六大会计要素可以了解一个企业在某一特定时点的资产、负债和所有者权益情况,了解一个企业在某一特定期间的收入、费用及利润情况。但是企业的经济业务错综复杂,同一会计要素也会有不同的内容和性质。例如,不同类别的资产,其变现能力和获利能力是不同的;不同类别的负债,其形成原因和偿还期限也是不同的;对于所有者权益,又有不同的来源和用途。因此有必要在会计要素的基础上,对经济活动进行第三层次划分,这就是会计科目。

2.3.2 会计科目的分类

会计科目可按其反映的经济内容(即所属会计要素)、所提供信息的详细程度及其统驭关系分类。

2.3.2.1 按反映的经济内容分类

会计科目按其反映的经济内容不同,可分为资产类科目、负债类科目、共同类科目、所有者权益类科目、成本类科目和损益类科目。会计对象、会计要素的分类与会计科目的分类之间的对应关系如表 2-1 所示。

表 2-1　会计对象、会计要素与会计科目的对应关系

会计对象	会计要素	会计科目	
指会计核算和监督的内容,即以货币表现的经济活动	资产	资产类	库存现金、银行存款等
	负债	负债类	短期借款、应付账款等
	所有者权益	所有者权益类	实收资本、资本公积等
	利润		
	收入	损益类	收入(益) 主营业务收入、其他业务收入、营业外收入等
	费用		费用(损) 主营业务成本、其他业务成本、管理费用等
		成本类	生产成本、制造费用等

2.3.2.2 按提供信息的详细程度及其统驭关系分类

会计科目按其提供信息的详细程度及其统驭关系,可以分为总分类科目和明细分类科目。

（1）总分类科目,又称总账科目或一级科目,是对会计要素的具体内容进行总括分类,提供总括信息的会计科目。如"原材料""应收账款""应付账款""实收资本"等科目。

（2）明细分类科目,又称明细科目,是对总分类科目做进一步分类,提供更为详细和具体的会计信息的科目。如"原材料"科目可按原材料的品种、规格等设置明细科目,分别反映各品种、规格的原材料"应收账款",科目可按债务人设置明细科目,分别反映应收账款的具体对象及其分布情况。对于明细科目较多的总分类科目,可在总分类科目与明细科目之间设置二级或多级科目。例如,在企业基本生产和辅助生产的产品或劳务种类较多的情况下,"生产成本"总分类科目下可设置"基本生产成本"和"辅助生产成本"两个二级科目。

2.3.2.3 总分类科目和明细分类科目的关系

总分类科目对所属的明细分类科目起着统驭和控制作用,而明细分类科目是对其所归属的总分类科目的补充和说明,且总分类账户与其所属明细分类账户在总金额上应当相等,如表 2-2 所示。

表 2-2　应收账款总分类科目与所属明细分类科目之间的关系

总分类科目(一级科目)	明细分类科目	
	二级科目	三级科目
应收账款	广东省	广州发达公司
		深圳发财公司
	浙江省	杭州发钱公司
		宁波发福公司

2.3.3 会计科目的设置

2.3.3.1 会计科目设置的原则

会计科目作为反映会计要素的构成情况及其变化情况,是为投资者、债权人、企业管理者等提供会计信息的重要手段,在其设置过程中应努力做到科学、合理、实用,因此在设计会计科目时应遵循下列基本原则。

(1)合法性原则。

合法性又称统一性,是指所设置的会计科目应当符合国家统一的会计制度的规定,按照《企业会计准则》对一些主要会计科目的设置及其核算内容实行统一的规定,保证不同企业对外提供的会计信息的可比性。总分类科目一般由财政部统一制定;明细分类科目除会计制度规定设置的以外,可以根据本单位经济管理的需要和经济业务的具体内容自行设置。

(2)相关性原则。

相关性是指所设置的会计科目应当提供给有关各方所需要的会计信息服务,满足对外报告与对内管理的要求。总分类科目提供的是总括性指标,这些指标基本上能满足企业外部有关方面的需要;明细分类科目是对总分类科目的进一步分类,其提供的明细核算资料主要为企业内部管理服务。

（3）实用性原则。

实用性又称灵活性，是指在保证提供统一核算指标的前提下，各会计主体可以根据本单位的具体情况和经济管理要求，对统一规定的会计科目作必要的增设、分拆和合并。

2.3.3.2 常用会计科目

会计初级考试需要掌握的科目如下。

（1）资产类。

①钱：库存现金、银行存款、其他货币资金。如表2-3所示。

表2-3　钱

科目	核算内容
库存现金	指企业为了满足经营过程中零星支付需要面保留的现金
银行存款	指企业存入银行或其他金融机构的各种款项
其他货币资金	指企业的银行汇票存款、银行本票存款、信用卡存款、信用证保证金存款、存出投资款、外埠存款等其他货币资金

②应收：应收票据、应收账款、其他应收款、应收利息、应收股利、坏账准备、预付账款等。如表2-4所示。

表2-4　应收类

科目	核算内容
应收票据	指企业因销售商品、提供劳务等而收到的商业汇票，包括银行承兑汇票和商业承兑汇票
应收账款	指企业因销售商品、提供劳务等经营活动发生的应收未收到的销货款
其他应收款	指企业除存出保证金、买入返售金融资产、应收票据、应收账款、预付账款等以外的其他各种应收未收款项，如职工借差旅费
应收利息	指债券投资实际支付的价款中包含的已到付息期但尚未领取的债券利息
应收股利	因股权投资而应收取的现金股利以及应收其他单位的利润，包括企业股票实际支付的款项中所包括的已宣告发放但尚来领取的现金股利和企业对外投资应分得的现金股利或利润等
坏账准备	指企业按会计谨慎性原则，预先提取的应收款项的风险准备金，核算收不回的坏账损失，作为应收账款科目的备抵，基本属性与应收账款相反
预付账款	指企业按照合同规定预先支付给供货单位的购货款或定金。预付款项情况不多的，也可以不设置本科目，将预付的款项直接记入"应付账款"科目

③物：在途物资、材料采购、原材料、库存商品、工程物资、在建工程、固定资产、累计折旧等。如表 2-5 所示。

表 2-5　物

科目	核算内容
在途物资	指企业采用实际成本法下，核算已经购入，但尚未验收入库的材料成本
材料采购	指企业采用计划成本法下，核算已经购入，但尚未验收入库的材料成本
原材料	指企业为产品生产储备的并构成产品实体的生产材料，包括主要材料、辅助材料、燃料等
库存商品	指企业库存的待销售商品的成本
工程物资	为工程建设而购入的各种材料物资
在建工程	指企业基建、更新改造等在建工程发生的支出
固定资产	指为生产产品、提供劳务、出租或经营管理持有的、使用期限在 1 年以上，单价在规定限额以上的劳动资料和其他资产的原价（房屋、机器设备等）
累计折旧	指企业固定资产在使用过程中所损耗和转移的价值，作为固定资产科目的备抵，基本属性与固定资产相反

④其他：待处理财产损益、无形资产、累计摊销等。如表 2-6 所示。

表 2-6　其他

科目	核算内容
待处理财产损益	指企业在清查财产过程中查明的各种财产盘盈、盘亏和毁损的价值。物资在运输途中发生的非正常短缺与损耗，也通过本科目核算
无形资产	指企业持有的无物质形态但能给企业带来经济利益的专利技术、非专利技术、商标权、著作权、土地使用权等
累计摊销	指企业对使用寿命有限的无形资产计提的累计摊销，作为无形资产科目的备抵，基本属性与无形资产相反

（2）负债类。

①借款：短期借款、长期借款。如表 2-7 所示。

②应付：应付票据、应付账款、其他应付款、预收账款、应付利息、应付职工薪酬、应付股利、应交税费、应付债券等。

表 2-7　负债类

科目	核算内容
短期借款	指企业向银行或其他金融机构等借入的期限在 1 年以下（含 1 年）的各项借款

科目	核算内容
长期借款	指企业向银行或其他金融机构等借入的期限在 1 年以上（不含 1 年）的各项借款
应付票据	指企业购买材料、商品和接受劳务供应等开出、承兑的商业汇票,包括银行承兑汇票和商业承兑汇票
应付账款	指企业因购买材料、商品和接受劳务等经营活动应付未付的款项
其他应付款	指企业除应付票据、应付账款、预收账款、应付职工薪酬等以外的其他各项应付未付、暂收的款项,如暂收的押金
预收账款	指企业按照合同规定预先收取购货单位的购货款或定金
应付利息	指企业所取得的各项借款应按照合同约定支付的利息
应付职工薪酬	指企业根据有关规定应付给职工的各种薪酬。本科目可按"工资""职工福利""社会保险费""住房公积金""工会经费""职工教育经费""非货币性福利""辞退福利""股份支付"等进行明细核算
应付股利	指企业应付给投资人的分红(现金股利)
应交税费	指企业按照税法等规定计算应交未交的各种税费,主要包括增值税、消费税、城市建设维护税、教育费附加税、所得税等

（3）共同类。

共同类科目是既有资产性质又有负债性质的科目,主要有"清算资金往来""外汇买卖""衍生工具""套期工具""被套期项目"等科目。

（4）所有者权益类。

所有者权益类有实收资本（股本）、资本公积、盈余公积、本年利润,利润分配等。如表 2-8 所示。

表 2-8　所有者权益类

科目	核算内容
实收资本	指企业按照章程或合同、协议的约定,接受投资者投入的实收资本,股份有限公司应将本科目改为"股本"
资本公积	指企业收到投资者出资额超出其在注册资本或股本中所占份额的部分
盈余公积	指企业从净利润中提取的盈余公积
本年利润	指企业当期实现的净利润(或发生的净亏损)
利润分配	指企业税后净利润的分配(或亏损的弥补)和历年分配(或弥补)后的余额

（5）成本类。

成本类有生产成本和制造费用。如表 2-9 所示。

表 2-9　成本类

科目	核算内容
生产成本	指企业进行工业性生产发生的各项生产成本,一般指生产车间直接用于产品生产的费用支出 [项目：直接材料、直接人工、制造费用(间接制造费用分配过来的成本)]
制造费用	指企业生产车间为生产产品而发生的各项间接费用,包括车间的折旧费、水电费、办公费、机物料消耗等

（6）损益类。

①收入类（益）：主营业务收入、其他业务收入、营业外收入、投资收益。如表 2-10 所示。

表 2-10　收入类（益）

科目	核算内容
主营业务收入	指企业在销售商品、提供劳务以及让渡资产使用权等日常活动中所取得的主营业务的收入
其他业务收入	指企业确认的除主营业务活动以外的其他经营活动实现的收入,包括出租固定资产、出租无形资产、出租包装物和商品、销售材料等实现的收入
营业外收入	指企业发生的非生产经营产生或发生的各种收益,包括非流动资产处置利得、捐赠利得、罚没收入等
投资收益	指企业确认的投资收益或损失

②费用类（损）：主营业务成本、其他业务成本、营业外支出、销售费用、管理费用、财务费用、营业税金及附加、所得税费用、资产减值损失。如表 2-11 所示。

表 2-11　费用类（损）

科目	核算内容
主营业务成本	指企业从事主营销售活动、提供劳务所发生的成本耗费
其他业务成本	指企业确认的除主营业务活动以外的其他经营活动所发生的成本耗费
营业外支出	指与企业生产经营无直接关系的各项营业外支出,包括非流动资产处置损失、公益性捐赠支出、非常损失、盘亏损失等

科目	核算内容
销售费用	指企业在销售过程中发生的各项费用以及为销售本企业商品而专设的销售机构经费,如展销费、包装费、宣传广告费、运输费、装卸费、委托代销手续费等费用
管理费用	指企业在筹建期间发生的开办费,包括人员工资、办公费、培训费、差旅费、印刷费、注册登记费等,企业为组织和管理企业生产经营所发生的管理费用,如工资、福利费、办公费、招待费、车辆费、差旅费、招待费、行政管理部门固定资产的折旧及无形资产的摊销
财务费用	指企业为生产经营面筹集资金或运用资金所发生的各项费用,包括利息支出、利息收入、汇兑损益、金融机构手续费、企业发生或收到的现金折扣等
税金及附加	指企业日常经营活动应负担的税金及附加费用,包括消费税、城市维护建设税、房产税、车船税、土地使用税、印花税、资源税和教育费附加等相关税费
所得税费用	指企业确认的应从当期利润总额中扣除的所得税费用
资产减值损失	指企业在资产负债表日,经过对资产的测试,判断资产的可收回金额低于其账面价值而计提资产减值损失准备所确认的相应损失

2.3.4 会计账户的含义

会计账户简称账户,是根据会计科目开设的,具有一定格式和结构,用来分类反映会计要素增减变动及其结果的一种工具。会计科目仅仅是对会计要素的具体内容进行分类核算形成的项目,它不能反映交易或事项的发生所引起的会计要素各项目增减变动情况和结果。各项核算指标的具体数据资料,只有通过账户记录才能取得。因此,在设置会计科目后,还必须依据会计科目开设相应的账户,设置账户是会计核算的专门方法之一。

2.3.5 账户的功能

账户的功能在于连续、系统、完整地提供企业经济活动中各会计要素增减变动及其结果的具体信息。其中,会计要素在特定会计期间增加和减少的金额分别称为账户的"本期增加发生额"和"本期减少发生额",两者统称为账户的"本期发生额";会计要素在会计期末的增减变动结果,称为账户的"余额",具体表现为期初余额和期末余额,账户上期的期末余额转入本期,即为本期的期初余额;账户本期的期末余额转入下期,即为下期的期初余额。账户的期初余额、期末余额、本期增加发生额和本期减少发生额统称为账户的四个金额要素。对于同一账户而言,它们之间的基本关系为:

期末余额 = 期初余额 + 本期增加发生额 – 本期减少发生额

账户的本期发生额说明特定资金项目在某一会计期间增加或减少的变动状况,提供该资金项目变化的动态信息。因此,账户的本期发生额属于"动态"经济指标范畴;账户的余额说明特定资金项目在某一时日或某一时刻(如期初、期末)的存在状况,即"相对静止"条件下的表现形式。因此,账户的余额属于"静态"经济指标范畴。如图 2–10 所示举例说明。

库存现金			
期初余额	30 000		
(1)	5 000	(2)	2 000
(3)	1 000	(4)	3 000
本期增加发生额合计	6 000	本期减少发生额合计	5 000
期末余额	31 000		

期末余额–期初余额+本期增加发生额合计–本期减少发生额合计

31 000　=　30 000　+　6 000　–　5 000

图 2–10　举例说明

第3章 复式记账

复式记账以一个企业的资产总额与权益总额必然相等的平衡关系作为反映生产经营活动的记账基础,使记账有一个完整的计算和反映体系,在记录上有着相互联系的关系,从而对企业经济活动能够起到全面控制的作用。与单式记账相比,复式记账的建立和使用,使得会计上对企业经济活动的核算和监督更完备、更科学。

3.1 会计记账方法的种类

所谓记账方法,是指按照一定的规则,使用一定的符号,在账户中登记各项经济业务的技术方法,即如何将经济业务登记入账的方法。会计上的记账方法,从最初的单式记账法,逐步发展到复式记账法。

科学的记账方法应包括:(1)记账符号;(2)账户的设置及其结构;(3)记账规则;(4)试算平衡法。

3.1.1 单式记账法

单式记账法的主要特征是对于发生的每一项经济业务,只在一个账户中进行登记的方法。

通常只登记现金和银行存款的收付业务,以及应收、应付款的结算业务,而不登记实物的收付业务;除对于有关应收、应付款的现金收付业务需要在两个或两个以上账户中各自登记外,其他业务只在一个账户中登记或不予登记。

例3-1(1)现金1 000元购买材料。

(2)销售商品30 000元,货款尚未收到。

(3)某企业借入三个月款项80 000元,存入银行。

分别记账:(1)库存现金减少1 000

（2）应收账款增加 30 000

（3）银行存款增加 80 000

特点：（1）账户设置不成体系；（2）记录的交易或事项不完整；（3）账户记录的结果不能试算平衡；（4）账户之间没有对应关系。

3.1.2 复式记账法

所谓复式记账法，是指对于任何一项经济业务，都必须用相等的金额在两个或两个以上的相互联系的账户中进行登记，借以反映会计对象具体内容增减变化的一种记账方法。[①]

例 3-2（1）现金 1 000 元购买材料。

（2）销售商品 30 000 元，货款尚未收到。

（3）某企业借入三个月款项 80 000 元，存入银行。

分别记账：（1）库存现金减少 1 000

原材料增加 1 000

（2）应收账款增加 30 000

主营业务收入增加 30 000

（3）银行存款增加 80 000

短期借款增加 80 000

特点：（1）账户设置成体系；（2）记录的交易或事项完整；（3）账户记录的结果能试算平衡；（4）账户之间有对应关系。

我国曾经使用的复式记账法有：借贷记账法、收付记账法、增减记账法。

注意：《企业会计准则》规定企业记账应使用借贷记账法。

3.2　复式记账原理

复式记账是会计核算特有的方法，借贷记账法是目前全国乃至世界普遍采用的复式记账方法，具有较强的科学性，一定要熟练掌握。

---

① 陈国辉，迟旭升 . 普通高等教育"十一五"国家级规划教材　东北财经大学会计学系列教材　基础会计 [M]. 大连：东北财经大学出版社，2007.

3.2.1 复式记账法的特点

（1）每一项经济业务都在两个或两个以上的账户中登记,可全面系统地反映经济活动的过程和结果。

（2）每一项经济业务都以相等的金额在有关账户中记录。可进行试算平衡。

3.2.2 复式记账试算平衡有发生额试算平衡法和余额试算平衡法

计算公式分别为:

所有账户的借方发生额合计 = 所有账户的贷方发生额合计

所有账户期末借方余额合计 = 所有账户期末贷方余额合计

所有账户期初借方余额合计 = 所有账户期初贷方余额合计

3.3 借贷记账法的概念与账户结构

3.3.1 借贷记账法的概念

借贷记账法是以"借"和"贷"作为记账符号的一种复式记账法。借贷记账法用"借""贷"作为记账符号,将会计科目左方称为借方,右方称为贷方。借货记账法产生至今已有数百年的时间,它是国际上通行的记账方法。数百年前借贷记账法产生的时候,"借""贷"的含义最初是从借贷资本家的角度来解释的,它仅仅表示债权(应收款)和债务(应付款)的增减变动,即在账户中分两方来登记债权人和债务人的关系。账户的一方登记收进的存款,记在贷主名下,表示债务;另一方登记付出的放款,记在借主名下,表示债权。这是借贷记账法的"借""贷"二字的由来。

我国于 1993 年 7 月,改革了过去几种记账方法并行的做法,统一了记账方法,规定企业一律采用借贷记账法,从此,使我国的记账方法符合国际惯例,使用世界通行的"会计语言"。

3.3.2 账户结构

3.3.2.1 借贷记账法下账户的基本结构

在借贷记账法下,任何账户都分为借方和贷方两个基本部分,通常左方为借方,右方为贷方。账户的一般格式可用"T"字形账户表示,在借贷记账法下,会计账户的一般格式可以参考表 3–1。

表 3–1　"T"形账户的形式

借方	账户名称(会计科目)	贷方

在账户的借方或贷方连续地记录许多的经济业务数额,会计上把记录每一个业务的数额称为业务发生额;把在一个会计期间内,按照账户借方或贷方所记录的各项经济业务数额的合计数称为本期发生额,属于借方所记录的各项经济业务额的合计数称为借方本期发生额,属于贷方所记录的各项经济业务数额的合计数称为贷方本期发生额。

根据"资产 = 权益"等式,可以将全部账户根据其记录的经济内容分为资产账户和权益账户两大类。由于权益包括负债和所有者权益,根据"资产 = 负债 + 所有者权益"的会计恒等式,权益账户应包括负债类账户和所有者权益类账户。

通常,资产、成本和费用类账户的增加用"借"表示,减少用"贷"表示;负债、所有者权益和收入类账户的增加用"贷"表示,减少用"借"表示。备抵账户的结构与所调整账户的结构正好相反。

根据"资产 + 费用 = 负债 + 所有者权益 + 收入"的会计恒等式,属于资产账户结构的包括资产类账户、成本费用类账户;属于权益账户结构的包括负债类账户、所有者权益类账户和收入类账户。

涉及会计科目只要根据以下原则判断:

资产增加记左边(借方),减少记右边(贷方)。

根据"资产 + 费用 = 负债 + 所有者权益 + 收入",费用与资产做账方向一致,负债、所有者权益收入与资产做账方向相反,即增加记有边(贷方),减少记左边(借方)。

3.3.2.2 资产和成本类账户的结构

（1）资产账户的结构。

对用来记录资产的账户，资产的增加额记入账户的借方，减少额记入账户的贷方，账户若有期末余额，一般为借方余额，表示期末资产余额。资产类账户的结构，如表3-2所示。

表3-2　资产类账户

借方	资产类账户名称（会计科目）	贷方
期初余额		
本期增加额		本期减少额
期末余额		

资产账户的期末余额可根据下列公式计算：

借方期末余额 = 借方期初余额 + 借方本期发生额 − 贷方本期发生额

（2）成本、费用账户的结构。

对用来记录成本，费用的账户，成本费用的增加额记入账户的借方，减少额或转销额记入账户的贷方，费用类会计科目期末通常没有余额，成本类如有余额，必定为借方余额，表示期末资产余额。成本费用类账户的结构，如表3-3所示。

表3-3　成本费用类账户

借方	费用账户名称（会计科目）	贷方
本期增加额		本期减少额

借方	成本账户名称（会计科目）	贷方
期初余额		
本期增加额		本期减少额
期末余额		

上述表明，资产账户（包括资产、成本费用类账户）的结构是：增加额登记在账户的借方；减少额（或转销额）登记在账户的贷方；期末如有余额.应为借方余额。

3.3.2.3 权益账户的结构

（1）负债账户的结构。

对用来记录负债的账户，负债的增加额记入账户的贷方，减少额记入账户的借方，账户若有期末余额，一般为贷方余额，表示期末负债余额。负债类账户的结构，如表3-4所示。

表 3-4 负债类账户

借方	账户名称（会计科目）	贷方
		期初余额
本期减少额		本期增加额
		期末余额

负债账户的期末余额可根据下列公式计算：

贷方期末余额 = 贷方期初余额 + 贷方本期发生额 - 借方本期发生额

（2）所有者权益账户的结构。

用来记录所有者权益的账户，其结构与负债账户的结构相同，即所有者权益的增加额记入账户的贷方，减少额记入账户的借方，账户若有期末余额，一般为贷方余额，表示期末所有者权益余额。所有者权益类账户的结构，如表3-5所示。

表 3-5 所有者权益类账户

借方	账户名称（会计科目）	贷方
		期初余额
本期减少额		本期增加额
		期末余额

（3）收入账户的结构。

对用来记录收入的账户，收入的增加额记入账户的贷友，减少额或转销额记入账户的借方。期末时，本期收入增加额减去本期收入减少额后的差额，应转入有关所有者权益账户，所以收入类会计科目期末通常没有余额。收入类账户的结构，如表3-6所示。

表 3-6 收入类账户

借方	账户名称（会计科目）	贷方
本期减少额或转销额		本期增加额

上述表明,权益账户(包括负债、所有者权益收入类账户)的结构是:增加额登记在账户的贷方,减少额(或转销额)登记在账户的借方,期末如有余额,应为贷方余额。

根据以上对各类账户结构的说明,可以将账户借方和贷方所记录的经济内容加以归纳,如表3-7所示。

表3-7　各账户结构

借方	账户名称(会计科目)	贷方
资产的增加 成本费用的增加 负债的减少 所有者权益的减少 收入的减少		资产的减少 成本费用的减少 负债的增加 所有者权益的增加 收入的增加

3.4　借贷记账法的记账规则

前面我们已经讲过了资产类和负债类会计账户的结构,上述两类账户的内部关系如下所示。

资产类账户期末余额＝期初余额＋本期借方发生额－本期贷方发生额

权益类账户期末余额＝期初余额＋本期贷方发生额－本期借方发生额

一般而言,费用(成本)类账户结构与资产类账户相同,收入类账户结构与权益类账户相同。

从上述两类账户中不难分析出,经济业务无论怎样复杂,均可概括为以下四种类型。

①资产与权益同时增加,总额增加;

②资产与权益同时减少,总额减少;

③资产内部有增有减,总额不变;

④权益内部有增有减,总额不变。

无论哪一种类型的经济业务,都将记入有关账户的借方,同时以相的金额记入有关账户的贷方。以上四种经济业务的记账方法如表3-8所示。

表3-8　各种经济业务的记账规则

经济业务	(1)资产与权益同时增加,总额增加
账务处理	借:资产类科目　××× 　　贷:权益类科目　×××

经济业务	（2）自查与权益同时减少,总额减少
账务处理	借:权益类科目　××× 　贷:资产类科目　×××
经济业务	（3）资产内部有增有减,总额不变
账务处理	借:资产类科目　××× 　贷:资产类科目　×××
经济业务	（4）权益类内部有增有减,总额不变
账务处理	借:权益类科目　××× 　贷:权益类科目　×××

综上所述,借贷记账法的记账规则为:有借必有贷,借贷必相等。

3.5　借贷记账法下的试算平衡

试算平衡,是指根据资产与权益的恒等关系以及借贷记账法的记账规则,检查所有账户记录是否正确的过程。包括发生额试算平衡法和余额试算平衡法。

3.5.1 发生额试算平衡法

发生额试算平衡法是根据本期所有账户借方发生额合计与贷方发生额合计的恒等关系,检验本期发生额记录是否正确的方法。公式为:

全部账户本期借方发生额合计 = 全部账户本期贷方发生额合计

在借贷记账法下,将一定时期内的经济业务全部记入有关账户之后,所有账户的借方发生额合计与贷方发生额合计也必然相等。对上述四项业务进行账务处理后,编制发生额试算平衡表如表 3-9 所示。

表 3-9　试算平衡表

会计科目	期初余额		本期发生额		期末余额	
	借方	贷方	借方	贷方	借方	贷方

表 3-10 为带有数据的总分类账户本期发生额试算平衡表。

表 3-10　总分类账户本期发生额试算平衡表

20××年1月

单位:元

账户名称	借方发生额	贷方发生额
库存现金	60 000	51 000
银行存款	340 000	353 400
应收账款	100 000	100 000
材料采购	202 200	122 200
原材料	122 200	82 800
库存商品	134 200	120 780
预存账款	12 000	1 000
固定资产	80 000	0
累积折旧	0	36 000
生产成本	181 300	134 200
制造费用	50 000	50 000
短期借款	30 000	30 000
应付账款	36 000	30 000
应付职工薪酬	51 000	57 000
应交税费	0	16 060
应付股权	0	10 000
预收账款	0	2 000
长期借款	0	0
实收资本	0	230 000
资本公积	50 000	10 000
盈余公积	0	2 200
本年利润	163 540	186 000
利润分配	12 200	0
合计	1 624 640	1 624 640

3.5.2 余额试算平衡法

余额试算平衡法是根据本期所有账户借方余额合计与贷方余额合计的恒等关系,检验本期账户记录是否正确的方法。实际工作中,余额试算平衡是通过编制试算平衡表的方式进行的。如表 3-11、表 3-12 所示。

表 3-11 总分类账户余额试算平衡表

20×× 年 1 月 31 日

单位:元

账户名称	借方余额	贷方余额
库存现金	10 000	
银行存款	21 600	
应收账款	6 000	
材料采购	80 000	
原材料	108 400	
库存商品	56 420	
预付账款	11 000	
固定资产	445 000	
生产成本	47 100	
累积折旧		115 000
短期借款		0
应付账款		9 000
应付职工薪酬		15 000
应交税费		16 060
应付股利		10 000
预收账款		2 000
长期借款		0
实收资本		540 000
资本公积		30 000
盈余公积		38 200
本年利润		22 460
利润分配	12 200	
合计	797 720	797 720

表 3-12　总分类账户本期发生额及余额试算平衡表

20×× 年 1 月

单位：元

账户名称	期初余额		本期发生额		期末余额	
	借方	贷方	借方	贷方	借方	贷方
库存现金	1 000		60 000	51 000	10 000	
银行存款	35 000		340 000	353 400	21 600	
应收账款	6 000		100 000	100 000	6 000	
材料采购	0		202 200	122 200	80 000	
原材料	69 000		122 200	82 800	108 400	
库存商品	43 000		134 200	120 780	56420	
预付账款	0		12 000	1 000	11 000	
固定资产	365 000		80 000	0	445 000	
生产成本	0		181 300	134 200	47 100	
制造费用			50 000	50 000		
累积折旧		79 000	0	36 000		115 000
短期借款		0	30 000	30 000		0
应付账款		15 000	36 000	30 000		9 000
应付职工薪酬		9 000	51 000	57 000		15 000
应交税费		0	0	16 060		16 060
应付股利		0	0	10 000		10 000
预收账款		0	0	2 000		2 000
长期借款		0	0	0		0
实收资本		310 000	0	230 000		540 000
资本公积		70 000	50 000	10 000		30 000
盈余公积		36 000	0	2 200		38 200
本年利润		0	163 540	186 000		22 460
利润分配			12 200	0	12 200	
合计	519 000	519 000	1 624 640	1 624 640	797 720	797 720

3.6 总分类账户与明细分类账户的平行登记

3.6.1 总分类账户和明细分类账户的设置

各会计主体日常使用的账户,按其提供资料的详细程度不同,可以分为总分类账户和明细分类账户两种。

总分类账户,简称总账,是按照总分类科目设置的,以货币为计量单位分类、连续、系统、全面地记录和反映各项资产权益的增减变动及其结果,用来提供总括核算资料的账户。

明细分类账户,简称明细账,是按照明细分类科目设置,主要采用货币为主要计量单位,辅以其他计量单位,分类、连续、系统、全面地记录和反映各项资产、权益的增减变动及其结果,用来提供详细核算资料的账户。

除了总分类账户和明细分类账户外,各会计主体还可根据实际需要设置二级账户。二级账户是介于总分类账户和明细分类账户之间的一种账户。它提供的资料比总分类账户详细、具体,但比明细分类账户概括、综合,如在“原材料”总分类账户下设“原料及主要材料”“辅助材料”等二级账户。

3.6.2 总分类账户和明细分类账户之间的关系

会计账户的设置要与会计科目相适应,会计科目有总账科目和明细科目,会计账户也要相应地设置总分类账户和明细分类账户。总分类账户是根据总账科目开设的,而明细分类账户是根据明细科目开设的。所以,总分类账户和明细分类账户所记录的交易或事项的内容是相同的。所不同的只是提供核算资料的详细程度。因此,二者的关系可以从两个方面来分析。

3.6.2.1 总分类账户和明细分类账户的联系

（1）二者反映的交易或事项的经济内容相同。总分类账户反映什么交易或事项的经济业务内容,其所属的明细分类账户也反映什么交易或事项的经济业务内容。如“原材料”总分类账户与其所属的明细分类账户都反映企业库存材料的增减变动及其结余情况。

（2）登记账户的原始依据相同。登记总分类账户和明细分类账户所依据的原始凭证是相同的。

3.6.2.2 总分类账户和明细分类账户的区别

（1）二者反映的交易或事项的经济业务内容的详细程度不同。总分类账户反映资金增减变动的,总括情况,提供总括资料;明细分类账户反映资金增减变动的详细情况,提供详细资料。

（2）作用不同。从总分类账户对明细分类账户来看,总分类账户是明细分类账户的统驭账户。总分类账户统制、驾驭明细分类账户,总分类账户提供什么资料,其所属明细分类账户也提供什么样的资料。从明细分类账户对总分类账户来看,明细分类账户是总分类账户的具体化。明细分类账户对总分类账户起辅助的补充说明作用,在总分类账户中无法提供的资料。通过其明细分类账户来提供。二者是从属关系,二者完整结合构成完整的会计账户体系。

3.6.3 总分类账户和明细分类账户的平行登记

所谓总分类账户和明细分类账户的平行登记,是指对每一项经济业务,既要在总分类账户中进行登记,又要在所属的明细分类账户中进行登记的一种方法。在记账时,总分类账户和明细分类账户要平行登记。平行登记是指对同一交易或事项,既要登记总分类账户反映总括资料,又要登记明细分类账户反映详细资料。这是记账的一项重要内容。

总分类账户与明细分类账户平行登记时,其登记的时间、方向、金额和依据都是一样的。如果通过核对发现总分类账户的金额与其所属的明细分类账户的金额不等,表明总分类账户或明细分类账户的登记有误,应及时查明更正。

（1）核对关系。由于总分类账户和明细分类账户是采用平行登记的方法进行登记的,且遵循同时登记、方向、相同金额相等,依据相同的要点,这样,总分类账户和明细分类账户之间必然存在一种相互核对关系。这种核对关系体现在数量方面。即表现为:发生额的核对关系,即总分类账户本期发生额合计与其所属明细分类账户本期发生额的合计数之和必然相等;余额的核对关系,即总分类账户本期期末余额与其所属各个明细分类账户期末余额之和必然相等。在会计核算中,经常用这一核对关系来检查总分类账户和明细分类账户记录的完整性和正确性。

（2）核对的方法。核对工作一般月末通过编制总分类账户和明细分类账户试算表进行。

第4章 企业基本经济业务核算

由于各种企业、单位的工作任务和经济活动的性质并不相同,因此其经营过程也各具特点,账户的设置也不可能完全一致。就总体来说,在各种企业中,制造业企业的经营过程是比较典型的能够完整反映一个企业经济活动的过程。因此,本项目将以制造业企业(以下简称企业)日常发生的主要经济业务为例,通过其经营过程的核算来全面、系统地理解和掌握账户和借贷记账法的具体应用。

企业作为独立的经济实体,都有自己的经营目标——获取最大的盈利,并为此从事各种经营活动。它的基本任务是在国家的宏观调控指导下,根据市场需求生产工业产品,以满足经济、文化和人民生活消费的需要。它要从其生产经营中以收抵支,取得利润,并不断增资,扩大生产经营规模,向国家缴纳税金,为投资者创造投资所得。

4.1 资金筹集业务的核算

筹集资金是企业经济业务活动的起点,企业开展经济业务活动所需要资金的主要来源渠道是企业所有者的投资和从银行以及其他金融机构取得的借款。

企业为了完成生产经营任务,实现其经营目标,必须先拥有一定数量的资金作为生产经营活动的物质基础。为此,企业必须从各种渠道筹集资金,然后据以开展各种经营活动。企业从事的各种经济活动,从其生产经营过程考察,可以分为生产准备业务、产品生产业务和产品销售业务。

4.1.1 筹资业务核算的主要内容

企业必须拥有一定数量的资金,才能进行生产经营活动,因而筹集资金是企业生产经营活动的起点,也是首要条件。企业用筹集的资金进行最基本的物资准备,如购建厂房、购置机器设备等劳动资料、购买原材料等劳动对象、支付职工工资及其他费用等。

按国家有关法律规定,企业可采取国家投资、银行及其他金融机构贷款、企业联营、发行债券及股票、引进外资等多种方式筹措资金。在市场经济体制下,随着资金的不断完善,企业的筹资渠道也逐渐增多,但归纳起来不外乎有两大类:第一类是投资者投入的资本,按其投资主体的不同,可分为国家投入、企业投入、个人投入和外商投入的资本;按其投资方式的不同,可分为货币投资、实物投资、证券投资和无形资产投资等。企业对投资者投入的资本拥有使用权,并应定期向投资者分配收益;投资者对投入的资本拥有所有权,并按投资比例或合同、章程的规定,分享企业利润或分担经营风险。第二类是向债权人借入的资本,只能有偿使用,到期必须还本付息。从资金的筹集方式来看,筹资业务核算的主要内容是投入资本和借入资本的核算。

4.1.2 投入资金的核算

所有者将资金投入企业,就形成企业的资本金,它由"实收资本(或股本)"和"资本公积——资本(或股本)溢价"两部分构成的。对于所有者投入的资金,只有按投资者占投资企业实收资本比例计算的部分,才作为"实收资本";超过按投资比例计算的部分,作为资本溢价,计入"资本公积——资本(或股本)溢价"单独核算。实收资本的构成比例确定了所有者在企业所有者权益中所占的份额,所有者据此份额享有参与企业经营管理、利润分配的权利以及在清算时对企业剩余财产的要求权。

4.1.2.1 实收资本的核算

实收资本,是指企业的投资者按照企业章程或合同、协议的约定实际投入企业的资本金,它是企业注册登记的法定资本总额的来源,表明所有者对企业的基本产权关系。另外,企业的资本公积和盈余公积转增资本时也会形成实收资本。

向企业投入资本金的所有者,按照其在企业资本总额中所持比例享有权利和利益。企业的投资者可以是国家、法人、自然人。企业的投资者可以以货币资金投入企业,也可以以实物,无形资产等作价出资。《公司法》规定,公司的注册资本应为在工商行政管理部门登记的实收资本总额。

企业实收资本（股本）是指企业或者公司实际收到的投资人投入的资本。按投资主体分为六种：国家资本、集体资本、法人资本、个人资本、港澳台资本、外商资本。

"实收资本"或"股本"属于所有者权益类账户，核算内容为企业按照合同、章程的规定收到投资者或股东投入的资本。账户结构为贷方登记收到投入资本的实际数额或按股票面值计算的股本金，借方登记按规定程序减少的注册资本或减少的股本数额，期末贷方余额，反映企业现有的实收资本或股本。一般情况下，除企业将资本公积、盈余公积转作资本外，"实收资本"数额不能随意变动；明细账核算，按投资者或股东名册进行。

"实收资本账户结构"如表 4-1 所示。

表 4-1　实收资本账户

借方	实收资本账户	贷方
实收资本的减少额	实收资本的增加额	
	期末余额：实收资本的实有额	

（1）所有者投入。企业收到投资者的投资，分别按照现金资产和非现金资产，借记"银行存款""其他应收款""固定资产""无形资产"等账户，按照其在注册资本中所占的份额，贷记"实收资本"账户，按照其差额，贷记"资本公积"账户。投资者投入固定资产的成本，应当按照投资合同或协议约定的价值确定。

（2）将资本公积转为实收资本。

借：资本公积

　　贷：实收资本

（3）将盈余公积转为实收资本。

借：盈余公积

　　贷：实收资本

4.1.2.2 银行存款的核算

银行存款是指企业存入银行或其他金融机构的各种款项。企业应当根据业务需要，按照规定，在其所在地银行开设账户，运用所开设的账户，进行存款、取款以及其他各种收支转账业务的结算。企业对现金开支范围以外的各项款项收付，都必须通过银行办理转账结算。

"银行存款"属于资产类账户，核算内容为企业存入银行或其他金融机构的款项。账户结构为借方登记存款的存入数,贷方登记存款的支取数,期末借方余额,反映企业存放在银行的存款实有数。明细账核算,按开户银行和其他金融机构及存款种类进行。有外币存款的企业,按人民币和各种外币进行明细账核算。

借方登记取得的银行存款;贷方登记支付的银行存款。"银行存款"账户结构如表 4-2 所示。

表 4-2 银行存款账户

借方	银行存款账户	贷方
银行存款的增加额	银行存款的减少额	
期末余额: 银行存款的实有额		

明细账设置:该账户可按币种设置明细分类账户,进行明细分类核算。

关于银行存款的有关业务如下:

例 4-1 某企业发生以下部分经济业务,请做会计分录。

(1)收到客户 A 公司开出的转账支票 11 700 元,偿还前欠货款。

借:银行存款　　　　　　　　　　　　　　11 700
　　贷:应收账款　　　　　　　　　　　　　11 700

(2)向 B 公司销售货物,开出增值税专用发票,收到 B 公司交来的银行汇票,送存银,行,实际结算金额 234 000 元。

借:银行存款　　　　　　　　　　　　　　234 000
　　贷:主营业务收入　　　　　　　　　　　200 000
　　　　应交税费——应交增值税(销项税额)　34 000

(3)开出现金支票,支付办公用品费 1 500 元。

借:管理费用　　　　　　　　　　　　　　1 500
　　贷:银行存款　　　　　　　　　　　　　1 500

(4)为购进货物,去银行申请办理银行汇票,金额 200 000 元。

借:其他货币资金——银行汇款存款　　　　200 000
　　贷:银行存款　　　　　　　　　　　　　200 000

企业应当设置银行存款总账和银行存款日记账,分别进行银行存款的总分类核算和明细分类核算。

为了总括地反映企业库存银行存款的收入、支出和结存情况,企业应当设置"银行存款"总分类账,借方登记银行存款的增加,贷方登记银行存款的减少,期末余额在借方,反映企业账面银行存款的金额;银行存款总账可以根据企业选择的账务核算程序,根据记账凭证或者科目汇总表等,由总账会计登记。

4.1.2.3 固定资产的核算

固定资产是指同时具有下列特征的有形资产。

(1)为生产商品、提供劳务、出租或经营管理而持有。

(2)使用寿命超过一个会计年度。

"固定资产"账户:①核算内容为企业固定资产的原始价值。②性质属于资产类。③账户结构为借方登记企业固定资产增加的账面原价,贷方登记因出售、报废和毁损而减少的固定资产的账面原价,期末借方余额反映企业期末固定资产的账面原价。④明细账核算,企业应设置"固定资产登记簿"和"固定资产卡片",按固定资产的类别、使用部门和每项固定资产进行明细分类核算。

"固定资产"账户结构如表4-3所示。

表4-3 固定资产账户

借方	固定资产账户	贷款
固定资产增加的原始价值	固定资产减少的原始价值	
期末余额:结存的固定资产原始价值		

明细账设置:该账户按固定资产品种设置明细账,进行明细分类核算。

1. 固定资产增加的核算

(1)账户设置。

企业固定资产增加的方式,主要有购置、自行建造、股东投入,用其他资产交换、融资租入、接受捐赠和盘盈等。不同来源方式取得的固定资产,其会计处理也不尽相同,但是核算固定资产增加主要设置"固定资产""在建工程"和"工程物资"科目。

固定资产的增减变动应通过"固定资产"科目核算,该科目属于资产类科目,借方登记固定资产的增加额,贷方登记固定资产的减少额。余额在借方,表示企业现有的固定资产原值。

"在建工程"科目核算企业基建、更新改造工程发生的支出,属于资产类账户,借方登记工程的实际支出,贷方登记完工工程转出的实际支出。期末借方余额反映企业未达到预定可使用状态前的实际成本。

"工程物资"科目核算企业为在建工程准备的各种物资的价值,包括工程用材料、尚未安装的设备以及为生产准备的工器具等。属于资产类账户,借方登记购入的为工程准备的物资,贷方登记领用的工程物资以及剩余时转做存货的工程物资的成本,余额反映企业为在建工程准备的各种物资的价值。

（2）账务处理。

①外购固定资产。购置不需要经过建造过程即可使用的固定资产,按实际支付的买价、包装费、运输费、安装成本、缴纳的有关税金等,作为入账价值。

如果企业购入的固定资产需要经过安装以后才能交付使用,那么,会计核算上要将购入的固定资产买价以及发生的安装费用等,先计入"在建工程"科目归集,等固定资产达到预定可使用状态时,再由"在建工程"科目转入"固定资产"科目。[①]

例 4-2　乙企业是增值税一般纳税人,于 2020 年 2 月购入一台需要安装的新设备,以银行存款支付其买价为 100 000 元,增值税额 17 000 元,运费 500 元;购入后进行安装,领用材料 20 000 元,安装完毕后,需支付安装工人工资 10 000 元。

购入设备时:

借:在建工程　　　　　　　　　　　　　100 500
　　应交税费——应交增值税（进项税额）17 000
　　贷:银行存款　　　　　　　　　　　　　　117 500

发生安装费用:

借:在建工程　　　　　　　　　30 000
　　贷:原材料　　　　　　　　　20 000
　　　　应付职工薪酬　　　　　　10 000

安装完毕交付使用:

借:固定资产　　　　　130 500
　　贷:在建工程　　　　130 500

②自行建造的固定资产。自行建造的固定资产,按建造该项资产达到预定可使用状态前所发生的全部支出,作为入账价值。企业自行建造的固定资产包括自营建造和出包建造两种方式,主要通过"工程物资"和"在建工程"科目进行核算。

企业的自营建造工程,是指企业自行组织工程物资采购、自行组织施工人员施工的建筑工程和安装工程。

企业在自营不动产工程中的主要会计处理见表 4-4。

---

① 李丽萍. 增值税转型对固定资产核算的影响分析 [J]. 商业会计,2012（24）:82-84.

表 4-4　企业在自营不动产工程中的主要会计处理

摘要	会计分录
购入工程物资时	借：工程物资 　贷：银行存款
自营工程领用工程物资时	借：在建工程 　贷：工程物资
自营工程领用本企业的原材料时	借：在建工程 　贷：原材料 　　应缴税费——应交增值税（进项税额转出）
自营工程领用本企业生产的库存商品时	借：在建工程 　贷：库存商品 　　应交税费——应交增值税（销项税额）
自营工程发生的其他费用	借：在建工程 　贷：银行存款 　　应付职工薪酬
企业的辅助生产部门为工程提供水、电、设备安装、修理、运输等，应按月根据实际成本计划	借：在建工程 　贷：生产成本——辅助生产成本
基建工程发生的工程管理费、征地费、可行性研究费、临时设施费、公证费、监理费和应负担的税金	借：在建工程——其他支出 　贷：银行存款等科目
自营工程达到预定可使用状态时，按其成本	借：固定资产 　贷：在建工程

例 4-3　大唐公司属于增值税一般纳税人，自行建造 1 个车间，领用原材料 1 000 000 元，辅助材料 300 000 元，发生人工费用 500 000 元。另支付其他支出 20 000 元，会计分录如下：

领料及发生的人工费：

借：在建工程　　　　　　　　　　　　　　　　　2 021 000

　贷：原材料　　　　　　　　　　　　　　　　　1 300 000

　　应缴税费——应交增值税（进项税额转出）　221 000

　　应付职工薪酬　　　　　　　　　　　　　　　500 000

银行存款支付其他支出：

借：在建工程　　　　　　　　　　　　　　　　　20 000

　贷：银行存款　　　　　　　　　　　　　　　　20 000

自建车间完工,经验收投入使用:

借: 固定资产　　　　　　　　　　　　　　　　2 041 000

　　贷: 在建工程　　　　　　　　　　　　　　　　2 041 000

企业的出包建造工程,按照应支付的工程价款等计量,"在建工程"科目实际成为企业与承包单位的结算科目。企业将与承包单位结算的工程价款作为工程成本。企业在出包建造工程中的会计处理见表 4-5。

表 4-5　企业在出包建造工程中的会计处理

摘要	会计分录
按合同规定预付工程款、备料款时	借: 在建工程 　　贷: 银行存款
已拨付给承包企业的材料款抵作预付备料款的,按工程物资的实际成本	借: 在建工程 　　贷: 工程物资——专用材料
将需要安装的设备交付承包单位进行安装时,按设备的成本	借: 在建工程 　　贷: 工程物资——专用设备
与承包企业办理工程款项结算、补付工程款时	借: 在建工程 　　贷: 银行存款 / 应付账款
工程达到预定可使用状态交付使用时,按实际结算款项	借: 固定资产 　　贷: 在建工程

2. 固定资产折旧的核算

固定资产折旧是指在固定资产使用寿命内,按照确定的方法对应计折旧额进行系统分摊。固定资产折旧通过"累计折旧"科目核算。该科目属于资产类科目,是固定资产的备抵科目,贷方登记计提的固定资产折旧额;借方登记处置固定资产时转销的折旧额;余额在贷方,表示期末固定资产的累计折旧额。本科目按固定资产的类别和项目进行明细核算。

每月计提的固定资产折旧费,应按固定资产的使用部门和用途分别处理,即生产车间固定资产折旧费应借记"制造费用"科目,企业管理部门固定资产折旧费应借记"管理费用"科目,出租固定资产折旧费应借记"其他业务成本"科目,按当月计提的折旧总额贷记"累计折旧"科目。

在会计实务中,每月固定资产折旧的计算是通过编制"固定资产折旧计算汇总表"进行的。折旧计算汇总表是在上月份计提折旧的基础上,对上月固定资产的增减变动进行调整后计算当月应计提的折旧额。本月应计提的折旧额计算公式为:

本月应计提的折旧额 = 上月应计提的折旧额 + 上月增加固定资产应计提的折旧额——上月减少固定资产应计提的折旧额

（1）年限平均法。年限平均法又称为直线法，是指将固定资产的应提折旧额均衡地分摊到各期的一种计算方法。

其计算公式如下：

$$年折旧额=\frac{固定资产原价-预计净残值}{预计使用年限}$$

$$预计净残值率=预计净残值÷固定资产原价$$

$$年折旧率=年折旧额÷固定资产原价$$

$$年折旧率=\frac{1-预计净残值率}{预计使用年限}×100\%$$

$$月折旧率=年折旧率÷12$$

$$月折旧额=固定资产原价×月折旧率$$

例4-4 某公司有自行建造的一条生产线投入使用，该生产线建造成本为1 000万元，预计使用年限为10年，预计净残值率为4%。采用年限平均法，该企业的年折旧率、月折旧率、月折旧额计算分别如下：

$$年折旧率=(1-4\%)÷10×100\%=9.6\%$$

$$月折旧率=年折旧率÷12=9.6\%÷12=0.8\%$$

$$月折旧额=固定资产原价×月折旧率=1 000×0.8\%=8(万元)$$

（2）工作量法。工作量法是根据实际工作量计算折旧额的一种方法。这种方法适用于磨损程度与完成工作量成正比关系的固定资产，或者在使用期限内不能均衡使用的固定资产。

其计算公式如下：

$$年折旧额=\frac{固定资产原价×(1-预计净残值率)}{预计总工作量}$$

例4-5 某公司有一辆运货卡车，原价为700 000元，预计总行驶里程为500 000千米，预计报废时的净残值率为5%，本月行驶4 500千米，计算其本月折旧额。

$$单位里程折旧额(每千米折旧额)=700 000×(1-5\%)÷500 000=1.33 (元/千米)$$

$$本月折旧额=4500×1.33=5 985(元)$$

（3）双倍余额递减法。双倍余额递减法是指在不考虑固定资产残值的情况下，根据每期期初固定资产账面余额和双倍的直线法折旧率来计算折旧额的一种方法，它是一种加速折旧法。在采用双倍余额递减法时，要注意不能使固定资产账面净值降到预计净残值以下，所以应在固定资产折旧年限到期前两年内,将固定资产账面净值扣除预计净残值之后的净额平均摊销。

其计算公式如下:

$$年折旧率 = \frac{2}{预计使用年限} \times 100\%$$

$$年折旧额 = 固定资产账面净值 \times 年折旧率$$

$$月折旧额 = 年折旧额 \div 12$$

例 4-6 大唐公司 2014 年 2 月购入某设备,入账原价为 200 000 元,预计使用年限为 5 年,预计净残值为 10 000 元,采用双倍余额递减法,各年年折旧额如下:

年折旧率 =2/ 预计使用年限 ×100%=2/5 × 100%=40%

第一年应提折旧额 = 固定资产账面净值 × 年折旧率 =200 000 × 40%=80 000(元)

第二年应计提折旧额 =(200 000−80 000)× 40%=48 000(元).

第三年应计提折旧额 =(200 000−80 000−48 000)× 40%=28 800(元)

第四年应计提折旧额 =(200 000−80 000−48 000−28800− 10 000)÷2=16 600(元)

第五年同第四年。

20×1 年某设备应计提折旧额 = 80 000 × 10/12=66 666. 67(元)

20×2 年某设备应计提折旧额 = 80 000 × 2/12+48 000 × 10/12=53 333.33(元)

20×3 年某设备应计提折旧额 =48 000 × 2/12+28 800 × 10/12=32 000(元)

20×4 年某设备应计提折旧额 = 28 800 × 2/12+16 600 × 10/12=17 633.33(元)

20×5 年某设备应计提折旧额 = 16 600 × 2/12+16600 × 10/12=16 600(元)

20×6 年某设备应计提折旧额 = 16 600 × 2/12=2 766.67(元)

(4)年数总和法。年数总和法又称合计年限法,也是加速折旧法的一种,它是指将固定资产的原值减去、预计净残值之后的净额乘以一个逐年递减的分数,计算每年的折旧额,这个分数的分子代表从年初计算固定资产尚可使用年限,分母代表预计使用年限的逐年数字总和。

其计算公式如下:

$$年折旧率=\frac{尚可使用年数}{预计使用年限总和}\times100\%$$

$$年折旧额=(固定资产原价-预计净残值)\times年折旧率$$

$$月折旧额=年折旧额\div12$$

例 4-7　某公司 2013 年 12 月购入一项固定资产,该固定资产原价为 50 万元,预计使用年限 5 年,预计净残值为 5 万元,按年数总和法计提折旧。

该固定资产年数总和 =5+4+3+2+1=15（年）

第一年折旧额 =（500 000-50 000）× 5/15=150 000（元）

第二年折旧额 =（500 000-50000）× 4/15=120 000（元）

第三年折旧额 =（500 000-50000）× 3/15=90 000（元）

第四年折旧额 =（500 000-50 000）× 2/15=60 000（元）

第五年折旧额 =（500 000-50 000）× 1/15=30 000（元）

3. 固定资产处置的核算

企业处置固定资产通过"固定资产清理"科目核算。该科目属于资产类科目,借方登记转入清理的固定资产净值和发生的清理费用及有关税费;贷方登记清理固定资产的变价收入和应由保险公司或过失人承担的损失;借方余额为清理净损失,计入当期损益,贷方余额为清理净收益,计入当期损益;结转后,该科目应无余额。本科目可按清理的固定资产项目进行明细核算。

固定资产清理的核算程序主要包括下列内容:注销固定资产的原值和已提折旧额,并将其净额转入"固定资产清理"账户;核算发生的清理费用;核算出售收入和残料等;核算保险公司或有关过失人赔偿;结转固定资产清理净损益。

例 4-8　某公司报废 1 台机器设备,原价 200 000 元,已提折旧 100 000 元,发生清理费用 40 000 元,出售残值收入 30 000 元。

固定资产毁损转入清理:

借:固定资产清理　　　　　　　　　　　　　　　　100 000

　　累计折旧　　　　　　　　　　　　　　　　　　100 000

　　贷:固定资产　　　　　　　　　　　　　　　　200 000

以银行存款支付清理费用:

借:固定资产清理　　　　　　　　　　　　　　　　40 000

　　贷:银行存款　　　　　　　　　　　　　　　　40000

取得残值收入：

借：银行存款　　　　　　　　　　　　　　30 000

　　贷：固定资产清理　　　　　　　　　　　30000

结转固定资产清理净收益：

借：营业外支出——处置固定资产净损失　　　110 000

　　贷：固定资产清理　　　　　　　　　　　110 000

4.1.2.4 无形资产的核算

无形资产,是指企业拥有或者控制的没有实物形态的可辨认非货币性资产,包括专利权、非专利技术、商标权、著作权、土地使用权、特许权等。[①]

1. 无形资产取得的核算

"无形资产"账户核算企业持有的无形资产成本,借方登记取得无形资产的成本,贷方登记出售无形资产转出的无形资产账面余额,期末借方余额,反映企业无形资产的成本。本科目应按无形资产项目设置明细账,进行明细核算。

"累计摊销"科目属于"无形资产"的调整科目,核算企业对使用寿命有限的无形资产计提的累计摊销,贷方登记企业计提的无形资产摊销,借方登记处置无形资产转出的累计摊销,期末贷方余额,反映企业无形资产的累计摊销额。

"无形资产减值准备"科目属于"无形资产"的调整科目,核算企业对使用寿命不确定的无形资产计提减值准备,贷方登记企业计提的无形资产减值准备,借方登记处置无形资产转出的减值准备,期末贷方余额,反映企业无形资产的减值准备。

2. 无形资产摊销和减值

企业应当于取得无形资产时分析判断其使用寿命。无形资产的使用寿命应该选择法定寿命和经济寿命中较短的一个。法定寿命指无形资产的使用期限受到法律、规章或者合同限制,经济寿命则指无形资产能为企业带来经济利益的年限。比如,某专利权受法律保护的期限是 10 年,而经预测可以为企业带来经济利益的期限是 6 年,则该无形资产的预计使用寿命为 6 年,并将该无形资产的成本在 6 年里摊销。

使用寿命有限的无形资产计提摊销,使用寿命不确定的无形资产不

---

① 　虞美新.无形资产相关会计处理探讨 [J].绿色财会 . 2009（12）: 28-29.

应摊销,但无形资产都应当至少于每年年度终了按照有关规定进行减值测试,如测试表明已发生减值,则需计提相应的减值准备。

3. 无形资产的处置和报废

(1)无形资产的出售。

无形资产出售是指将无形资产的所有权让渡给他人。出售后,企业不再对该项无形资产拥有占有、使用、收益、处置的权利。

企业出售无形资产时,应将所得价款与该项无形资产的账面价值之间的差额计入当期营业外收入或者营业外支出。

例 4-9 某企业出售无形资产,收取价款 50 000 元,应交营业税 2500 元,应交城市维护建设税 175 元,应交教育费附加 75 元,用银行存款缴纳律师费 1 500 元,该项无形资产的账面余额为 60 000 元,计提累计摊销为 12 000 元。

会计分录为:

借:银行存款　　　　　　　　　　　　　　50 000
　　累计摊销　　　　　　　　　　　　　　12000.
　　营业外支出——处置非流动资产损失　　2250
　　贷:应交税费——应交营业税　　　　　　2500
　　　　　　　　——应交城市维护建设税　　175
　　　　　　　　——应交教育费附加　　　　75
　　无形资产　　　　　　　　　　　　　　60 000
　　银行存款　　　　　　　　　　　　　　1 500

(2)无形资产的出租。

无形资产出租是指将无形资产的使用权让渡给他人。企业出租的无形资产,应当按照《企业会计准则》有关收入确认原则确认所取得的租金收入;同时,确认出租无形资产的相关费用。企业出租无形资产时,应将所得价款与该项无形资产的账面价值之间的差额,计入当期损益。

例 4-10 某企业购买一项商标权,实际支付价款 300 000 元,受益期 20 年。7 年后,将该项商标的使用权出租给另一企业,双方协商作价 150 000 元,收取的款项存入银行,该企业支付咨询费 1 000 元。营业税税率为 5%。

其会计分录为:

购买该商标权时:

借:无形资产——X 商标权　　　　　　　　300 000
　　贷:银行存款　　　　　　　　　　　　300 000

出租时收取款项：

借：银行存款　　　　　　　　　　　　　　150 000

　　贷：其他业务收入　　　　　　　　　　　150 000

计算应交的营业税：

借：其他业务成本　　　　　　　　　　　　　7500

　　贷：应交税费——应交营业税　　　　　　　7500

支付咨询费时：

借：其他业务成本　　　　　　　　　　　　　1 000

　　贷：银行存款　　　　　　　　　　　　　1 000

按月摊销时：

借：其他业务成本　　　　　　　　　　　　　1 250

　　贷：累计摊销　　　　　　　　　　　　　1 250

（3）无形资产的报废。

无形资产报废是指无形资产由于已被其他新技术所代替或其他原因，预期不能为企业带来未来经济利益的，应当将该无形资产的账面价值予以转销。无形资产报废时，应借记"营业外支出""累计摊销""无形资产减值准备"科目，贷记"无形资产"科目。

4.1.2.5　库存现金的核算

库存现金是指存放于企业财会部门、由出纳人员经管的货币。现金的流动性最强，且有广义和狭义之分。广义的现金包括纸币、硬币、银行活期存款、银行本票、银行汇票、旅行支票等内容；狭义的现金仅指企业的库存现金，是一种无法产生收益的资产，是出纳岗位要管理好的首要资产。

企业加强对库存现金的管理，既是加强自身资产管理、保证企业财产安全的需要，又是遵守国务院发布的《现金管理暂行条例》规定的需要。

"库存现金"属于资产类账户，核算内容为企业的库存现金。账户结构为借方登记库存现金的收入数，贷方登记库存现金的支出数，期末借方余额，反映企业实际持有的库存现金数。

例4-11　某企业采用定额备用金方式核算销售部差旅费。年初，销售部核定的差旅费备用金是5 000元。销售员李某于1月8日出差，于1月18日报销差旅费890元。年初，核定好销售部备用金后，由财务科将款项支付给销售部。

借：其他应收款销售部   5 000

     贷：库存现金   5 000

则1月出差前,李某不用去财务科预借差旅费,因为销售部有备用金5 000元,只需要出差回来带相关票据去财务科报销即可。1月18日,李某去财务部报销差旅费。

借：管理费用——差旅费   890

     贷：库存现金   890

由开户银行根据企业3~5天日常零星开支所需的现金核定限额。为了总括地反映企业库存现金的收入、支出和结存状况,企业应当设置"库存现金"总分类账,借方登记现金的增加,贷方登记现金的减少,期末余额在借方,反映企业实际持有的库存现金的金额;现金库存、现金总账可以根据企业选择的账务核算程序,根据记账凭证或者科目汇总表等,由总账会计登记。如果企业有外币现金,还应该根据币种分别设置日记账。

如果单位内部各部门各项费用的发生频率均衡并且不多,可以采用先预支,等业务办完以后再报销的方式核算。如果单位内部某些部门某些费用发生频繁,就可以采用"定额备用金"制度,以减少财务部门的日常核算工作量。

定额备用金是指单位内部的用款单位按规定定额持有的备用金。实行定额备用金制度的企业,通常由财会部门会同企业内部用款单位,根据该用款单位的实际需要,核定其备用金定额,并拨付款项,同时规定其用款和报销期限,待用款单位实际支用后,凭有效单据向财会部门报销,财会部门根据报销数用现金补足备用金定额。

4.1.2.6 资本公积的核算

资本公积是企业收到投资者的超出其在注册资本(或股本)中所占份额的投资,以及直接计入所有者权益的利得和损失等。资本公积是一种准备资本或资本的储备形式,主要用于转增资本或股本。资本公积的所有权归属于所有投资者,是所有者权益的组成部分;实质上是一种准资本(资本储备),可转增资本金。

"资本公积"账户是所有者权益类账户,用来核算资本公积增减变动及其结余情况。①核算内容为企业资本公积的增减变动及结余情况。②性质属于所有者权益类。③明细账核算,按资本公积形成的类别进行。

企业从不同渠道取得的资本公积(即资本公积增加数),计入该账户的贷方;资本公积减少数(如资本公积转增资本),计入该账户的借方。

其贷方余额表示资本公积的期末结余。"资本公积"账户结构如表 4-6 所示。

表 4-6　资本公积账户

借方	资本公积	贷方
资本公积的减少额	资本公积的增加额	
	期末余额：资本公积的结余额	

明细账设置：资本公积金的来源包括所有者投入资本中超过法定资本份额的部分和直接计入资本公积金的各种利得和损失，对于前者，设置"资本公积——资本（或股本）溢价"明细分类账户进行核算；对于后者，设置"资本公积——其他资本公积"明细分类账户进行核算。

（1）资本公积增加的核算。企业收到投资者的出资，借记"银行存款""其他应收款""固定资产""无形资产"等账户，按照其在注册资本中所占的份额，贷记"实收资本"账户，按照其差额，贷记"资本公积"账户。

例 4-12　2019 年 1 月 1 日，A 有限责任公司由甲、乙、丙三人共同出资成立，注册资本为 2 200 000 元，其中，甲、乙、丙的持股比例分别为 50%、30% 和 20%。2020 年 7 月 1 日，为了扩大生产经营规模，新增注册资本 700 000 元，全部由丁投资者用现金资产投入，丁投资者实际出资 800 000 元。

根据上述经济业务，A 企业做账务处理如下。

借：银行存款 800 000

　贷：实收资本——丁 700 000

　　资本公积——资本溢价 100 000

（2）资本公积减少的核算。根据有关规定用资本公积转增资本，借记"资本公积"账户，贷记"实收资本"账户。根据有关规定减少注册资本，借记"实收资本"账户、"资本公积"账户等，贷记"库存现金""银行存款"等账户。

例 4-13　2019 年 2 月 1 日，B 有限责任公司成立，由甲、乙、丙三人共同出资，公司注册资本为 5 000 000 元，其中，甲、乙、丙的持股比例分别为 40%、40% 和 20%。2020 年 2 月 1 日，为了扩大生产经营规模，甲、乙、丙三人决定按照原出资比例将资本公积 1 000 000 元转增资本。

根据上述经济业务，B 企业做账务处理如下。

借：资本公积 1 000 000

　贷：实收资本——甲 400 000

——乙	400 000
——丙	200 000

（3）资本公积业务核算。

①资本公积增加的核算。企业收到投资者的出资，借记"银行存款""其他应收款""固定资产""无形资产等账户，按照其在注册资本中所占的份额，贷记"实收资本"账户，按照其差额，贷记"资本公积"账户。

②资本公积减少的核算。根据有关规定用资本公积转增资本，借记"资本公积"账户，贷记"实收资本"账户。根据有关规定减少注册资本，借记"实收资本"账户"资本公积"等账户，贷记"库存现金""银行存款"等账户。

4.1.2.7 盈余公积的核算

盈余公积是指企业按照法律规定从实现的净利润中提取的公积金。盈余公积是投资者投入资本的增加价值。盈余公积的提取，是对企业实现的净利润分配的一种限制。这样既可以满足企业维护或扩大再生产经营活动的资金需要，保持和提高企业的创利能力，又可以保证企业有一定的资金弥补以后年度出现的亏损和偿还债务，保护投资者和债权人权益。主要包括法定盈余公积和任意盈余公积。

1. 盈余公积账户设置

为了核算和监督盈余公积的提取与使用等情况，应设置"盈余公积"账户。该账户属于所有者权益类账户。

（1）提取法定公积金。法定公积金是依照法律规定必须提取的，企业在不存在年初累计亏损的前提下，法定盈余公积按照税后利润的10%比例提取。企业的法定公积金不足以弥补以前年度亏损的，在提取法定公积金之前，应当先用当年利润弥补亏损。

（2）提取任意公积金。任意公积金的计提标准由股东大会确定。

（3）向投资者分配股利（或利润）。企业提取盈余公积的主要作用有以下几个方面：弥补亏损、转增资本、扩大企业生产经营等。

2. 盈余公积业务核算

企业用盈余公积转增资本时，应当按照转增资本前的实收资本比例，将盈余公积转增资本的数额计入"实收资本"科目下各所有者的投资明细账，相应增加各所有者对企业的投资。此外，盈余公积转增资本时，以转增后留存的盈余公积不得少于注册资本的25%为限。

（1）提取盈余公积。企业按照公司法规定提取法定公积金和任意公积金，借记"利润分配——提取法定盈余公积、提取任意盈余公积"账户，贷记"盈余公积——法定盈余公积、任意盈余公积"。

例4-14 2020年，A股份有限公司，实现了净利润2 000 000元，经过股东大会决议批准，按照10%的比例提取法定盈余公积金，按照6%的比例提取任意盈余公积金。

根据上述经济业务，A股份有限公司做账务处理如下。

2020年，A股份有限公司提取法定盈余公积和任意盈余公积：

借：利润分配——提取法定盈余公积 200 000
　　　　　　——提取任意盈余公积 120 000
　　贷：盈余公积——法定盈余公积 200 000
　　　　　　　　——任意盈余公积 120 000

（2）使用盈余公积的核算。企业用盈余公积弥补亏损或者转增资本，借记本账户，贷记"利润分配——盈余公积补亏"或"实收资本"账户。企业用盈余公积转增资本时，应当按照转增资本前的实收资本比例，将盈余公积转增资本的数额计入"实收资本"科目下各所有者的投资明细账，相应增加各所有者对企业的投资。此外，盈余公积转增资本时，以转增后留存的盈余公积不得少于注册资本的25%为限。

例4-15 2020年，B有限责任公司，经过股东大会决议批准，决定将法定盈余公积800 000元转增资本，B有限责任公司有三位股东甲、乙、丙，其中各自的股份分别为40%，30%和30%，而且B有限责任公司已经办理好了相关的手续。

根据上述经济业务，B有限责任公司做账务处理如下：

借：盈余公积——法定盈余公积 800 000 .
　　贷：实收资本——甲 320 000
　　　　　　　　——乙 240 000
　　　　　　　　——丙 24 0000

4.1.2.8 未分配利润业务核算

未分配利润应设置"利润分配"账户进行核算，核算企业利润的分配（或亏损的弥补）和历年分配（或弥补）后的余额，属于所有者权益类账户。借方登记利润分配（未分配利润）的减少额，贷方登记利润分配（未分配利润）的增加额，期末余额一般在贷方，反映期末利润分配（未分配利润）的实有数，"利润分配"账户按"应付利润""未分配利润"等设置明细账.

（1）年度终了，企业将本年实现的净利润，自"本年利润"账户转入"利润分配——未分配利润"账户。为净亏损的，做相反的分录，借记"利润分配——未分配利润"，贷记"本年利润"。

（2）将未分配利润通过"利润分配——提取法定盈余公积""利润分配——提取任意盈余公积""利润分配——应付现金股利"等账户进行分配。

（3）将"利润分配——提取法定盈余公积""利润分配— 提取任意盈余公积""利润分配——应付现金股利"等账户的余额转入"利润分配——未分配利润"账户的借方。结转后，"利润分配"账户除"未分配利润"明细账，其他明细账户应无余额，"利润分配"账户年末贷（借）方余额，反映的是企业历年累计未分配的利润（或未弥补亏损）。

例 4-16　2019 年 A 股份有限公司股本为 9 000 000 元，每股面值 1 元。2019 年年初，未分配利润为贷方 1 000 000 元，2019 年实现净利润 6 000 000元，经股东大会决议批准，按 10% 的比例提取法定盈余公积金，按 6% 的比例提取任意盈余公积金。同时按每股 0.3 元向股东派发现金股利。

2020 年 2 月 20 日，A 股份有限公司用银行存款支付了全部现金股利。根据上述经济业务，A 股份有限公司作账务处理如下。

2019 年，A 股份有限公司结转本年实现的利润。

借：本年利润　　　　　　　　　　　　　　　6 000 000
　　贷：利润分配——未分配利润　　　　　　　6 000 000

2013 年，A 股份有限公司提取法定盈余公积和任意盈余公积。

借：利润分配——提取法定盈余公积　　　　　600 000
　　　　　　　——提取任意盈余公积　　　　　360 000
　　贷：盈余公积——法定盈余公积　　　　　　600 000
　　　　　　　　——任意盈余公积　　　　　　360 000

A 股份有限公司结转"利润分配"明细账。

借：利润分配——未分配利润　　　　　　　　960 000
　　贷：利润分配——提取法定盈余公积　　　　600 000
　　　　　　　　——提取任意盈余公积　　　　360 000

2019 年年底，A 股份有限公司计算"利润分配——未分配利润"账户余额。

余额 =1000 000+6 000 000-960 000=6 040 000（元）

表示"利润分配——未分配利润"账户余额为 6 040 000（元）

2019 年，A 股份有限公司批准发放现金股利 =9 000 000×0.3=2 700 000（元）

借：利润分配——应付现金股利　　　　　　　2 700 000

　　贷：应付股利　　　　　　　　　　　　　　2 700 000
2020 年 2 月 20 日，A 股份有限公司实际支付现金股利：
　　借：应付股利　　　　　　　　　　　　　　2 700 000
　　　　贷：银行存款　　　　　　　　　　　　2 700 000

4.1.3 借入资金的核算

4.1.3.1 短期借款的核算

　　短期借款是企业向银行等金融机构借入的偿还期限在一年以内（含一年）的各种借款。如购买材料、偿付债务等。

　　1. 借款取得的核算

　　银行将款项划拨到企业账户，应按实际收到金额，借记"银行存款"账户，贷记"短期借款"账户。

　　"短期借款"账户结构如表 4–7 所示。

表 4–7　短期借款账户

借方　　　　　　　　　短期借款账户　　　　　　　　　贷方	
短期借款的偿还（减少）	短期借款的取得（增加）
	期末余额：尚未归还的短期借款的结余额

　　例 4–17　某公司于 4 月 1 日向银行借入 100 000 元。期限 5 个月，利率 9%，款项已划入甲公司账户。甲公司应做如下会计分录：
　　借：银行存款　　　　　　　　　　　　　　100 000
　　　　贷：短期借款　　　　　　　　　　　　100 000

　　2. 借款款利息的核算

　　借款利息是一项筹资费用，由于短期借款期限比较短，其利息一般采用单利计算。公式为：
$$利息 = 本金 \times 利率 \times 借款期限$$
　　（1）"应付利息"账户，性质属于负债类。明细账核算，按存款人或债权人进行。企业的借款利息，可直接归属于符合资本化条件的资产的购建或者生产的，应当予以资本化，计入符合资本化条件的资产成本。其他借款利息应当在发生时根据其发生额确认为财务费用，记入当期损益。
　　借款从借入时起即开始发生利息费用，因此，对于按季支付利息的短期借款，以及按年支付利息的长期借款，企业一般采用月末计提的方式进行处理。在借入借款后的每月末,根据借款的本金和利率计算出当月应负担的利息,对于不符合资本化条件的,借记"财务费用"账户,同时贷记"应付利息"账户。

"应付利息"账户结构如表 4-8 所示。

表 4-8　应付利息账户

借方	应付利息账户	贷方
实际支付的利息	当期计提应该支付的利息	
	期末余额:已经计提但尚未支付的利息	

（2）"财务费用"账户。①核算内容为企业为筹集资金而发生的费用,包括利息支出（减利息收入）、汇兑损益、债券的溢折价摊销及相关的手续费等。②性质属于损益类。③账户结构为借方登记发生的财务费用,贷方登记期末转出的财务费用,期末一般无余额。④明细账核算,按费用项目进行。

"财务费用"账户结构如表 4-9 所示。

表 4-9　财务费用账户

借方	财务费用账户	贷方
发生的财务费用: 利息支出、汇兑损失、金融机构手续费	利息收入、汇兑收益 期末转入"本年利润"账户的财务费用净额	

借款利息的结算方式有三种:按月计算支付、按月预提季末支付、到期一次还本付息。结算方式不同账务处理也不相同。

（1）按月计算支付,或是在借款到期时连同本金一同归还但数额不大的,可以直接计入当期财务费用,借记"财务费用",贷记"银行存款"账户。

（2）按月预提季末支付,或到期一次还本付息但数额较大的,应在月末预提利息,借记"财务费用"账户,贷记"应付利息"账户。实际支付利息时,根据已预提的利息,借记"应付利息"账户;根据本月应提的利息,借记"财务费用"账户;根据实际支付的利息,贷记"银行存款"账户。

例 4-18　接上例,若借款利息采用按月预提季末支付的方式,甲公司财务处理如下:

4 月末,计提利息 $=100\,000 \times 9\% \div 12 = 750$（元）,编制如下会计分录:

借：财务费用　　　　　　　　　　　　　　　750
　　贷：应付利息　　　　　　　　　　　　　　750

5 月末，计算、分录与 4 月末相同：

借：财务费用　　　　　　　　　　　　　　　750
　　贷：应付利息　　　　　　　　　　　　　　750

6 月末，支付第二季度利息 3×750=2 250（元），编制如下会计分录：

借：应付利息　　　　　　　　　　　　　　1 500
　　财务费用　　　　　　　　　　　　　　　750
　　贷：银行存款　　　　　　　　　　　　2 250

7 月末，计提利息 750 元，编制如下会计分录：

借：财务费用　　　　　　　　　　　　　　　750
　　贷：应付利息　　　　　　　　　　　　　　750

8 月末，计提利息 750 元，编制如下会计分录：

借：财务费用　　　　　　　　　　　　　　　750
　　贷：应付利息　　　　　　　　　　　　　　750

3. 借款归还的核算

借款到期，企业应归还借款。若利息结算是采用第二种方式，则应按归还的本金，借记"短期借款"账户，按已预提的利息，借记"应付利息"账户，接实际支付金额，贷记"银行存款"账户。

例 4–19　接上两例，8 月 31 日，甲公司归还借款，编制如下会计分录：

借：短期借款　　　　　　　　　　　　100 000
　　应付利息　　　　　　　　　　　　　1 500
　　贷：银行存款　　　　　　　　　　　11 500

若甲公司借款期限为 6 个月，则借款归还的核算为：

借：短期借款　　　　　　　　　　　　100 000
　　应付利息　　　　　　　　　　　　　1 500
　　财务费用　　　　　　　　　　　　　　750
　　贷：银行存款　　　　　　　　　　　102250

最后一期的利息（9 月份）不再预提，连同本金一次结算。

4.1.3.2 长期借款的核算

长期借款是企业向银行等金融机构借入的偿还期限在一年以上（不含一年）的各种借款。长期借款的用途主要是满足企业进行固定资产购建的需要。如购买设备、建造厂房等。

（1）借款取得的核算。

企业取得长期借款时，按取得的借款实际金额，借记"银行存款"账户，贷记"长期借款——本金"账户。该账户是负债类账户，核算内容为企业向银行或其他金融机构借入的期限在1年以上（不含1年）的各项借款的借入、归还等情况。明细账核算，按贷款单位和贷款种类，分别按"本金""利息调整""溢折价""交易费用"等进行。

"长期借款"账户结构如表4-10所示。

表4-10　长期借款账户

借方	长期借款账户	贷方
长期借款的偿还（减少）	长期借款的取得（增加）	
	期末余额：尚未归还的长期借款的结余额	

（2）借款利息的核算。

长期借款利息可采用分期支付或到期连同本金一起支付两种结算方式。产生的利息费用分别计入当期损益或资产成本。

非长期资产购建产生的借款利息，筹建期间的计入管理费用，经营期间的计入财务费用。

固定资产购建产生的利息费用，在固定资产尚未达到预定可使用状态前发生的，符合资本化条件的计入在建工程，固定资产达到预定可使用状态后发生的计入财务费用。

（3）借款归还的核算。

归还长期借款本息时，按归还的本金，借记"长期借款——本金"账户，按已提的借款利息，借记"长期借款——应计利息"，按实际支付的金额，贷记"银行存款"账户，借贷两方产生的差额，借记"财务费用"或"在建工程"账户。

4.2　供应过程业务的核算

企业的生产准备业务是企业日常生产经营活动的第一阶段。在这一阶段，企业要运用筹集的资金购买劳动资料和劳动对象，同时要支付采购费用及增值税（进项税额），并与供货单位发生货款结算业务。此外，企业还应及时将材料验收入库，并妥善保管，以供生产部门领用。

4.2.1 供应过程核算

4.2.1.1 供应过程核算的主要内容

供应过程是企业生产经营活动的起点,企业在供应过程中采购材料和固定资产,为生产经营活动做物质上的准备。本节主要介绍材料采购业务的核算。

企业在材料采购过程中,一方面,从供货单位购进各种材料,需要计算购进材料的采购成本;另一方面,要支付采购材料的买价及运输费、装卸费等采购费用,并且与供货单位发生货款结算关系;当材料验收入库之后,还要按期结转材料的采购成本。以上就是企业在供应过程中需要核算的主要内容。

4.2.1.2 实际成本计价法和计划成本计价法

在具体的核算过程中,企业有两种核算方法可供选择,即实际成本计价法和计划成本计价法。在企业的经营规模较小,原材料种类不是很多,而且原材料的收、发业务发生也不是很频繁的情况下,企业可以按照实际成本计价方法组织材料的收、发核算。对于材料品种、数量繁多,收发频繁的企业来说,日常核算工作量大,核算成本高。为了简化核算,企业可以采用计划成本计价法进行日常核算。具体采用哪一种方法,由企业根据具体情况自行决定。

本书主要介绍实际成本计价法的核算。实际成本计价法是指从材料收、发的会计凭证到材料明细分类账和总分类账的登记全部按照实际成本计价的会计核算方法。

4.2.1.3 材料实际采购成本的构成

材料的实际采购成本,是指材料从采购到入库前所发生的全部支出,一般包括材料的实际买价和采购费用。

购入材料的实际采购成本 = 实际买价 + 采购费用

(1)实际买价。材料的实际买价即购买价款,是指购货发票所注明的货款金额。

(2)采购费用。材料的采购费用包含:采购过程中发生的运杂费(运输费、装卸费、包装费、保险费、仓储费)、运输途中的合理损耗、入库前的挑选整理费用、应计入材料采购成本的各种税金、其他费用。

4.2.1.4 材料实际采购成本的计算

材料的买价应当直接计入各种材料的采购成本；采购费用凡能分清成本计算对象的，可以直接计入各种材料的采购成本；凡不能分清成本计算对象的，应按一定的标准分摊计入各种材料的采购成本中。

材料实际采购成本的计算步骤具体如下。

1. 买价的计算

材料的买价应当直接计入各种材料的采购成本。

2. 采购费用的计算和分配

（1）确定费用分配标准，可以以材料的重量、买价等作为分配标准。

（2）计算材料费用分配率：

材料费用分配率 = 共同性的采购费用 ÷ 分配标准的合计数

3. 计算各种材料的实际采购成本

某种材料的实际采购成本 = 实际买价 + 采购费用（直接计入或者分配计入的）

4. 材料的明细分类核算和材料成本计算表的编制

材料采购业务进行了日常核算之后，要定期登记各种材料的明细分类账，进行明细分类核算，并且编制材料成本计算表。

4.2.2 存货的核算

存货是指企业在日常活动中持有以备出售的产成品或商品、处在生产过程中的在产品、在生产过程或提供劳务过程中耗用的材料和物料等。企业"在日常活动中持有以备出售的产成品或商品"一般在"库存商品""发出商品"等账户中核算，"处在生产过程中的在产品"一般由"生产成本"和"制造费用"账户核算，在期末则由"生产成本"账户余额反映，在企业"生产过程或提供劳务过程中耗用的材料和物料"则在"原材料""周转材料""委托加工物资"等账户中核算。已经购入取得票据的材料，还未运入企业，也要视为本企业存货，在"在途物资"中核算。

企业的存货按照来源和用途可以分为原材料、产成品（库存商品）、自制半成品、外购商品、包装物和低值易耗品六类。

4.2.2.1 原材料的核算

原材料是指企业用于制造产品并构成产品实体的购入物品及购入后供生产耗用但不构成产品实体的辅助性物品。

1.账户设置

（1）"原材料"账户，属于资产类科目，核算库存各种原材料的收发、结存情况。借方登记各种原因增加的材料的实际成本；贷方登记各种原因减少的库存材料的实际成本；期末借方余额反映库存材料的实际成本。

"原材料"账户应按材料的保管地点，材料的类别、品种和规格设置材料明细账（或原材料卡片）。原材料明细账应根据收料凭证和发料凭证逐笔登记。

（2）"在途物资"账户，属于资产类账户，核算内容为用来核算企业采用实际成本（或进价）进行材料、商品等物资的日常核算、货款已付尚未验收入库的在途物资的采购成本。账户结构，借方登记采购业务发生后。根据发票账单等结算凭证，按实际发生的材料买价和采购费用，确认采购成本后借记本账户，贷方登记在途物资验收入库，期末借方余额，表示尚未验收入库的在途物资的实际成本。明细账核算，按材料种类进行。

"在途物资"账户结构如表 4-11 所示。

表 4-11　在途物资账户

借方　　　　　　　　　　　　在途物资账户　　　　　　　　　　　　贷方	
购入材料的实际采购成本：买价和采购费用	结转验收入库材料的实际采购成本
期末余额：在途材料的成本	

（3）"应付账款"账户。应付账款是指企业在生产经营过程中，由于购买产品或劳务而形成的债务。"应付账款"属于负债类账户，核算内容为企业因购买材料.商品和接受劳务等而应付给供应单位的款项。账户结构为贷方登记应付而未付的款项，借方登记偿还的款项，期末贷方余额，表示尚未偿还的款项。明细账核算，按供应单位进行。[1]

"应付账款"账户结构如表 4-12 所示。

---

① 卢小红.浅议企业内控管理与会计核算的结合[J].企业研究，2013（10）：93-94.

表 4-12　应付账款账户

借方	应付账款账户	贷方
应付供应单位款项的减少	应付供应单位款项的增加	
	期末余额：尚未偿还的应付账款余额	

明细账设置：该账户可按照债权人（即供应单位）的名称设置明细账户，进行明细分类核算。

（4）"应付票据"账户。应付票据是一种商业凭证，是指企业在赊购商品或接受劳务时而出具、承兑的商业汇票。按照承兑人的不同，商业汇票可以分为银行承兑和商业承兑两种；按照是否计息分为带息商业汇票与不带息商业汇票两种。与应付账款相比，应付票据因出具了付款的书面证明而更具有法律上的约束力。

"应付票据"属于负债类账户，核算内容为企业购买材料。商品和接受劳务等开出、承兑的商业汇票。商业汇票按照承兑人的不同分为商业承兑汇票和银行承兑汇票。我国商业汇票最长不超过 6 个月。账户结构为贷方登记开出商业汇票，借方登记到期承付或无力支付转出的商业汇票、期末贷方余额，表示尚未到期的商业汇票。明细账核算，按供应单位进行，企业应设置"应付票据备查簿"，详细登记每一应付票据的种类。号数、签发日期、到期日、票面金额、合同交易号、收款人姓名或单位名称以及付款日期和金额等详细资料，当应付票据到期时，应在备查簿中逐笔注销。

"应付票据"账户结构如表 4-13 所示。

表 4-13　应付票据账户

借方	应付票据账户	贷方
到期商业汇票的减少	开出、承兑商业汇票的增加	
	期末余额：尚未到期的应付票据	

（5）"预付账款"属于资产类账户，核算内容为企业因购买材料、商品或接受劳务按购货合同规定预付给供应单位的款项。账户结构为借方登记预付或补付的款项，贷方登记所购材料。明细账核算，按供应单位进行。

"预付账款"账户结构如表 4-14 所示。

表 4-14　预付账款账户

借方	预付账款账户	贷方
预付账款的增加		预付账款的减少
期末余额：尚未结算的预付账款		

例 4-20 A 公司为增值税一般纳税人，从 B 公司购入一批材料 A，财务部门的材料会计收到了增值税专用发票、运输发票。票据上记载的货款为 100 000 元，增值税额 17 000 元，运输发票运输费 800 元，增值税 136 元。

增值税专用发票和运费发票表明企业已经购进货物，没有收料单表明材料尚未到达或者已经到达但是尚未验收入库，没有付款单据表明全部款项尚未支付，属于赊购。因此，财务人员应做会计分录为：

借：在途物资——材料 A　　　　　　　　　100 800

　　应交税费——应交增值税（进项税额）　　　　　　　17 136

　贷：应付账款——B 公司　　　　　　　　　　　　　117 936

3 天后收到仓库转来的收料单，收料单数量和发票一致，并收到银行转来的付款单据，承认付款。

借：原材料——材料 A　　　　　　　　　　100 800

　贷：在途物资　　　　　　　　　　　　　　　　　100 800

借：应付账款——B 公司　　　　　　　　　117 936

　贷：银行存款　　　　　　　　　　　　　　　　　117 936

2. 材料按实际成本核算

（1）购进材料的账务处理。企业购进材料时，一般会涉及的原始凭证有：证明企业拥有财产所有权的增值税专用发票或者普通发票（以下简称为"单"），证明企业购进的材料已经验收入库的收料单（以下简称为"货"），以及证明企业已经付款与否的付款单据。财务人员在处理账务的时候要根据单货到达的时间做出不同的账务处理。

单货同到时，说明购进的货物已经验收入库，应直接借记"原材料""应交税费——应交增值税（进项税额）"，根据不同的结算方式分别贷记"银行存款""应付账款""应付票据""其他货币资金"等科目。

（2）发出材料的账务处理。企业发出材料，通常在发出时填制发料单，由仓库管理人员根据发料单的"仓管联"逐笔登记仓库台账即材料明细分类账，由财务人员根据发料单的"财务联"汇总编制"发出材料汇总表"，进行材料发出的总分类核算。

企业发出材料应贷记"原材料",并根据材料不同用途借记相应的科目：生产产品领用则借记"生产成本",车间一般耗用则借记"制造费用",厂部管理部门领用则借记"管理费用",销售发出则借记"其他业务成本"。

（3）材料的明细分类核算。传统的材料明细分类核算由仓库管理人员和财务会计人员共同进行,有"两套账"和"一套账"两种不同核算形式。

两套账形式：仓库设置"材料卡片"活页账核算各种材料收发结存数量。财务部门设置数量金额式的"原材料"明细分类账核算各种材料的收发结存情况。用两套账核算方式,企业的仓库和财务部门可以相互核对、相互制约,但是核算工作量大,重复记账。

一套账形式：企业只设置一套材料明细分类账,平常由仓库管理人员根据凭证逐日逐笔登记材料收、发数量并结计出结存数量,会计部门定时到仓库稽核并收取凭证,并在材料凭证和明细账上标出单价和金额。企业采用一套账核算形式,可以避免财务和仓库管理员重复记账,但是财务和仓库就不能相互核对、相互制约。

3.材料按计划成本核算

材料按计划成本计价方法进行的收发核算,是从收发凭证到明细分类核算和总分类核算,全部按计划成本计价。

（1）购进材料的账务处理。企业购进材料时,一般会涉及的原始凭证有：证明企业拥有财产所有权的增值税专用发票或者普通发票（以下简称为"单"）,证明企业购进的材料已经验收入库的收料单（以下简称为"货"）,以及证明企业已经付款与否的付款单据。财务人员在处理账务的时候要根据单货到达的时间做出不同的账务处理。

单货同到时,虽然购进的货物已经验收入库,但是由于是按照计划成本核算,要做三笔分录。

①核算购进材料的实际成本：

借：材料采购（实际成本）

    应交税费——应交增值税（进项税额）

  贷：银行存款/应付账款/应付票据/预付账款/其他货币资金等

②按照计划成本验收入库：

借：原材料（计划成本）

  贷：材料采购（计划成本）

③结转材料成本差异,超支差异（实际成本＞计划成本）：

借：材料成本差异

　　贷：材料采购

或者：节约差异（实际成本＜计划成本）

借：材料采购

　　贷：材料成本差异

　　注意：在计算材料成本差异的时候，一定要始终把实际成本作为被减数，放在前面。

　　差是正数，表示实际成本大于计划成本，是超支，在"材料成本差异"借方反映；差是负数，表示实际成本小于计划成本，是节约，在"材料成本差异"贷方反映。

　　货先到，单后到时，说明材料已经收到并验收入库，但是购进业务手续尚未办妥，或者已经办妥但是发票尚未送达企业，这时这批货物所有权尚未转移到本企业，应该先不做账务处理，等待发票到达后做与"单货同到时"相同的会计处理。如果等到月末，该笔购进货物的发票仍然没有到达，则应先借记"原材料"，贷记"应付账款——暂估应付款"，次月1日，再用红字做一笔一模一样的分录记入账簿冲销，继续等待发票到达时做与"单货同到时"相同的账务处理。

　　（2）发出材料的账务处理。材料按计划成本核算发出材料时应分两步进行：先按照计划成本结转，再结转发出材料的成本差异。发出材料按照计划成本结转后，还应当将这些材料的成本差异也一起结转。

　　发出材料的成本差异 ＝ 发出材料的计划成本 × 材料成本差异率

　　材料成本差异率是材料成本差异与其计划成本之间的比率。企业一般采用本月材料成本差异率计算发出材料的材料成本差异。当物价比较稳定并且各月材料成本差异变动幅度不大的时候，企业也可以采用上个月的材料成本差异率来计算本月发出的材料成本差异。

　　材料成本差异率的计算公式如下：

$$材料成本差异率 = \frac{期初材料成本差异 + 本期验收入库材料成本差异}{期初材料计划成本 + 本期验收入库材料计划成本}$$

　　用材料成本差异率计算公式中的成本差异：属于超支差异的用正数，属于节约差异的用负数。所以如果计算出的材料成本差异率是正数，则最终计算出的发出材料的成本差异也是正数，是超支差异；反之，如果计算出的材料成本差异率是负数，则最终计算出的发出材料的成本差异也是负数，是节约差异。

4.2.2.2 周转材料的核算

（1）包装物的核算。

包装物是为包装本企业的产品而储备的各种包装容器，如桶、箱、瓶、坛、袋等。下列各项在会计上不作为包装物进行核算：①各种包装材料，如纸绳、铁丝等；②用于储存和保管产品、材料而不对外出售的包装物；③单独列作企业商品的自制包装物。

（2）低值易耗品的核算。

低值易耗品通常是指不能作为固定资产的各种用具物品，如工具管理用具、玻璃器皿和劳保用品等，这些用品在经营过程中可以多次使用，其价值随其磨损程度逐渐转移到有关成本和费用中去。

低值易耗品核算内容主要包括低值易耗品的取得以和低值易耗品的摊销两大部分。取得时的核算与原材料的账务处理基本相同；摊销时，由于其能多次使用而保持实物形态，所以其损耗的价值一般采用一定的摊销方法分期或分次计入成本和费用中，其摊销方法主要有一次摊销和五五摊销法。

周转材料核算一般经过取得、领用和摊销等环节。一般企业取得可以通过购入、自制和委托外单位加工完成，核算可以比照前述"原材料"的相关规定进行账务处理。

领用周转材料时，应当采用一次转销法或者分次摊销法进行摊销。

例4-21 某公司的基本生产车间领用专业工具一批，实际成本为10 000元，采用五五摊销法进行摊销。应做如下会计处理：

（1）领用专用工具：

借：周转材料——低值易耗品——在用　　　　　　　　　10 000
　　贷：周转材料——低值易耗品——在库　　　　　　　　10 000

（2）领用时摊销其价值的一半：

借：制造费用　　　　　　　　　　　　　　　　　　　　5 000
　　贷：周转材料——低值易耗品——摊销　　　　　　　　5 000

（3）报废时摊销其价值的一半：

借：制造费用　　　　　　　　　　　　　　　　　　　　5 000
　　贷：周转材料——低值易耗品——摊销　　　　　　　　5 000

（4）同时

借：周转材料——低值易耗品——摊销　　　　　　　　　10 000
　　贷：周转材料——低值易耗品——在用　　　　　　　　10 000

4.2.2.3 库存商品的核算

库存商品是指在企业已经完成全部生产过程并已验收入库,可以作为商品直接对外出售的产品以及企业从外部购入直接出售的商品,包括库存产成品、外购商品、存放在门市部准备出售的商品、寄存在外库的商品、委托其他单位代管或代销的商品,以及发出展览的商品等。

库存商品的核算方法可以按照实际成本核算也可以按照计划成本核算,工业企业的产成品一般按实际成本进行核算。除非产成品种类比较繁多的企业,也可以按计划成本进行日常核算。库存商品是企业的有形资产,也是企业直接实现经济利益的重要条件,尤其是生产制造企业,其销售的主要对象就是库存商品,故对库房商品的核算和管理非常重要,如何做好库存商品的管理和库存商品的结算呢? 库房保管人员还要对其保管的库存商品进行归类和设置库房台账,这些也是管理库存商品的基础,同时也是财务人员核算库存商品的重要原始依据。

"库存商品"属于资产类账户,用来核算企业库存的各种商品,包括库存产成品、外购商品等的实际成本。账户结构为借方登记完工验收入库的各种商品成本,贷方登记出库的各种商品成本,期末借方余额,表示现有库存商品的成本。明细账核算,按库存商品的种类品种和规格进行。

"库存商品"账户结构如表 4-15 所示。

表 4-15　库存商品账户

借方　　　　　　　　　　　库存商品账户　　　　　　　　　　　贷方	
验收入库商品的实际成本(增加额)	发出库存商品的实际成本(减少额)
期末余额: 结存库存商品的实际成本	

4.2.3 应交税费的核算

"应交税费"账户是负债类账户,用来核算企业应当依法缴纳的各种税费。明细账核算,按税费项目进行。其中增值税一般纳税人应在"应交税费——应交增值税"账户下设"进项税额""销项税额""出口退税""进项税额转出""已交税金"等专栏。

"应交税费"账户结构如表 4-16 所示。

表 4-16 应交税费账户

借方	应交税费账户	贷方
已缴纳的各种税费,即应交税费的减少	计算出来应交未交的税费.即应交税费的增加	
	期末余额:未交的税费	

该账户可按照应交的税费项目设置明细账户,进行明细分类核算。税费项目包括:增值税、消费税、营业税、城市维护建设税、所得税、资源税、房产税、土地使用税、车船税、教育费附加、矿产资源补偿费等,但不包括印花税等不需要预计税额的税种。

对于增值税的核算,需要设置"应交税费——应交增值税"二级明细账户进行核算。该账户是负债类账户,用来核算企业应当缴纳的增值税。企业可以在此账户下设置"进项税额""销项税额""进项税额转出"等专栏对增值税业务进行明细核算,该账户的贷方登记销项税额,借方登记进项税额以及实际缴纳的增值税。期末余额如果在贷方,表示应交未交的增值税;期末余额如果在借方,表示多交的增值税。本书仅介绍"进项税额"和"销项税额"的核算。仅核算"进项税额"和"销项税额"的"应交税费——应交增值税"账户结构如表 4-17 所示。

表 4-17 应交税费——应交增值税账户

借方	应交税费——应交增值税账户	贷方
进项税额、实际缴纳的增值税	销项税额	
	期末余额:未交的增值税	

4.3 生产过程业务的核算

企业的产品生产业务是企业日常生产经营活动的中心环节。产品的生产过程,也是物化劳动和活劳动的消耗过程。在这一过程中,企业应正确归集和分配各项生产费用,计算产品成本,并认真组织合格产品的验收入库,以供销售部门销售。

4.3.1 生产过程核算

4.3.1.1 生产过程核算的主要内容

生产过程是制造业企业生产经营活动的中心环节。在生产过程中，制造业企业为生产产品发生的、用货币形式表现的生产耗费称为生产费用。它包括劳动资料的耗费（即厂房、建筑物、机器设备等固定资产折旧费用）、劳动对象的耗费（即原材料、辅助材料等的耗费）和活劳动的耗费（即工资、福利费等人工费用）。

4.3.1.2 产品生产成本的计算

直接材料和直接人工费用应直接计入所生产的产品成本中。制造费用在发生时一般无法直接判定其应归属的成本核算对象，因而不能直接计入所生产的产品成本中，而是将其计入"制造费用"账户中进行归集和汇总，然后选用一定的标准，在各种产品之间进行合理的分配，以便准确地确定各种产品应负担的制造费用额。生产成本的计算步骤具体如下：

（1）直接材料和直接人工的计算。将直接材料和直接人工费用直接计入所生产的产品成本中。

（2）制造费用的计算。

①将车间发生的制造费用在"制造费用"账户中进行归集和汇总。

②确定制造费用分配标准，可以以生产工人的工资、生产工时等作为分配标准。

③计算制造费用分配率：

制造费用分配率 = 制造费用总额 ÷ 分配标准的合计数

④计算各种产品的制造费用的负担额：

某种产品应该负担的制造费用 = 制造费用分配率 × 该种产品的分配标准

（3）计算各种产品的实际生产成本。

某种产品的实际生产成本 = 该种产品的直接材料费 + 该种产品的直接人工费 + 该种产品所分配的制造费用

（4）生产成本的明细分类核算和成本计算表的编制。

对生产成本的各个成本项目进行核算之后，要登记各种产品的明细分类账进行明细分类核算，并且编制产品成本计算表，计算各种产品的总成本和单位成本。

4.3.2 主要账户设置

4.3.2.1 "原材料"账户

原材料是指企业在生产过程中经过加工改变其形态或性质并构成产品主要实体的各种原料、主要材料和外购半成品(外购件),以及不构成产品实体但有助于产品形成的辅助材料。

"原材料"账户:①核算内容为企业库存的各种材料,包括原料及主要材料、辅助材料、外购半成品、修理用备件、包装材料和燃料等的增减变动及结存情况。②性质属于资产类。③账户结构为借方登记入库材料的成本,贷方登记出库材料的成本,期末借方余额,表示库存材料的成本。④明细账核算,按材料的种类或规格设置材料的二级账和明细账(或材料卡片),对材料进行明细分类核算进行。

核算内容:企业通过购买或其他方式获得的用于制造产品并构成产品实体主要部分的物品,以及供生产耗费但不构成产品实体的辅助材料、修理用备品备件、燃料、外购半成品等均属于企业的原材料核算内容。

核算方法:原材料的日常收发和结存,可以采用以下两种方法进行核算:①实际成本核算方法;②计划成本核算方法。

一般制造企业所设立的各种材料库房,其存放的物资在会计上就是用原材料这个科目来核算的,同时企业还可以根据库房的地点或材料的属性对原材料进行明细划分,库房保管人员还要对其保管的材料进行归类和设置库房台账,这些都是为财务人员进行原材料核算的监督提供了原始依据。

4.3.2.2 "生产成本"账户

"生产成本"账户,属于费用、成本类账户。核算内容为企业生产产品发生的各项生产费用。账户结构为借方登记生产产品发生的直接材料、直接人工等各项直接费用和分配转入的制造费用,贷方登记结转至"库存商品"账户中的完工产品的成本,期末借方余额,表示尚未完工的在产品成本;明细账核算,按产品品种或批次进行。

"生产成本"账户结构如表4-18所示。

表4-18　生产成本账户

借方	生产成本账户	贷方
发生的生产费用： 　直接材料 　直接人工 　分配计入的制造费用	结转验收入库产成品的成本	
期末余额：尚未完产品（即在产品）的成本		

4.3.2.3 "制造费用"账户

"制造费用"账户核算内容为企业生产车间为组织、管理生产发生的各项间接费用,包括车间管理人员的薪酬、车间机物料消耗、车间机物料消耗、车间劳动保护费、车间固定资产折旧费,车间办公费、水电费和季节性停工损失等。账户结构为借方登记发生的制造费用,贷方登记月末分配转入生产成本的制造费用,除季节性的生产性企业外,期末一般无余额。明细账核算,按车间进行。

4.3.2.4 "应付职工薪酬"账户

"应付职工薪酬"包括工资、奖金、津贴、福利、社会保险、住房公积金等货币性薪酬和非货币性薪酬,属于负债类账户。明细账核算,按"工资""职工福利""社会保险费""工会经费""职工教育经费""社会保险""住房公积金""股份支付""非货币性福利""辞退福利"等进行。

4.3.2.5 "累计折旧"账户

"累计折旧"核算内容为企业固定资产在使用过程中的损耗价值,包括有形损耗和无形损耗,属于资产类（备抵）账户。账户结构同负债类。该账户不进行明细分类核算。《企业会计准则第4号——固定资产）第17条规定,企业可选用的固定资产折旧方法有年限平均法、工作量法、双倍余额递减法和年数总和法。对固定资产计提了折旧后,固定资产的账面价值为固定资产的账面原值减去相应的累计折旧之后的余额。对固定资产计提的折旧越多,其账面价值就越少。同时,通过每期计提固定资产折旧,将固定资产的购置成本分期计入有关成本、费用类账户,体现了会计核算的权责发生制原则和收入与费用的配比原则。

"累计折旧"账户结构如表4-19所示。

表 4-19 累计折旧账户

借方	累积折旧账户	贷方
固定资产退出企业时,已提折旧额的冲销数	按月提取的固定资产折旧额(增加额)	
	期末余额:现有固定资产已提折旧额	

4.4 销售过程业务的核算

企业的产品销售业务是企业日常生产经营活动的最后阶段。在这一阶段,企业应及时将制造完工的产成品销售出去,收回销货款,实现销售收入,并及时结转销售成本,支付销售费用,计算并收回增值税(销项税额),最后确定销售成果。在产品销售过程中实现的利润(或亏损)是企业生产经营成果的主要部分,企业还应据此计算最终财务成果(即利润总额)以及应交所得税,对于税后净利润,企业还要按国家规定的分配顺序进行分配。

产品销售过程是产品价值和使用价值的实现过程。在这一过程中,企业应对生产完工验收入库的合格产品积极组织销售,收取货款,实现产品销售收入。

产品销售业务核算的主要内容是:按权责发生制核算基础确认销售收入的实现;按收入费用配比原则确定销售成本和期间费用;正确计算产品销售收入、成本、费用、税金及附加,以便正确计算并确定销售成果;反映和监督企业销售计划的完成情况及货款的结算情况。

4.4.1 主营业务收支的核算

制造业企业的主营业务活动主要包括销售自己生产的产成品、自制半成品以及提供工业性劳务等。主营业务核算的主要内容就是主营业务收入的确认与计量,主营业务成本的计算与结转、销售费用的发生与归集、相关营业税费的计算与缴纳以及销售货款的结算和收回等。由于销售费用是在销售过程中发生的期间费用,因此,我们将在期间费用的核算中,与管理费用、财务费用一起介绍销售费用的核算,本节主要介绍其他几项核算内容。

4.4.1.1 "主营业务收入"的确认与计量

（1）"主营业务收入"账户。

"主营业务收入"属于是收入类账户，也是损益类账户。用来核算企业销售商品，提供劳务活动中所产生的收入，包括销售产成品、自制半成品，提供工业性劳务等取得的收入。该账户结构为贷方登记实现的主营业务收入，借方登记企业发生销货退回、销售折扣和折让以及期末将其收入结转至"本年利润"账户的转销数，期末一般无余额。明细账核算，按主营业务的种类或产品种类进行。

贷方登记已销售产品、提供劳务等的收入，即主营业务收入的增加；借方登记期末转入"本年利润"账户的数额。结转后，该账户期末没有余额。"主营业务收入"账户结构如表4-20所示。

表4-20　主营业务收入账户

借方　　　　　　　　　　　主营业务收入账户　　　　　　　　　　　贷方	
期末转入"本年利润"账户的数额	主营业务收入的增加

（2）"预收账款"账户。

"预收账款"账户结构如表4-21所示。

表4-21　预收账款账户

借方　　　　　　　　　　　预收账款账户　　　　　　　　　　　贷方	
销售实现时冲减的预收账款（减少）	预收购货单位订货款的增加
	期末余额：预收款的结余

4.4.1.2 "主营业务成本"的计算与结转

"主营业务成本"账户结构为借方登记已确认收入的主营业务的成本，贷方登记销货退回而冲减其销售成本以及期末将其成本结转至"本年利润"账户的转销数，期末一般无余额。明细账核算，按主营业务的种类进行。

"主营业务成本"账户结构如表4-22所示。

表 4-22　主营业务成本账户

借方	主营业务成本账户	贷方
发生的主营业务成本	期末转入"本年利润"账户的数额	

4.4.2 应收账款的核算

应收账款通过"应收账款"账户进行核算,该账户属资产类账户。借方登记企业销售商品或材料等发生的应收款项,贷方登记收回的应收款,余额通常在借方,表示企业应收未收款项。该账户按照客户设置明细分类账。

借方登记应向购货单位或接受劳务单位收取的销货款,即应收账款的增加,包括应收取的价款、税款和代垫款等;贷方登记收回的销货款,即应收账款的减少。期末余额在借方,借方余额表示购货单位或者接受劳务单位暂欠的款项,即尚未收回的应收账款。"应收账款"账户结构如表 4-23 所示。

表 4-23　应收账款账户

借方	应收账款账户	贷方
发生的应收账款(增加)	收回的销货款(应收账款的减少)	
期末余额:应收未收款项		

例 4-22　某企业于 1 月 1 日赊销给 A 公司甲产品一批,价款 20 000元,增值税款 3 400 元,产品已发出,货款未收到。

借:应收账款——A 公司　　　　　　　　23 400
　贷:主营业务收入——甲产品　　　　　20 000
　　　应交税费——应交增值税(销项税额)　3 400
若该企业替 A 公司代垫运杂费 1 000 元。
借:应收账款——A 公司　　　　　　　　1 000
　贷:银行存款　　　　　　　　　　　　1000

4.4.3 应收票据的核算

票据是在经济业务发生时因为信用关系而形成的书面文件,包括汇票、本票和支票等,支票、本票、银行汇票都是即期票据。

"应收票据"属于资产类账户,核算内容为企业因销售商品、提供劳务而收到的商业汇票。账户结构为借方登记收到开出、承兑的商业汇票，贷方登记汇票到期收回货款或转销（商业汇票到期对方无款支付要转为应收账款），期末借方余额，表示尚未到期兑现的商业汇票。明细账核算，按开出、承兑商业汇票的单位进行。

"应收票据"账户结构如表 4-24 所示。

表 4-24　应收票据账户

借方	应收票据账户	贷方
收到的商业汇票（应收票据增加）		到期收回贷款（应收票据减少）
期末余额：尚未收回的票据应收款		

（1）应收票据的取得。

例 4-23　公司 2019 年 10 月 1 日销售一批产品给北方公司，货已发出，发票上注明的销售收入为 200 000 元，增值税税额 34 000 元。收到北方公司交来的商业承兑汇票一张，期限为 6 个月。华润公司应作如下账务处理：

借：应收票据——某公司　　　　　　　　　　　　 234 000
　贷：主营业务收入　　　　　　　　　　　　　　 200 000
　　　应交税费——应交增值税（销项税额）　　　　 34 000

（2）票据到期时。

例 4-24　2020 年 4 月 1 日票据到期，收回款项 234 000 元。

借：银行存款　　　　　　　　　　　　　　　　　 234 000
　贷：应收票据——某公司　　　　　　　　　　　 234 000

（3）票据贴现。应收票据现是指持票人因急需资金，将未到期的商业汇票背书后转让给银行，银行受理后，从票面金额中扣除按银行的贴现率计算确定的贴现息后，将余额付给贴现企业的业务活动。企业将未到期的票据向银行贴现，应按扣除其贴现息后的净额，借记"银行存款"科目，按贴现息部分，借记"财务费用"科目，按应收票据的账面价值，不带追索权的贷记"应收票据"，带追索权的贷记"短期借款"科目。

例 4-25　2020 年 3 月 1 日，因 A 公司资金紧张，将 B 公司不带追索权的票据向银行申请贴现，贴现率为 12%。

贴现期 =1 个月

贴现利息 =234 000 × 12%+ 12 × 1=2 340（元）

贴现金额 =234 000-2 340=231 660（元）

借：银行存款　　　　　　　　　　　　　　　　　 231660
　财务费用　　　　　　　　　　　　　　　　　　 2 340

```
    贷：应收票据                              234 000
```
如果上述票据为带追索权的商业汇票,贴现时账务处理如下:
```
借：银行存款                                231 660
    财务费用                                  2 340
    贷：短期借款                            234 000
```

4.4.4 其他应收款的核算

其他应收款主要核算应收的各种赔款、罚款;应收出租包装物租金;应向职工收取的各种垫付款项;不设置"备用金"科目时企业拨出的备用金;采用售后回购方式融出资金;其他各种应收、暂付款等。

（1）差旅费的核算。

例 4-26 2020 年 6 月 1 日,某公司员工 A 出差预借差旅费 2 000 元,开出现金支票支付。
```
借：其他应收款——员工 A                    2 000
    贷：银行存款                            2 000
```
2020 年 6 月 15 日,员工 A 出差归来报账,共报差旅费 2 100 元。
```
借：管理费用——差旅费                      2 100
    贷：其他应收款——员工 A                 2 000
        库存现金                            100
```
（2）为职工垫付应收款的账务处理。

为职工垫付房租、水电费时:
```
借：其他应收款
    贷：银行存款
```
期末,从应付工资中扣除代垫款项时:.
```
借：应付职工薪酬
    贷：其他应收款
```
（3）存出保证金的账务处理。

租入包装物存出保证金的账务处理。

例 4-27 2020 年 9 月 1 日,某公司随商品购进租入包装物一批,支出押金 3 000 元。
```
借：其他应收款——存出保证金                3 000
    贷：银行存款                            3 000
```
2020 年 9 月 14 日,华润公司归还租入包装物,收回押金。

借：银行存款　　　　　　　　　　　　　　　3 000
　　贷：其他应收款——存出保证金　　　　　　　3 000

（4）应收租金、赔款、罚款的账务处理。

应收租金的会计处理：

借：其他应收款——应收租金
　　贷：其他业务收入

应收罚款、赔款的会计处理：

借：其他应收款——××
　　贷：营业外收入

（5）备用金的账务处理。

备用金是存放在企业内部的一些职能部门和有关人员手中的零用现金。备用金保管人员应根据有关的支出凭单，定期进行备用金报销，审核后补足备用金。

申请定额备用金时：

借：其他应收款——部门 A
　　贷：银行存款

报销补足备用金时：

借：管理费用
　　贷：银行存款

4.4.5 营业税金及附加的核算

4.4.5.1 "税金及附加"账户概述

企业在商品销售过程中实现了商品销售收入，结转了商品销售成本，同时还要向国家税务机关缴纳各种销售税金及附加，包括增值税、消费税、营业税、城市维护建设税、资源税和教育费附加等。

增值税的核算方法在前面已经述及，是直接通过"应交税费——应交增值税"账户的"进项税额"和"销项税额"进行核算的。不通过"营业税金及附加"账户进行核算。除了增值税以外的消费税、营业税、城市维护建设税、资源税和教育费附加等是通过"营业税金及附加"账户进行核算的。由于这些税费是本月计算、下月缴纳的，因此，一方面形成企业的一项费用，计入"营业税金及附加"账户的借方；另一方面形成一笔负债，计入"应交税费"账户的贷方。

4.4.5.2 "税金及附加"账户设置

企业按规定计算出应负担的税金及教育费附加,借记本科目,贷记"应交税费"科目;期末本科目的数额全部转入"本年利润",结转后无余额。

"税金及附加"账户:①核算内容为企业经营活动发生的消费税、城市维护建设税,资源税和教育费附加等相关税费,依据财会[2016]22号文规定,全面试行"营改增"后,"营业税金及附加"账户名称调整为"税金及附加"账户。利润表中的"营业税金及附加"项目调整为"税金及附加"账户,之前在"管理费用"账户中列支的"四小税"(即房产税、土地使用税、车船税、印花税),也同步调整到"税金及附加"账户。②性质属于损益类。③账户结构为借方登记按税法规定计算的经营活动应交的上述税费,贷方登记期末转销数,期末一般无余额。④明细账核算,按税种及附加项目进行。

$$消费税 = 应税消费品的销售额 × 消费税税率$$
$$城市维护建设税额 = (消费税 + 增值税的应交额) × 城市维护建设税税率$$
$$教育费附加 = (消费税 + 增值税的应交额) × 教育费附加税率$$

"营业税金及附加"账户结构如表4-25所示。

表4-25　营业税金及附加账户

借方	营业税金及附加账户	贷方
按规定税率计算应负担的各种税金及附加		期末转入"本年利润"账户的数额

4.4.6 坏账损失的核算

坏账是指企业无法收回的应收款项,当应收款项符合下列条件之一时应确认为坏账。

企业对符合坏账确认条件的应收账款,根据企业的管理权,经股东大会或董事会,或经理(厂长)办公会或类似机构批准后,才能作为坏账予以转销。

应计提坏账准备的范围主要包括应收账款、预付账款、应收票据、其他应收款等,本次任务主要以应收账款为例介绍核算坏账的备抵法。

在备抵法下,企业应设置"资产减值损失"和"坏账准备"账户进行核算。

本次任务主要采用应收账的余额百分比法进行核算。

（1）估计坏账损失时

借：资产减值损失　　　　　（应收账款的余额 × 坏账提取的比例）

　　贷：坏账准备　　　　　　（应收账款的余额 × 坏账提取的比例）

（2）实际发生坏账时

借：坏账准备　　　　　　　　　　　　（无法收回的坏账）

　　贷：应收账款　　　　　　　　　　　（无法收回的坏账）

（3）已确认坏账并转销的应收账款又收回的，按实际收回的金额转回

借：应收账款　　　　　　　　　　　（实际收回的款项）

　　贷：坏账准备　　　　　　　　　　（实际收回的款项）

同时：

借：银行存款　　　　　　　　　　　（实际收回的款项）

　　贷：应收账款　　　　　　　　　　（实际收回的款项）

（4）期末，按照一定比例估算的坏账损失与"坏账准备"账户余额不一致时，需按照两者的差额调整"坏账准备"账户，使调整后"坏账准备"账户余额与估计坏账损失数相等。当应收账款的余额 × 坏账提取的比例－坏账准备账户余额 >0 时，以其差额做如下会计分录：

借：坏账准备

　　贷：资产减值损失——坏账损失

当应收账教的余额 × 坏账提取的比例 = 坏账准备账户余额时，无须做账务处理。

当应收账款的余额 × 坏账提取的比例 = 坏账准 备账户余额 <0 时，以其差额做如下会计分录：

借：资产减值损失——坏账损失

　　贷：坏账准备

4.5　利润及利润分配核算

4.5.1 利润核算

利润是企业在一定会计期间所实现的最终经营成果，是按照配比原则的要求，将一定时期内存在因果关系的收入与费用进行配比。如果收入大于费用，则其差额部分为利润；反之则为亏损。利润是综合反映企

业在一定时期生产经营活动水平的重要指标。

4.5.1.1 营业利润的核算

为了总括反映企业的盈亏情况,应设置"本年利润"科目,期末将各损益类科目余额都转入"本年利润"科目。结转收益类科目时,借记"主营业务收入""其他业务收入""营业外收入"等科目,贷记"本年利润"科目。结转费用类科目时,借记"本年利润"科目,贷记"主营业务成本""营业税金及附加""其他业务成本""销售费用""管理费用""财务费用""营业外支出""所得税费用"等科目。[①]结转"投资收益"科目的净收益时,借记"投资收益"科目,贷记"本年利润"科目。如为净损失,做相反的会计分录。

结转后,期末各损益类科目应无余额,"本年利润"科目如为贷方余额,反映企业自年初至期末累计实现的净利润;如为借方余额,反映企业自年初至期末累计发生的净亏损。年度终了,"本年利润"科目余额转入"利润分配——未分配利润"科目。

例 4-28 2013 年 12 月 31 日,光明公司将有关损益类有关费用账户的余额转入"本年利润"账户,其中,主营业务成本 212 000 元,营业税金及附加 1 870 元,销售费用 6 000 元,管理费用 38 730 元,财务费用 1 400 元,其他业务成本 20 000 元、营业外支出 50 000 元。账务处理如下:

借:本年利润　　　　　　　　　　　　　　330 000
　贷:主营业务成本　　　　　　　　　　　212 000
　　　营业税金及附加　　　　　　　　　　　1 870
　　　销售费用　　　　　　　　　　　　　　6 000
　　　管理费用　　　　　　　　　　　　　38 730
　　　财务费用　　　　　　　　　　　　　　1 400
　　　其他业务成本　　　　　　　　　　　20 000
　　　营业外支出　　　　　　　　　　　　50 000

应纳所得税 =(510 000-330 000)×25%=45 000(元)

结转所得税费用时:

借:本年利润　　　　　　　　　　　　　　45 000
　贷:所得税费用　　　　　　　　　　　　45 000

本年净利润 =510 000-330 000-45 000=135 000(元)

---

① 耿丹,孙立国,战秀亭. 利润表项目组合排列的探讨 [J]. 吉林财税,2002.

4.5.1.2 利润总额的核算

由于利润总额是由营业利润和营业外收支构成的,因此,接下来将介绍营业外收入和营业外支出的核算。

（1）营业外收入的核算。

"营业外收入"主要包括非流动资产处置利得、罚没利得、非货币性资产交换利得、债务重组利得、政府补助、确实无法支付而按规定程序批准后结转的应付款项、捐赠利得、盘盈利得等。

为了核算企业发生的与其生产经营无直接关系的各项净收入,企业应设置"营业外收入"账户,该账户的贷方登记企业发生的各项营业外收入,月末,将该账户的余额转入"本年利润"账户,结转后无余额。该账户可按收入项目进行明细核算。

（2）营业外支出的核算。

为了核算企业发生的与其生产经营无直接关系的各项支出,企业应设置"营业外支出"账户,该账户的借方登记企业发生的各项营业外支出,月末,将该账户的余额转入"本年利润"账户,结转后无余额。该账户可按支出项目进行明细核算。

4.5.2 利润分配核算

企业实现的净利润要按照规定的程序进行合理地分配。通过利润分配,一部分资金以利润的形式分配给投资者而退出企业;另一部分资金以盈余公积金的形式继续参加企业的资金周转;还有一部分以未分配利润的形式留存于企业。盈余公积金可以用于弥补亏损、转增资本等,是一种归全体所有者共同享有的权益。本节主要介绍企业提取盈余公积金和向投资者分配利润或者现金股利的核算内容。

利润分配涉及投资者、企业、国家等多方面的利益分配,所以企业取得的净利润不是全部拿出来分配给投资者,而是按照规定的顺序进行分配。企业当期实现的净利润,加上年初未分配的利润（减去年初未弥补的亏损）和其他转入后的余额,为可供分配的利润。

企业可供分配利润的分配内容和顺序如下:弥补以前年度亏损、提取法定盈余公积、提取任意盈余公积。

4.5.3 所得税的核算

所得税费用，是指应在会计税前利润中扣除的所得税费用，包括当期所得税费用和递延所得税，用（或收益）。所得税费用的确认有应付税款法和资产负债表债务法两种。采用应付税款法只确认当期所得税费用，而不确认递延所得税费用；采用资产负债表债务法，既要确认当期所得税费用，也要确认递延所得税费用。

当期所得税是指当期应税所得额和适用税率计算确定的当期应缴纳的所得税，也就是应缴纳给税务机关的所得税额。根据我国现行所得税法规定，企业所得税的基本计算公式为：

当期应交所得税 = 当期应纳税所得额 × 适用税率

由于财务会计与税收服务的目的和遵循原则的不同，按会计核算方法确定的利润总额与税法规定的应纳税所得额是不一定相同的。所以，在计算确定当期应纳税所得额时，需要在利润总额基础上进行纳税调整处理，即

当期应纳税所得额 = 当期利润总额 + 纳税调整增加项目 – 纳税调整减少项目

纳税调整增加项目主要有：超过税法规定标准的业务招待费、广告费、借款利息、业务宣传费支出、非公益性捐赠等；税法规定不允许税前扣除的项目，如税收滞纳金、罚款、罚金等；企业自产产品用于工程建设、非货币性福利的应计税收入，赞助支出，未经核定的准备金支出等。

纳税调整减少项目主要有：取得免税国债利息收益；允许弥补的亏损（5 年内）；股利收入。

企业应设置"所得税费用"账户进行所得税费用的核算。所得税费用账户结构如表 4–26 所示。

表 4–26 所得税费用账户

借方	所得税费用账户	贷方
计算的所得税费用额	期末转入"本年利润"账户的所得税费用数额	

"本年利润"账户结构如表 4–27 所示。

表 4-27　本年利润账户

借方	本年利润账户	贷方
期末转入的各项费用,包括: 　　主营业务成本 　　营业税金及附加 　　其他业务成本 　　销售费用 　　管理费用 　　财务费用 　　营业外支出 　　所得税费用		期末转入的各项收入,包括: 　　主营业务收入 　　其他业务收入 　　投资收益 　　营业外收入
期末余额:年度内累计净亏损		期末余额:年度内累计净利润

　　企业应按纳税所得计算应交所得税,填制"企业所得税缴款书"或"电子报税付款通知",在账务处理上借记"所得税费用",贷记"应交税费——应交所得税";在实际上缴所得税时,借记"应交税费——应交所得税",贷记"银行存款";期末,应将"所得税费用"账户的借方余额转入"本年利润"账户,结转后"所得税费用"账户应无余额。[①]

① 黄宪才,安祥林,黄淑波. 账户按用途和结构分类的探讨 [J]. 黑龙江财会,1998.

第 5 章　账户的分类

为了更好地掌握账户的设置和运用,有必要对账户进行适当分类。账户分类有助于建立完善的账户体系,进一步掌握各类账户的运用,提供核算指标的规律性,账户分类主要取决于账户的经济内容、经济用途和结构。

5.1　会计账户分类概述

会计账户作为核算交易或者事项增减情况及其结果的一种手段,为了取得生产经营管理所必需的各种会计信息资料和会计核算指标,就需要设置和运用账户。前面已分别介绍了账户的设置、核算内容、基本结构及其主要运用,说明了每一个会计账户的特性。然而,每一个会计账户都只能反映企业资金运动的某一个方面,企业资金运动作为一个整体,并不是由个别会计账户而是由全部会计账户记录和反映的,全部会计账户共同组成一个统一完整的账户体系,它们构成了一个完整的会计账户体系,它们分工协作记录和反映资金运动的全貌。因此,会计核算中所运用的会计账户并不是孤立的,而是相互联系的,学习会计账户的分类,可以从不同的角度认识各类账户的共性和特性,了解会计账户之间的联系和区别,并找出会计账户设置和运用的规律,以便更好地进行会计核算工作。

为了正确地设置和运用账户,应当按照经济内容、会计账户提供指标的详细程度及其统取关系进行分类。

5.1.1 账户分类的意义

经过前面的学习,我们了解和使用了许多账户。作为会计信息系统的骨架,这些账户撑起了严密而井然有序的信息编制和传递系统。这些账户都有着自身的特点,拥有不同于其他账户的性质、用途和结构,从各个侧面反映和监督着会计对象的变化过程和结果。这些账户在保持自身特点、发挥自身特殊作用的同时,并不是孤立存在的,每个账户和其他账户之间形成紧密的联系,组成了一个有机的整体,一起提供完整而系统的会计信息。可见账户在保有独立个性的同时,又有着某些共性。这些个性和共性的并存,保证了它们各司其职又互相联动,为实现同一个会计目标而工作。

为了科学地了解不同账户的共性和个性,理解它们的区别和联系,认识它们在会计信息系统中占据的不同地位和发挥的不同作用,我们有必要进一步研究账户的分类,寻找对各种账户进行设置和运用的规律。

5.1.2 账户分类的标志

我们通过对账户共同性的梳理和总结,将具有同样共性的账户归为一类。对账户进行分类一般坚持有用性和可行性原则,即账户的分类要合理、可行、通俗易懂、符合需要。从不同的角度认识账户,会得出账户不同的共性。认识账户、区分账户的不同角度,就是账户分类的标志,一般根据以下四种标志对账户进行分类。

5.1.3 账户的分类方法

5.1.3.1 会计账户按经济内容分类

会计账户的经济内容是账户所反映的会计对象的具体内容,与会计要素的内容是一致的,因此账户按经济内容分类与会计要素的分类也是一致的。上述将会计要素分为资产、负债、所有者权益、收入、费用和利润,因此会计账户也就分为资产类账户、负债类账户、所有者权益类账户、收入类账户、费用类账户和利润类账户。一般情况下,由于要单独核算产品的生产成本,所以把"生产成本"和"制造费用"这两个账户从费用类账户中单独列出,作为成本类账户,将其余的费用账户和收入类账户合并在一起统称为损益类账户。因利润类账户性质上是属于所有者权益,所以把利润类账户并入所有者权益类账户,从而把会计账户合并成为资产类账户、负债类账户、所有者权益类账户、成本类账户、损益类账户和共同类账户等。其中,共同类账户具有资产和负债双重性质,应根据期末余额判断其归属的类别。

账户按其经济内容分类列示如图 5-1 所示。

```
账户─┬─反映资产的账户─┬─反映流动资产的账户─┬─库存现金
     │               │                  ├─银行存款
     │               │                  ├─应收账款
     │               │                  ├─其他应收款
     │               │                  └─原材料
     │               └─反映非流动资产的账户─┬─长期股权投资
     │                                    ├─固定资产
     │                                    ├─累计折旧
     │                                    ├─在建工程
     │                                    └─无形资产
     ├─反映负债的账户─┬─反映流动负债的账户─┬─短期借款
     │               │                  ├─应付票据
     │               │                  ├─应付账款
     │               │                  ├─其他应付款
     │               │                  └─应交税费
     │               └─反映非流动资产的账户─┬─长期借款
     │                                    └─长期应付款
     ├─共同类账户─┬─衍生工具
     │           ├─套期工具
     │           └─被套期项目
     ├─反映所有者权益的账户─┬─反映资本金的账户：实收资本
     │                    ├─反映公积金的账户─┬─资本公积
     │                    │                └─盈余公积
     │                    └─反映利润的账户─┬─本年利润
     │                                    └─利润分配
     ├─反映成本的账户─┬─生产成本
     │               └─制造费用
     └─反映营业损益的账户─┬─反映营业损益的账户─┬─主营业务收入
                        │                  ├─主营业务成本
                        │                  ├─营业税金及附加
                        │                  ├─其他业务收入
                        │                  ├─其他业务成本
                        │                  ├─销售费用
                        │                  └─财务费用
                        └─反映营业外损益的账户─┬─所得税费用
                                             ├─营业外收入
                                             └─营业外支出
```

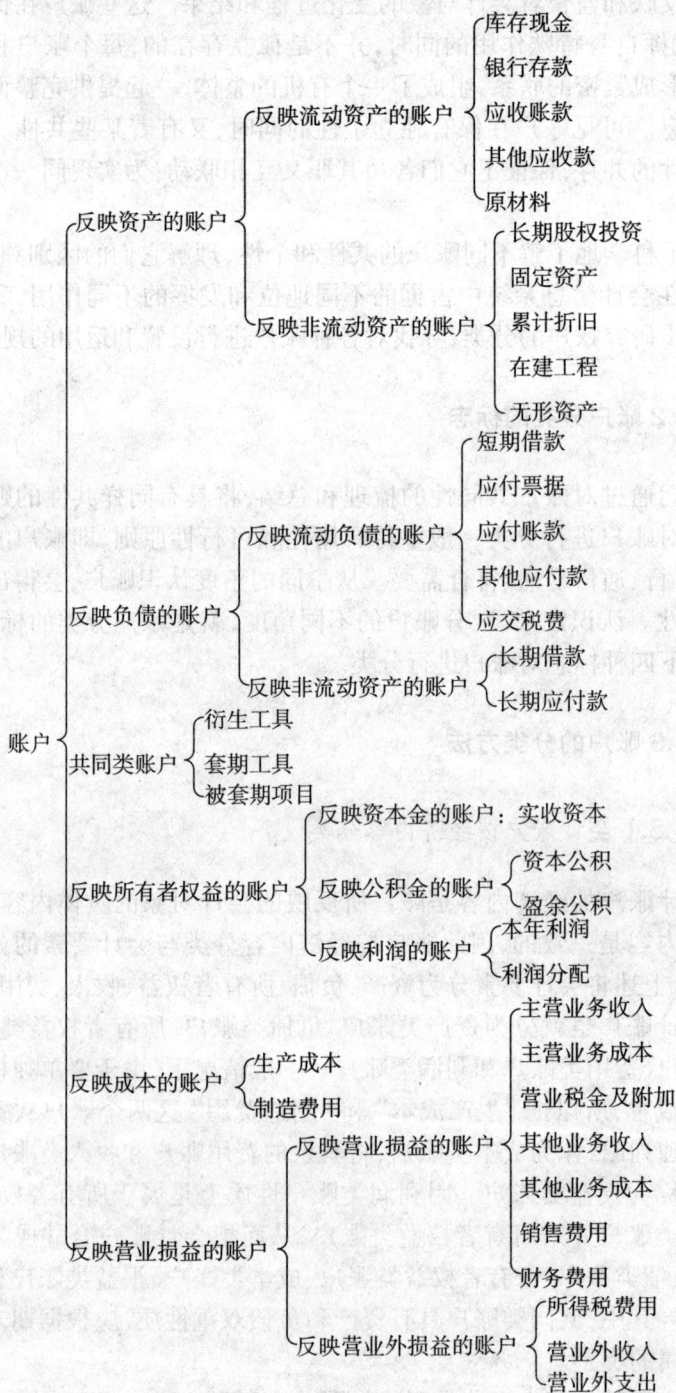

图 5-1　账户按其经济内容分类

5.1.3.2 会计账户按提供指标的详细程度及其统驭关系分类

同会计科目的分类相对应,会计账户按提供指标的详细程度及其统驭关系分类,可分为总分类账户和明细分类账户。

总分类账户简称总账,是按照总分类科目设置的,以货币为计量单位分类、连续、系统、全面地记录和反映各项资产权益的增减变动及其结果,用来提供总括核算资料的账户。明细分类账户简称明细账,是按照明细分类科目设置,主要采用货币为主要计量单位,辅以其他计量单位,分类、连续、系统、全面地记录和反映各项资产、权益的增减变动及其结果,用来提供详细核算资料的账户。

明细分类账户也可分为二级账户、三级账户等多级账户,但并非账户设置越细越好,以既满足管理需要,又简化核算为原则。

总分类账户和明细分类账户反映的交易或事项的经济内容相同,总分类账户反映什么交易或事项的经济业务内容,其所属的明细分类账户也反映什么交易或事项的经济业务内容。如"原材料"总分类账户与其所属的明细分类账户都反映企业库存材料的增减变动及其结余情况

总分类账户和明细分类账户登记账户的原始依据相同,登记总外类账户和明细分类账户所依据的原始凭证是相同的。

总分类账户对明细分类账户具有统驭控制作用,而明细分类账户对总分类账户具有补充说明作用。从明细分类账户对总分类账户来看,明细分类账户是总分类账户的具体化,明细分类账户对总分类账户起辅助的补充说明作用,在总分类账户中无法提供的资料,通过其明细外类账户来提供。二者是从属关系,二者完整结合构成完整的会计账户体系。

总分类账户和明细分类账户可以采用平行登记的方法。平行登记是指对同一交易或事项,既要登记总分类账户反映总括资料,又要登记明细分类账户反映详细资料,这是记账的一项重要内容。

例 5-1 某企业 9 月份有关"原材料"和"应付账款"总分类账户和明细分类账户余额为:"原材料"账户期初余额为 400 000 元,其中,甲材料250 000 元,乙材料 150 000 元。"应付账款"账户期初余额为 600 000 元,其中,华光厂 200 000 元,光华厂 400 000 元该企业该月份发生有关原材料和应付账款的交易或事项如下(假设不考虑相关的税费):

(1)9 月 5 日从华光厂购入甲材料 100 000 元,乙材料 200 000 元,材料入库,货款未付。

```
借：原材料——甲材料                                    100 000
        ——乙材料                                    200 000
    贷：应付账款——华光厂                                  300 000
```

（2）9月15日，从光华厂购入甲材料150 000元，材料入库，货款未付。

```
借：原材料——甲材料                                    150 000
    贷：应付账款——光华厂                                  150 000
```

（3）9月20日，以银行存款支付前欠华光厂货款400 000元，光华厂货款500 000元。

```
借：应付账款——华光厂                                  400 000
        ——光华厂                                    500 000
    贷：银行存款                                          900 000
```

（4）9月30日，生产产品领用甲材料450 000元，乙材料250 000元。

```
借：生产成本                                          700 000
    贷：原材料——甲材料                                    450 000
        ——乙材料                                    250 000
```

根据上述资料，开设"原材料"总分类账户和甲、乙材料明细分类账户：应付账款总分类账户和华光厂、光华厂明细分类账户，并进行平行登记。如表5-1所示。

表5-1 总分类账户和明细分类账户

借方 原材料	贷方
期初余额　400 000 发生额　　300 000 　　　　　150 000	发生额　　700 000
本期发生额 450 000	本期发生额 700 000
期末余额　150 000	

借方 原材料——甲材料	贷方
期初余额　250 000 发生额　　100 000 　　　　　150 000	发生额　　450 000
本期发生额 250 000	本期发生额 450 000
期末余额　50 000	

借方	原材料——乙材料	贷方
期初余额　150 000 发生额　　200 000		发生额　　　250 000
本期发生额 200 000		本期发生额 250 000
期末余额　100 000		

借方	应付账款	贷方
发生额　　900 000		期初余额　　600 000 发生额　　　300 000 　　　　　　150 000
本期发生额 900 000		本期发生额　450 000
		期末余额　　150 000

借方	应付账款——华光厂	贷方
发生额　　400 000		期初余额　　200 000 发生额　　　300 000
本期发生额 400 000		本期发生额　300 000
		期末余额　　100 000

借方	付账款——光华厂	贷方
发生额　　500 000		期初余额　　400 000 发生额　　　150 000
本期发生额 50 000		本期发生额　150 000
		期末余额　　　50 000

从上例可以看出,总分类账户与明细分类账户平行登记时,其登记的时间、方向、金额和依据都是一样的,如果通过核对发现总分类账户的金额与其所属的明细分类账户的金额不等,表明总分类账户或明细分类账户的登记有误,应及时查明更正。

由于总外类账户和明细分类账户是采用平行登记的方法进行登记的,且遵循同时登记、方向相同、金额相等、依据相同的要点,这样,总分类账户和明细分类账户之间必然存在一种相互核对关系。这种核对关系体现在数量方面。即表现为:发生额的核对关系,即总分类账户本期发生额合计与其所属明细分类账户本期发生额的合计数之和必然相等;余额的核对关系,即总分类账户本期期末余额与其所属各个明细分类账户期末余额之和必然相等。在会计核算中,经常用这一核对关系来检查总外类账户和明细分类账户记录的完整性和正确性。

核对工作一般月末通过编制总分类账户和明细分类账户试算表进行,其结构如表 5-2 所示

表 5-2 总分类账户和明细分类账户试算表　　　　单位:元

账户名称	期初余额		本期发生额		期末余额	
	借方	贷方	借方	贷方	借方	贷方
原材料			450 000	700 000		
甲材料			250 000	450 000	150 000	
乙材料	400 000		200 000	250 000	50 000	
应付账户	250 000	600 000	900 000	450 000	100 000	150 000
华光厂	150 000	200 000	400 000	300 000		100 000
光华厂		400 000	500 000	150 000		50 000

5.1.3.3 按账户与会计报表的关系分类

账户是日常记录经济业务数据的场所,而会计报表是在期末传递财务信息的载体。经济业务发生以后,对其初次确认和分类记录,填入账户;到了期末对账户里的信息内容进行再次归类和确认,编入会计报表。所以,会计报表中的信息来自账户根据账户与会计报表的关系,反映静态资金运动的账户称为资产负债表账户(实账户),期末根据其余额编制资产负债表;反映动态资金运动的账户称为利润表账户(虚账户),期末根据其发生额编制利润表。实账户可以称为永久性账户,虚账户则可以称为暂时性账户。实账户能反映企业资产负债表的各个项目(资产、负债和所有者权益)的实有数额。这些账户在期末结账后通常都有余额,期末余额可以跨期延续到下一会计期,成为下一会计期的期初余额,以进行业务的连续登记。

虚账户则反映企业在生产经营过程中产生的影响当期损益的收入和费用等数额。这些账户在期末结账后通常没有余额,下期期初需重新开始新一期业务的记录。

5.1.3.4 按账户的用途和结构分类

在按经济内容对账户分类的基础上,为了进一步了解各个账户的具体用途,明确每个账户所提供指标的规律性,我们按照账户的用途和结构对账户进行分类。

账户的用途就是账户设置和运用的目的,比如希望通过设置和运用这个账户提供什么信息。账户的结构表明了账户中记录经济业务的具体

方法,比如在账户的借方、贷方登记什么,余额一般在哪个方向,代表什么含义。

尽管账户核算的经济内容相同,但其用途和结构却未必相同。比如"应收账款"和"坏账准备"账户都是用来核算企业的应收账款数额的,同属于资产类账户。可是"应收账款"增加登记在借方,余额一般在借方;"坏账准备"增加登记在贷方,余额一般在贷方。理解账户按用途和结构进行的分类,有助于我们加强对账户核算经济信息的理解,增强我们驾驭和管理账户的能力。

在借贷记账法下,账户按其用途和结构的不同,可以分为基本账户、调整账户、成本账户和损益计算账户四大类。其中,基本账户又可以分为盘存账户、投资权益(资本)账户、结算账户、跨期摊配账户、暂记账户五种;调整账户可以分为备抵(抵减)账户、附加账户和备抵附加账户三种;成本账户可以分为集合分配账户、对比账户和成本计算账户三种;损益计算账户可以分为财务成果计算账户和收入费用计算账户两种。账户按用途和结构分类如图 5-2 所示。

此外,账户还可以按照会计主体的不同分为表内账户和表外账户,在此不做详细介绍。

5.2　基本账户用法

基本账户所反映的经济内容是企业经济活动的基础。基本账户一般都是资产负债表账户,所反映的内容多是资产、负债和所有者权益的增减变动和结存情况。账户期末通常有余额,余额编入资产负债表。

5.2.1 盘存账户

盘存账户是用来核算和监督可以进行实物盘点的各种财产物资和货币资金增减变动及其实有数额的账户。这类账户包括了企业主要的资产账户,如"库存现金""银行存款""原材料""库存商品""固定资产"等账户。盘存账户的结构如表 5-3 所示。

库存现金
银行存款
交易性金融资产
原材料
库存商品
固定资产

盘存账户

实收资本
盈余公积
资本公积

投资权益账户

应收账款
应收票据
其他应收款
预付账款

债权结算账户

基本账户

结算账户

短期借款
长期借款
应付票据
应付账款
预收账款
其他应付款
应付职工薪酬
应交税费
……

债务结算账户

债权债务结算账户

跨期摊配账户 —— 长期待摊费用
……

暂记账户 —— 待处理财产损益

账户

累计折旧
坏账准备
固定资产减值准备
……

备抵账户

调整账户

附加账户 —— 应付债券 —— 利息调整

备抵附加账户 —— 材料成本差异

生产成本
在途物资
在建工程

成本计算账户

成本账户

集合分配账户：制造费用

对比账户：材料成本（也是成本计算账户）

主营业务收入
其他业务收入
营业外收入

收入计算账户

收入费用计算账户

主营业务成本
其他业务成本
税金及附加
销售费用
管理费用
财务费用
资产减值损失
营业外支出
所得税费用

费用计算账户

损益计算账户

财务成果计算账户 —— 本年利润

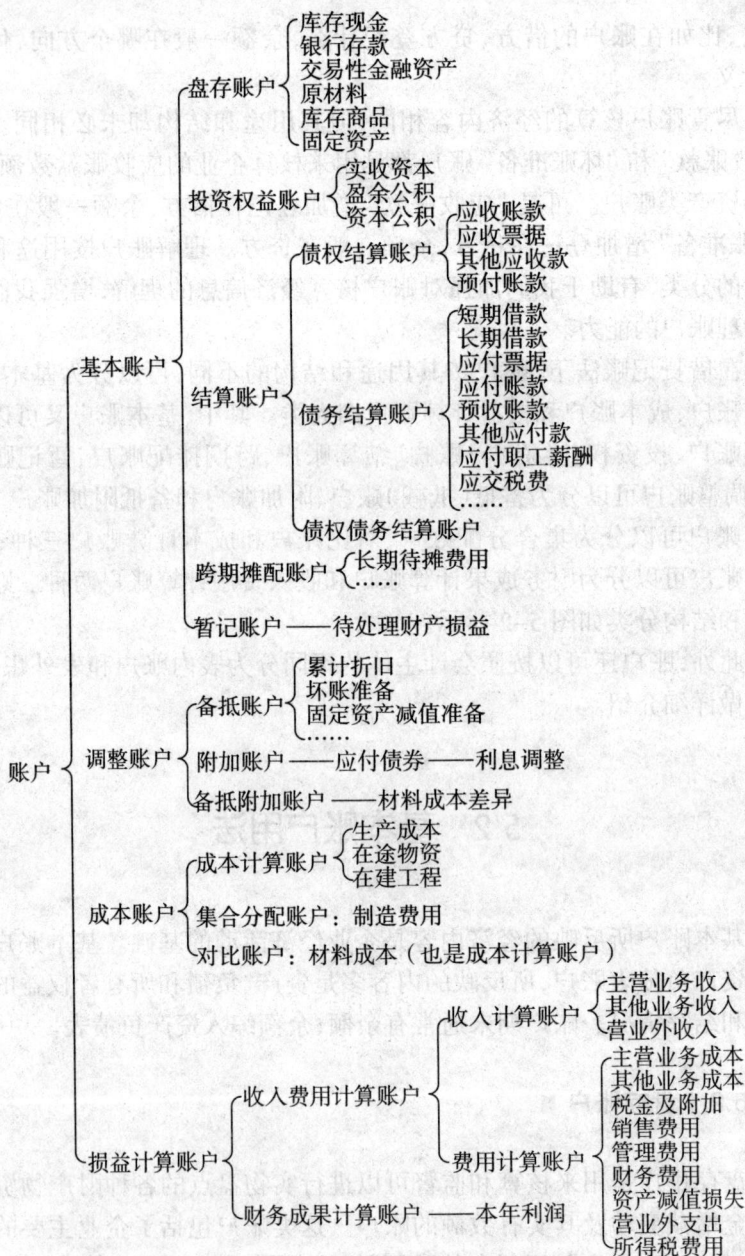

图 5-2　账户按用途和结构分类

表 5-3　盘存账户的结构

借方	盘存账户	贷方
期初余额：财产物资或货币资金期初实有数额 发生额：财产物资或货币资金的本期增加数额	发生额：财产物资或货币资金的本期减少数额
期末余额：财产物资或货币资金的期末实有数额	

特点是：借方登记各种财产物资或货币资金的增加数，贷方登记各种财产物资或货币资金的减少数；余额在借方，表示各种财产物资或货币资金的实有数。这类账户可以通过实物盘点方式进行财产清查，核对账实是否相符。"生产成本"账户的期初、期末借方余额表示在产品；"材料采购"账户的期初、期末借方余额表示在途材料；"在建工程"账户的期初、期末借方余额表示未完工程成本和工程物资。这些账户都具有盘存账户的性质。

5.2.2 投资权益(资本)账户

投资权益账户又称为"资本账户"(Investing Accounts)、"所有者投资账户"或者"权益资本账户"，是用来反映和监督企业所有者投资的增减变动及其结存情况的账户，也是所有单位必须设置的基本账户。这类账户的结构是：借方反映各项投资和积累的减少额；贷方反映各项投资和积累的增加额；余额在贷方，反映各项投资和积累的结存额。投资权益账户的结构如表 5-4 所示。

表 5-4　投资权益账户的结构

借方	投资权益(资本)账户	贷方
发生额：资本的减少额	期初余额：期初结存的各项资本实存额 发生额：资本的增加额
	期末余额：资本期末的结存额

5.2.3 结算账户

结算账户(Clearance Accounts)是用来反映和监督企业与其他单位或个人之间债权(应收或预付款项)、债务(应付或预收款项)结算情况的账户。结算账户往往都只提供货币价值指标，可以按照结算业务的对方单位或者个人设置明细账进行明细核算。

按照结算业务性质的不同,结算账户又可以分为三类。债权结算账户,如"应收账款""应收票据""其他应收款""预付账款"等,结构如表5-5所示。债务结算账户,如"短期借款""应付账款""应付票据""预收账款""其他应付款""长期借款""应付股利""应付利息""应付职工薪酬""应交税费""应付债券"等账户,结构如表5-6所示。债权债务结算账户,预收业务发生不多的企业,可以在预收业务发生的时候,将预收的款项计入"应收账款"账户的贷方,而不单独设置"预收账款"账户。在实现收入时,再借记"应收账款"账户,转销这项债务。同样,预付业务不多的企业,也可以不单独设置"预付账款"账户,在预付业务发生时,将预付的款项直接计入"应付账款"账户的借方,收到货物时再贷记"应付账款",转销这笔债权。这种情况下,"应收账款"和"应付账款"账户就都成了债权债务结算账户。企业为了简化核算手续,还可以将"其他应收款"和"其他应付款"账户合并为"其他往来"账户。"其他往来"账户也是债权债务结算账户。债权债务结算账户的结构如表5-7所示。

表5-5 债权结算账户的结构

借方	债权结算账户	贷方
期初余额:期初尚未收回的各项债权的实有额 发生额:债权的增加额		发生额:债权的减少额
期末余额:期末尚未收回的各项债权的实有额		

表5-6 债务结算账户的结构

借方	债务结算账户	贷方
发生额:债务的本期减少额	期初余额:期初尚未偿付的各项债务的实有额 发生额:债务的增加额	
	期末余额:期末尚未偿还的各项债务的实有额	

表5-7 债权债务结算账户的结构

借方	债权债务结算账户	贷方
期初余额:期初债权大于债务的部分 发生额:债权的增加额或者债务的减少额		期初余额:期初债务大于债权的部分 发生额:债务的增加额或者债权的减少额
期末余额:期末债权大于债务的部分		期末余额:期末债务大于债权的部分

5.2.4 跨期摊配账户

跨期摊配账户(Interperiod Allocation Accounts)也称为跨期摊提账

户,是用来核算和监督应由若干个相连的会计期间共同负担的费用,并将这些费用在各个会计期间进行分摊或预提的账户。跨期摊配账户既可以是资产类跨期摊配账户,也可以是负债类跨期摊配账户。

如果支付款项在前,摊配进费用在后,就形成资产类跨期摊配账户;如果预提确认费用在前,支付款项在后,就形成负债类跨期摊配账户。

跨期摊配账户的结构如表 5-8 所示。

表 5-8　债权债务结算账户的结构

借方　　　　　　　　　　　　　跨期摊配账户　　　　　　　　　　　　贷方	
期初余额:期初已经支付但尚未摊配的费用 发生额:实际支付的数额	期初余额:期初已经预提但尚未支付的费用 发生额:费用的摊销额或者预提额
期末余额:期末已经发生或支付但尚未摊配的费用	期末余额:期末已经预提但尚未支付的费用

目前跨期摊配账户包括“长期待摊费用”等账户。“长期待摊费用”账户属于资产类账户,也是为了划清各个会计期间的费用界限而设置的,核算企业已经发生但应由本期和以后各期负担的分摊期限在一年以上的各项费用,比如以经营租赁方式租入的固定资产发生的改良支出等。“长期待摊费用”账户期末余额一般在借方,反映企业尚未摊销完毕的长期待排费用.

5.2.5 暂记账户

暂记账户(Temporary Accounts)又称为财产待处理账户,是用来核算和监督那些一时难以确定应借记(或贷记)哪些账户的经济业务的。一旦确定该业务应该借记或贷记的确切账户,就将该业务金额从暂记账户中转出。可见,暂记账户是一种过渡性账户属于暂记账户的有“待处理财产损溢”账户,清查财产物资时发现的溢余或盘亏额,在未查明原因或未经过批准处理之前,都暂时计入“待处理财产损溢”账户。等到查明原因或经过批准处理以后,才能从这个账户中转销。以“待处理财产损溢”账户为例表示暂记账户的结构,如表 5-9 所示。

表 5-9 债权债务结算账户的结构

借方	待处理财产损溢	贷方
期初余额：期初尚未查明原因或经过批准处理的盘亏或毁损的财产的价值 发生额：①盘亏或毁损的各种财产的价值 ②查明原因或经过批准处理予以转销的盘盈财产的价值		期初余额：期初尚未查明原因或经过批准处理的盘盈的财产的价值 发生额：①盘盈的各种财产的价值 ②查明原因或经过批准处理予以转销的盘亏或毁损财产的价值
期末余额：期末尚未查明原因或经过批准处理的盘盈的财产的价值		期末余额：期末尚未查明原因或经过批准处理的盘亏或毁损的财产的价值

5.3 调整账户用法

调整账户是用来调整有关账户的账面余额而设置的账户。调整账户和被调整账户相互配合，既能全面、完整地反映同一个会计对象，又能满足管理上对不同指标的需要。

5.3.1 备抵调整账户

备抵调整账户是用来抵减被调整账户的余额以求得被调整账户调整后实际余额的账户。例如，"累计折旧"账户是"固定资产"账户的备抵调整账户；"坏账准备"是"应收账款"的备抵调整账户："产品成本差异"（或商品流通企业的"商品进销差价"）是"库存商品"的备抵调整账户："利润分配"是"本年利润"的备抵调整账户。其调整方式是以被调整账户的期末余额减去调整账户的期末余额，以求得被调整账户调整后的现有实际数额。备抵调整账户的特点是调整账户与被调整账户的性质是相同的，两个账户的余额方向相反。例如，"固定资产"账户的期末借方余额表示固定资产的原始价值，"累计折旧"账户的期末贷方余额表示固定资产的累计折旧额，两者相抵，即可求得固定资产的现有净值，尽管这两个账户余额的方向相反，借贷方登记增减也相反，但这两个账户是同一性质的账户，正因为它们是同一性质的账户，才可以抵减，否则不能相加减。同时也正是因为"固定资产"账户与"累计折旧"账户的余额方向相反，它们才能互相备抵。

根据被调整账户的性质，又可将备抵调整账户分为资产备抵账户（如"累计折旧""坏账准备"）和权益备抵账户（如"利润分配"）。以"累计折旧"和"固定资产清理"账户为例介绍备抵账户的结构,如表 5-10 所示。

表 5-10　备抵账户的结构(单位:元)

借方	固定资产(被调整账户)	贷方
期末余额:　　　　　5 000 000		

借方	累计折旧(调整账户)	贷方
	期末余额:　　　　　420 000	

借方	固定资产减值准备(调整账户)	贷方
	期末余额:　　　　　340 000	

计算可得,固定资产期末实际净值 = "固定资产"账户期末借方余额 − "累计折旧"账户贷方余额 − "固定资产减值准备"账户贷方余额 =5 000 000 − 420 000 − 340 000=4 240 000(元)。

另外,"坏账准备"是"应收账款"账户的备抵账户。扣减"坏账准备"贷方余额后的应收账款净值,代表可收回的应收账款数额。

"累计摊销"是"无形资产"账户的备抵账户。"无形资产"账户借方余额代表无形资产的原值,抵减了"累计摊销"账户贷方的余额后,可得出无形资产的实际价值。

存货跌价准备""无形资产减值准备""长期股权投资减值准备"等都是备抵账户。

5.3.2　附加账户

附加账户和备抵账户相反,是用来增加被调整账户的余额,以反映被调整账户实际余额的账户。

被调整账户实际余额的计算公式如下:

被调整账户的实际余额 = 被调整账户余额 + 附加调整账户余额

附加账户的结构特点是其余额与被调整账户的余额方向一定相同,以起到增加被调整账户余额的作用。以被调整账户余额在借方的账户为例介绍附加账户的结构,如表 5-11 所示。

表 5-11　附加账户的结构(单位:元)

借方	被调整账户	贷方
期末余额:　　　　　8 790 000		

借方	调整账户	贷方
期末余额: 310 000		

计算可得,被调整账户的实际余额 = 被调整账户借方余额 + 附加调整账户借方余额 =8 790 000 + 310 000=9 100 000(元)。

由于实际工作中很少单纯设置附加账户,所以这里没有单独举例。

5.3.3 备抵(抵减)附加账户

备抵附加账户也可称为抵减附加账户,它具有双重调整功效,既可以抵减,也可以增加被调整账户的余额。当备抵附加账户的余额和被调整账户余额相同时,执行的就是附加调整的功能;当其余额和被调整账户余额相反时,则起着备抵调整的作用。

"材料成本差异"是制造业企业采用计划成本法计价时设置的账户,它是"原材料"账户的备抵附加账户。在计划成本法下,计入"原材料"账户借方的是入库材料的计划成本。设置"材料成本差异"账户就可以将"原材料"账户里的计划成本调整成实际成本。

如果"材料成本差异"账户有借方余额,和"原材料"账户余额方向相同,则表示对"原材料"账户起着附加作用,代表实际成本的超支部分。此时材料的实际成本大于计划成本,如表 5–12 所示。

表 5–12　备抵附加账户的附加过程(一)(单位:元)

借方	材料成本差异	贷方
期末余额　1 425		

借方	原材料	贷方
期末余额　74 575		

原材料实际成本的计算公式如下:

原材料的实际成本 = "原材料"账户借方余额表示的计划成本 + "材料成本差异"账户借方余额表示的超支部分

计算可得,原材料期末实际成本 = "原材料"账户期末借方余额 + "材料成本差异"账户借方余额 =74 575+1 425=76 000(元)。

如果"材料成本差异"账户有贷方余额,和"原材料"账户余额方向相反,则表示对"原材料"账户起着备抵调整作用,代表实际成本的节约部分。此时原材料的实际成本小于计划成本,如表 5–13 所示。

表 5–12　备抵附加账户的附加过程(二)（单位：元）

借方	材料成本差异		贷方
		期末余额	1 425

借方	原材料		贷方
		期末余额	74 575

原材料实际成本的计算公式如下：原材料的实际成本 = "原材料"账户借方余额表示的计划成本 – "材料成本差异"账户贷方余额表示的节约部分

计算可得，原材料调整实际成本 = "原材料"账户期末借方余额 – "材料成本差异"账户贷方余额 =74 575 — 1 425=73 150（元）。

需要指出的是，有一些学术观点认为"利润分配"账户是"本年利润"账户的调整账户。"本年利润"账户的贷方余额代表本年实现的累计利润，"利润分配"账户的贷方余额代表以前年度未分配的利润，合起来就能表现出当前累计的总利润。当然余额方向相反时情况也就相反。

5.4　业务账户的用法

业务账户是用来核算和监督企业在采购、生产、销售过程中业务活动的账户。其特点是能及时考核企业财务和成本计划的完成情况，对企业经济效益做全面评价。

5.4.1　集合分配账户

集合分配账户是用来汇集和分配经营过程中某一阶段所发生的各种间接费用的账户通过集合分配账户汇集经营过程中的间接费用，再按一定标准将间接费用分配进各个相关成本计算对象的成本中去，能够便于考核和监督间接费用的发生和计划执行情况，更能方便地确定各个成本计算对象的实际成本。集合分配账户具有过渡账户的性质。"制造费用"就属集合分配账户。其账户结构如表 5–13 所示。

表 5-13　集合分配账户的结构

借方　　　　　　　　　　　集合分配账户　　　　　　　　　　　贷方	
发生额：汇集经营过程中发生的间接费用数额	发生额：分配给各相关成本计算对象的间接费用数额

5.4.2 成本计算账户

成本计算账户（Costing Accounts）是用来核算和监督企业在经营过程中某一阶段所发生的全部费用，并借以确定该过程各成本计算对象实际成本的账户。成本计算账户的结构如表 5-14 所示。成本计算账户除提供货币价值指标之外，还提供实物数量指标。

表 5-14　成本计算账户的结构

借方　　　　　　　　　　　成本计算账户　　　　　　　　　　　贷方	
期初余额：期初尚未完成经营过程某一阶段而未转出的成本计算对象的实际成本 发生额：汇集成本计算对象在经营过程中某一阶段发生的全部费用	发生额：转出成本计算对象已完成的某一阶段的实际成本
期末余额：期末尚未结束的某一阶段未转出的成本计算对象的实际成本	

成本计算账户包括"在途物资""生产成本""材料采购""在建工程"等账户。

5.4.3 收入费用计算账户

收入费用计算账户有很多名称，通常可见的还有集合配比账户、集合汇转账户、汇总结转账户等。收入计算账户是用来汇集企业在一定期间某种收入、收益或支出，期末通过结转该项收入、收益或支出，进行配比计算，确定这一经营期间财务成果的账户。收入费用计算账户按照其汇集的性质和经济内容，又可以划分为收入计算账户和费用计算账户两类。收入计算账户和费用计算账户都只提供货币价值指标。它们一般都没有余额，在账户的一方归集本期发生的收入或费用的数额，再从另一方将本期归集的数额全部转出。这类账户也是具有过渡性质的账户。收入计算账户与费用计算账户的结构分别如表 5-15、表 5-16 所示。

表 5-15　收入计算账户的结构

借方　　　　　　　　　　收入计算账户　　　　　　　　　　贷方	
发生额：①收入和利得的减少额 ②期末结转本年利润的收入和利得的数额	发生额：汇集的收入和利得的增加额

表 5-16　费用计算账户的结构

借方　　　　　　　　　　费用计算账户　　　　　　　　　　贷方	
发生额：汇集的费用或损失的增加额	发生额：①费用或损失的减少额 ②期末结转本年利润的费用或损失的数额

5.4.4 财务成果计算账户

财务成果计算账户是用来反映和监督企业在一定期间全部生产经营活动最终成果的账户。"本年利润"账户就是财务成果计算账户。这类账户的结构是：借方登记和汇总期末从各费用计算账户转入的费用和损失的数额；贷方登记和汇总从各收入计算账户转入的收入和利得的数额；期末（1 月末—11 月末）余额如果在贷方，表示收入大于费用的数额，即企业实现的利润额；期末（1 月末—11 月末）余额如果在借方，表示费用大于收入的数额，即企业发生的亏损额；年末将本年实现的利润或发生的亏损结转入"利润分配"账户，年末结转后该账户没有余额。财务成果计算账户的结构如表 5-17 所示。

表 5-17　财务成果计算账户的结构

借方　　　　　　　　　　财务成果计算账户　　　　　　　　　　贷方	
发生额：从各费用计算账户转入的费用或损失的数额	发生额：从各收入计算账户转入的收入和利得的数额
期末余额：①（1 月末—11 月末）本年累计的亏损总额 ②（年末）结转入"利润分配"后无余额	期末余额：①（1 月末—11 月末）本年累计的净利润 ②（年末）结转入"利润分配"后无余额

损益计算账户转入财务成果计算账户，与其进行配比。一定会计期内取得的收入和为此发生的成本费用进行时间和因果关系上的配比，计算得出最后的财务成果，年终再将累计财务成果转出。可见，财务成果计算账户和损益计算账户一起完成了结账分录和计算财务成果的工作。它们彼此分工，又相辅相成。财务成果计算账户同样只提供货币价值指标。

5.4.5 计价对比账户

计价对比账户,也称对比账户,是用来对某项经济业务按照两种不同的计价标准进行对比,借以确定其业务成果的账户。按计划成本计价进行物资日常核算的企业所设置的"材料采购"账户就是属于计价对比账户。该账户的借方登记物资的实际采购成本,贷方登记按照计划单价核算的物资的计划采购成本,通过借贷双方两种计价的对比,可以确定材料采购的业务成果。"本年利润"账户的贷方登记按售价计算的收入和收益,借方登记按成本价计算的成本、费用等,通过借贷双方两种计价的对比,可以确定企业的财务成果(净利润)。

计价对比账户的特点是在同一账户的借贷两方采用不同的计价标准来反映有关经济指标,而调整账户则是通过两个成对设置的账户来反映有关经济指标以"材料采购"账户为例,计价对比账户的结构如表 5-18 所示。

表 5-18　计价对比账户的结构

借方	材料采购	贷方
期初余额:期初在途物资的实际成本大于货到款未付的计划成本的差额 发生额:外购物资的实际成本;贷差(计划成本大于实际成本的差额,即材料节约差异,转入"材料成本差异"账户贷方)		或,期初余额:期初货到款未付的计划成本大于在途物资的实际成本的差额 发生额:外购物资的计划成本;借差(计划成本小于实际成本的差额,即材料超支差异,转入"材料成本差异"账户借方)
期末余额:期末在途物资的实际成本大于货到款付的计划成本的差额		或,期末余额:期末货到款未付的计划成本大于在途物资的实际成本的差额

当然,我们应该注意到"材料采购"账户体现的是计价对比账户的传统思想,也存在某些不足。因为,此时的余额(期初或期末)的含义比较令人费解(发生额也令人费解,不利于经济分析),应将其余额理解为在途物资的实际成本与货到款未付物资的计划成本的差额,实际成本与计划成本毕竟是不同"质"的量,不能相加减。为了避免出现这个问题,我们可以将"材料采购"账户借贷方均按实际成本计价,不认为"材料成本差异"是由"材料采胸"账户借贷方计价不同所产生的,而认为"材料成本差异"是"材料采购"的实际成本与"原材料"等账户的计划成本不同所造成的。事实上,"材料采购"的计划成本是由入库的"原材料"等的计划成本决定的,或者说如果没有"原材料"等的计划成本,根本就不会有

"材料采购"的计划成本,脱离了"原材料"等的计划成本,就只会有"材料采购"的实际成本。这样做对会计电算化是极为有利的,但需对"材料采购"明细账的格式做相应地变化(即将贷方栏目下的计划成本改为实际成本,另外再单独设置计划成本和成本差异栏目),以满足管理的需要。

第 6 章　会计凭证

　　填制和审核会计凭证，是借助会计凭证去办理会计手续，以便及时反映和监督经济业务的发生和完成情况，保证会计记录真实、正确、合理、合法所采用的一种专门方法，是会计核算工作的起点和基础。这是非常重要的内容，应当学会并掌握。

6.1　会计凭证概述

　　会计凭证简称凭证，是指记录经济业务事项的发生或者完成情况，明确经济责任，并作为记账依据的书面证明。会计凭证是会计资料的重要组成内容，编制审核会计凭证是会计核算工作的起点。

　　会计核算要求真实、正确地反映各单位的经济活动，要求一切会计记录都必须有真凭实据，即要求有会计凭证作为依据。正确填制和严格审核会计凭证是对会计工作的最基本要求，是会计核算的一种专门方法。

6.1.1　填制和审核会计凭证的意义

　　填制和审核会计凭证是如实反映和有效监督经济活动的一种专门的会计核算方法，它对于充分发挥会计职能、保证会计信息质量具有重要意义。

　　一切会计记录都要有真凭实据，使会计核算资料具有客观性，这是会计核算必须遵循的一条原则，也是会计核算的一个重要特征。没有凭证，不能支付款项；没有凭证，材料物资不能动用；没有凭证，不得进行账务处理。因此，在任何一个会计主体，即企业、事业、机关、团体等单位里，每发生一项经济业务，都必须取得能够证明该项经济业务已经发生、执行或完成的书面凭证（原始凭证），然后再据以做出反映该项经济业务的会计分录（记账凭证），作为会计记账和算账的依据。如购买材料时要由供货单位开给发票,支付款项时要由收款单位开给收据,材料收进或发出时要有收料单、发料单等,像上述的发票、收据、收料单和发料单等都是会计凭证。填制或取得会计凭证是会计工作的初始阶段和基本环节。

会计凭证的填制与取得,对于完成会计核算任务、发挥会计的监督作用具有重要意义。填制或取得会计凭证的意义表现在会计监督和会计核算两个方面。从会计核算的角度看,凭证的填制与取得,是会计核算的第一步,在会计核算方法体系中是起点,起着入账资格认定的作用,保证了会计核算资料的客观性;从会计监督的角度看,通过会计凭证的填制与取得,可以监督、检查经济业务的真实性、正确性、合理性和合法性,据以评价有关部门和有关人员的工作业绩等,同时记账、算账本身也受到会计凭证的制约,防止了会计人员记账、算账的随意性和不严肃性,保证了会计核算资料的准确性。会计凭证的意义主要表现在以下几个方面:

(1)可以如实记录经济业务的实际完成情况。

对单位发生的一切经济业务,如资金的取得和运用、生产费用的发生和产品成本的形成、销售收入的取得和利润的形成与分配等,通过填制会计凭证,可以对经济业务进行全面记录,如实反映经济业务的实际完成情况,为会计分析和会计检查提供必要的基础资料。

(2)明确经济责任,强化内部控制。

对发生的各项经济业务,可以通过填制和审核会计凭证来明确各责任人的经济责任。尤其是货币资金的收付,财产物资的购入、储存和领用等经营活动,都可以通过填制和审核会计凭证来检查和监督各责任人的责任,为加强企业内部经营管理的经济责任制和内部控制提供可靠的依据。

(3)会计凭证是进行会计核算的依据。

任何单位,每发生一项经济业务,如现金的收付、物资的进出、往来款项的结算等,都要记账。但此时记账必须以经过审核无误的会计凭证为依据,没有凭证,不能记账。这就保证了会计记录的客观性、真实性和正确性,防止主观臆断和弄虚作假等行为。取得或填制会计凭证实际上是进行会计核算的起点。

(4)会计凭证是对经济业务进行控制的有效手段。

由于每一项经济业务都要填制或取得适当的会计凭证,有关经办人员都要在凭证上签字,以示负责,这样就加强了经济责任制,促使有关人员在自己的职责范围内严格按照规章办事,提高责任感,并且也保证了经济业务在正常的轨道内执行。一旦出现问题,还便于检查和分清责任。

6.1.2 会计凭证的种类

以不同的标志对会计凭证进行划分,可以将会计凭证分为不同的种类。其中,按其填制程序和用途的不同可以分为原始凭证和记账凭证,这是一种最基本的分类方法。

6.1.2.1 原始凭证

原始凭证又称单据,是在经济业务发生或完成时取得或填制的,用以记录或证明经济业务的发生或完成情况,并作为记账原始依据的书面证明。一切经济业务的发生,都应由有关部门或人员向会计部门提供一种单据,即原始凭证,它能够证明所记录的经济业务的实际情况。因而它可以作为记账的原始依据,并具有法律效力。

原始凭证的质量决定了会计信息的真实性和可靠性。购买材料取得的购货发票,出差取得的汽车票、火车票,仓库编制的收料单、领料单等都属于原始凭证;而如经济合同、购货申请单等,凡是不能证明经济业务的发生或完成情况的书面凭证则不能成为原始凭证。

6.1.2.2 记账凭证

记账凭证又称分录凭证或者记账凭单,是会计人员依据经审核无误的原始凭证进行填制,用来记录交易或者事项的简要内容和确定会计分录,作为登记会计账簿直接依据的会计凭证。

对于不同单位来说,其经济业务的种类繁多,记录最初经济业务的原始凭证来自各个不同的方面,数量很大,格式和内容也各不相同,而且不能清楚地表明应记入科目(账户)的名称和方向,这就不便于直接作为记账的依据。因此,为了提高记账效率,应对原始凭证反映的不同性质的经济业务进行分类,编制记账凭证,确定会计分录,据以登记账簿。这样既便于记账,又可防止发生差错,保证账簿记录正确无误。

6.2 原始凭证

原始凭证是记录经济业务的载体,是经济发生或完成时填制的,也是会计核算工作的开始环节,一切记账凭证、账簿、会计报表均以此为依据。对原始凭证的学习至关重要,应全面、熟练地掌握这部分内容。

6.2.1 原始凭证的种类

根据不同的分类方法,原始凭证通常分为如下几类。

6.2.1.1 按其来源不同划分

原始凭证按其来源不同,可以分为自制原始凭证和外来原始凭证。

（1）自制原始凭证。

自制原始凭证是由本单位经办业务的部门和人员,在执行或完成某项经济业务时自行填制的凭证。如仓库保管员在验收材料时填制的收料单,车间向材料仓库领取材料时填制的领料单以及完工产品验收入库时填制的产成品入库单等。领料单、收料单的格式如图6-1和图6-2所示。

<table>
<tr><td colspan="9" align="center">（企业名称）
领 料 单</td></tr>
<tr><td colspan="4">领料单位:二车间</td><td colspan="5">编号:02576</td></tr>
<tr><td colspan="2">用　途:生产领用</td><td colspan="3">2×××年11月10日</td><td colspan="4">发料仓库:第二号仓库</td></tr>
<tr><td rowspan="2">材料编号</td><td rowspan="2">材料类别</td><td rowspan="2">名称</td><td rowspan="2">规格</td><td rowspan="2">计量单位</td><td colspan="2">数量</td><td colspan="2">金额</td></tr>
<tr><td>请领</td><td>实发</td><td>单价</td><td>金额</td></tr>
<tr><td>2-4-18</td><td>黑色金属</td><td>圆钢</td><td>10mm</td><td>千克</td><td>1 000</td><td>1 000</td><td>0.96</td><td>960</td></tr>
<tr><td colspan="2" align="center">备注</td><td colspan="3" align="center">合计</td><td>1 000</td><td>1 000</td><td></td><td>960</td></tr>
<tr><td colspan="9">主管:　记账:　领料单位负责人:　领料人:　发料:</td></tr>
</table>

图6-1　领料单

<table>
<tr><td colspan="13" align="center">（企业名称）
收 料 单</td></tr>
<tr><td colspan="4">会计科目:原材料</td><td colspan="5">供应单位:××公司</td><td colspan="4">收料仓库:1号库</td></tr>
<tr><td colspan="4">发票号数:07246</td><td colspan="9"></td></tr>
<tr><td colspan="4">材料类别:</td><td colspan="5">2×××年1月18日</td><td colspan="4">编号:04567</td></tr>
<tr><td rowspan="3">原材料编号</td><td colspan="2" rowspan="2">原材料名称</td><td rowspan="3">单位</td><td rowspan="3">规格</td><td colspan="2" rowspan="2">数量</td><td colspan="3">实际成本</td><td colspan="2">计划成本</td></tr>
<tr><td colspan="2">买价</td><td rowspan="2">采购费用</td><td rowspan="2">合计</td><td rowspan="2">单价</td><td rowspan="2">金额</td></tr>
<tr><td>发票名称</td><td>入账名称</td><td>应收</td><td>实收</td><td>单价</td><td>金额</td></tr>
<tr><td>0124</td><td>A材料</td><td>A材料</td><td>28mm</td><td>kg</td><td>1 000</td><td>1 000</td><td>0.5</td><td>500</td><td>50</td><td>550</td><td>0.6</td><td>600</td></tr>
<tr><td>合计</td><td></td><td></td><td></td><td></td><td>1 000</td><td>1 000</td><td></td><td>500</td><td>50</td><td>550</td><td>0.6</td><td>600</td></tr>
<tr><td colspan="13">供应部门负责人:　保管员:　采购员:</td></tr>
</table>

图6-2　收料单

（2）外来原始凭证。

外来原始凭证是指在同外单位或个人发生经济业务往来关系时，从对方取得的原始凭证。增值税专用发票的格式如图6-3所示。

<table>
<tr><td colspan="9">（全国统一发票监制章）
增值税专用发票
2×××年8月10日
客户：××</td></tr>
<tr><td colspan="6">纳税人识别号：321100823273578
开户银行及账号：农行新华办6003344452219</td><td colspan="3">编号：531446</td></tr>
<tr><td>品名规格</td><td>单价</td><td>数量</td><td>单价</td><td>金额</td><td>税率</td><td>税额</td><td colspan="2">合计</td></tr>
<tr><td>管钳</td><td>件</td><td>50</td><td>5.81</td><td>290.5</td><td>17%</td><td>49.4</td><td colspan="2">339.9</td></tr>
<tr><td colspan="9">价税合计（大写）：人民币叁佰叁拾玖元玖角整</td></tr>
<tr><td colspan="6">企业（盖章）：实达公司
纳税人识别号：32110197123456X
开户银行及账号：工行金星分行91900000739</td><td colspan="3">备注：

经手人：张三</td></tr>
</table>

图6-3 增值税发票

6.2.1.2 按其填制方法不同划分

原始凭证按其填制方法不同，可以分为一次凭证、累计凭证和汇总凭证。

（1）一次凭证。

一次原始凭证，是指一次填制完成的原始凭证。一般在一张原始凭证上只反映一项经济业务，或者同时反映若干项同类经济业务。例如，收料单、发票等都是一次原始凭证。一次原始凭证能反映一笔业务的内容，使用方便灵活，但数量较多。

（2）累计凭证。

累计原始凭证，是指在一张凭证上连续、累计登记一定时期内不断重复发生的若干项同类经济业务，凭证填制手续是随着经济业务的发生而分次进行，直到期末才能填制完毕的原始凭证。例如，限额领料单就是一种累计原始凭证，其格式如图6-4所示。

累计原始凭证可以减少凭证张数，简化填制手续；同时，也可以随时计算累计发生数，以便同计划或定额数量进行比较，反映业务执行或完成的工作总量，便于预算控制管理。

（企业名称）							

限额领料单

材料类别：钢材 　　　　　　　　　编号：00534
领料单位：金工车间 　　　　　　　发料仓库：2 号库
用　途：甲产品税 　　　2×××年8月

材料编号	材料名称及规格	计量单位	全月领用限额	计划单位成本	备注
01243	圆钢 23mm	kg	1 000	1.6	

日期	实发				限额结余	退库	
	数量	金额	发料人	领料人		数量	领料单编号
4	150	240			850		
5	200	320			650		
7	100	160			550		
…	…	…			…		
31	250	400			50		
合计	950	1 120			50		

供应部门负责人： 　　生产计划部门负责人： 　　仓库负责人：

图6-4　限额领料单

（3）汇总凭证。

汇总凭证又称原始凭证汇总表，它是指将一定时期内若干张同类性质的经济业务的原始凭证加以汇总而填制，至期末按其汇总数作为记账依据的原始凭证，如领料凭证汇总表（或称原材料领料汇总表），就是根据一定时期内若干张领料单加以汇总而编制的汇总凭证，领料凭证汇总表格式如图6-5所示。一般累计凭证和汇总凭证都是自制凭证。

（企业名称）				

领料凭证汇总表

2×××年5月 　　　　　　单位：元

应借科目	应贷科目			
	原材料			
	原料及主要材料	辅助材料	燃料	合计
生产成本—基本生产	32 000.00	4 000.00	1 500.00	37 500.00
	27 000.00	5 000.00	1 700.00	33 700.00
1 ~ 15 日				
合计	59 000.00	9 000.00	3 200.00	71 200.00

生产成本—辅助生产 1~15 日 16~31 日		1 000.00 1 500.00	4 300.00 4 200.00	5 300.00 5 700.00
合计		2 500.00	8 500.00	11 000.00
制造费用 1~15 日 16~31 日		2 600.00 2 000.00	200.00 100.00	2 800.00 2 100.00
合计		4 600.00	300.00	4 900.00
管理费用 1~15 日 16~31 日	 1 000.00	800.00 450.00	240.00 260.00	1 040.00 1 710.00
合计	1 000.00	1 250.00	500.00	2 750.00
总计	60 000.00	17 350.00	12 500.00	89 850.00

备注：

会计负责人：   审核：   制表：

图 6-5　领料凭证汇总

6.2.1.3 按用途不同划分

原始凭证按用途不同,可分为通知凭证、执行凭证和计算凭证。

（1）通知凭证。

通知凭证是指要求、指示或命令企业进行某项经济业务的原始凭证。如罚款通知书、付款通知书、银行进账单等。银行进账单的格式如图 6-6 所示。

××银行进账单(回单或收款通知)

第 × 号

收款人	全称	甲公司	付款人	全称				乙公司				
	账号	×××		账号				×××				
	开户银行	×××		开户银行				×××				
人民币(大写) 捌仟伍佰元整				千	百	十	万	千	百	十	元	角	分
							¥	8	5	0	0	0	0

票据种类	支票	
票据张数	壹张	
单位主管　　会计 复核　　记账		收款人开户银行盖章

图 6-6　银行进账单

（2）执行凭证。

执行凭证是证明某项经济业务已经完成的原始凭证，如销货发票、收料单、领料单等。

（3）计算凭证。

计算凭证是对已完成的经济业务进行计算而编制的原始凭证，如产品成本计算单、制造费用分配表、工资计算表等。

6.2.2 原始凭证的基本内容

各种原始凭证都必须具备一些共同的基本内容，这些基本内容如下：

（1）凭证的名称；

（2）填制凭证的日期；

（3）填制凭证单位名称或填制人姓名；

（4）经办人员的签名或盖章；

（5）接受凭证单位名称；

（6）经济业务内容摘要、数量、单价和金额等。

此外，有些原始凭证所包括的内容，不仅要满足财务、会计工作的需要，还要满足各有关方面的需要。因此，可以根据某些经济业务的特点，结合各方面工作的需要，补充一些必需的内容。例如，有些一式多联的原始凭证，要在每联凭证上注明"第 X 联"及本联用途；有些原始凭证还需要预先印定编号，以防任意撕毁；有些原始凭证为了满足计划、统计或其他业务方面的工作需要，还列入有关计划任务、合同号码和预算项目等。在各企业、机关、事业等单位中，所发生的某些经济业务有时又往往同许多其他单位有经济上的联系，为了使原始凭证的内容协调一致，满足核算和经济管理上的需要，主管部门可以为同类经济业务制定统一的凭证格式。

例如，由中国人民银行统一制定的托收承付结算凭证，由铁道部门统一制定的铁路运单，都是在有关单位广泛使用的原始凭证格式。

6.2.3 原始凭证的填制

一般来说,自制原始凭证一部分是根据经济业务的执行和完成的实际情况直接填制的,如根据实际领用的材料名称和数量填制领料单等。还有一部分自制原始凭证是根据有关账簿记录,对某项经济业务加以归类、整理而编制的。[①] 外来原始凭证是由其他单位填制的,应根据经济业务的执行和完成的实际情况如实填制。

填制原始凭证必须严格遵守以下要求:

(1)记录要真实。

凭证上所反映的经济业务,必须与实际情况完全相符,绝对不许有任何歪曲或弄虚作假。对于实物的数量、单价和金额数字的计算等,都要进行严格的检验和复核,并由经办人员在凭证上签章。这是填制原始凭证的最基本要求。

(2)内容要完整。

要按照规定的凭证格式和内容逐项填写,不得省略和遗漏。合法的凭证上必须盖有公章(但也有例外,比如铁道客运车票就没有公章)。项目填写不全的原始凭证,不能作为经济业务的合法证明,也不能作为有效的会计凭证。

(3)填制要及时。

要根据经济业务的执行和完成情况及时填制原始凭证,并按规定程序及时送交财会部门和其他有关部门,这对于保证正确、完整地反映经济业务内容极为重要。否则,时过境迁,容易发生差错。例如领取材料,在领料业务发生时,如不及时填制领料单或登记有关凭证,而在事后追记,就容易记错数额,造成记录失实。

(4)书写要清楚、规范。

凭证上的文字和数字,在填写时要严肃认真,必须填写清楚,易于辨认。一旦出现书写错误,必须按规定办法更正,不得任意涂改刮擦或挖补。

(5)数字填写要符合规定。

①阿拉伯数字应逐个地写清楚,不得潦草和连笔写。

②金额前要写明人民币符号,即"¥"。

③汉字大写金额数字应用正楷或行书的字体书写,不能用草书,要易于辨认,不易涂改。

---

① 陈晓芳.会计学原理[M].沈阳:东北财经大学出版社,2019.

④每笔汉字大写金额如无"分"位数字的,要在元或角之后写上"整"或"正"字;如有"分"位数字的,"分"位数字之后则不用写"整"或"正"字。例如:可以表示为"人民币贰拾陆元整""人民币贰拾陆元捌角整",但是不能表示为"人民币贰拾陆元捌角伍分整"。

⑤大写金额数字之前没有印上"人民币"字样的,应填上"人民币"三个字。

(6)出票日期采用中文大写。

月份为 1 月和 2 月前加"零":零壹月、零贰月;11 月和 12 月前加"壹":壹拾壹月、壹拾贰月;10 月前加"零"和"壹":零壹拾月。日期中1 ~ 9 前加"零",如 5 日,应写成"零伍日";11~19 日前加"壹"。如 11 日,应写成"壹拾壹日"。10 日、20 日和 30 日前加"零":零壹拾日、零贰拾日、零叁拾日。如 2019 年 2 月 10 日应该写成"贰零壹玖年零贰月零壹拾日"。

(7)手续要完备。

单位自制的原始凭证必须有经办单位领导人或者其他指定的人员签名盖章;对外开出的原始凭证必须加盖单位公章。

(8)编号要连续。

各种凭证都必须连续编号。如果已经印好编号,在写坏作废时要加盖"作废"戳记,连同存根一起保存,不得随意撕毁。

(9)不得涂改、刮擦、挖补。

凭证填写发生错误,应按规定的方法更正,不得任意涂改或刮擦、挖补。

6.2.4 原始凭证的审核

原始凭证必须经过严格地、认真地审核,才能作为记账的依据。这是保证会计记录真实、正确,充分发挥会计监督作用的重要环节。

会计人员要做好原始凭证的审核工作,必须具有较高的技术水平,熟悉业务。既要坚持原则,又要善于处理各种矛盾。为此,会计人员要熟悉国家有关的财经政策、会计法规以及计划、预算等的规定。同时还要全面了解和掌握本单位生产经营情况,这样才能正确认定哪些经济业务是合理、合法的,哪些是不合理、不合法的,从而发现问题,妥善加以处理。

6.3 记账凭证

记账凭证是明确经济业务应记账户、应记账户方向及金额的载体。会计部门对每一笔经济业务的原始凭证进行审核,确定其经济内容,根据审核无误的原始凭证,填制具有统一格式的记账凭证,并将相关的原始凭证附在记账凭证后面作为依据。

6.3.1 记账凭证的种类

根据不同的分类方法,记账凭证通常分为如下几类。

6.3.1.1 按其反映的经济内容不同划分

(1)收款凭证。

收款凭证是用于现金和银行存款收入业务的记账凭证,格式如图6-7所示。

摘要	贷方账户		金额	记账
	一级账户	明细账户		
合计				

(企业名称)
收款凭证
年 月 日
编号

借方账户:　　　　　　　　　　　　　　　　　　　　附件 张

会计主管:　记账:　　出纳:　　审核:　　制证:

图 6-7　收款凭证

(2)付款凭证。

付款凭证是用于现金和银行存款付出业务的记账凭证,格式如图6-8所示。它可以作为登记现金和银行存款日记账及有关明细账的依据,也是出纳员付出款项的证明。

（企业名称）
付 款 凭 证
年 月 日
编号

借方账户：　　　　　　　　　　　　　　　　　　　　附件　张

摘要	借方账户		金额	记账
	一级账户	明细账户		
合计				

会计主管：　记账：　　出纳：　　审核：　　　制证：

图 6-8　付款凭证

（3）转账凭证。

转账凭证是用于不涉及现金和银行存款收付业务的其他转账业务的记账凭证，格式如图 6-9 所示。它是根据有关转账业务的原始凭证填制的，是登记总分类账和明细分类账的依据。

（企业名称）
转 账 凭 证
年 月 日
编号

附件　张

摘要	一级账户	明细账户	借方金额	贷方金额	记账
合计					

会计主管：　记账：　　　审核：　　　制证：

图 6-9　转账凭证

6.3.1.2 按其填制方式不同划分

（1）复式记账凭证。

复式记账凭证是将每一笔经济业务所涉及的全部科目及其发生额均在同一张记账凭证中反映的一种凭证。它要求凡是同一笔经济业务所涉及的账户，均需在同一张记账凭证上反映。或者可以说，复式记账凭证就是指在每一张记账凭证中都使用两个或两个以上账户，集中、全面、完整地反映经济业务的记账凭证。采用复式记账凭证，有利于了解经济业务的全貌，也便于查账，同时还能大量减少凭证的数量。其缺点是不便于分工记账、归类整理。

（2）单式记账凭证。

单式记账凭证是分别按借贷方会计账户设计的会计凭证。单式记账凭证的特点是，一项经济业务的会计分录涉及几个对应科目，就应分别填制记账凭证，借方科目应填制借项记账凭证，贷方科目应填制贷项记账凭证。采用这种记账凭证，每笔经济业务至少需要使用两张记账凭证共同反映，经济业务所涉及的会计科目多少决定每笔经济业务所需编制记账凭证的张数。一般情况下为了易于识别，单项记账凭证多用不同颜色的纸张。

单式记账凭证便于归类、整理、汇总和传递，便于会计人员在核算上的合理分工，能够提高工作效率。但它过于分散，不能集中反映经济业务的概况。另外，凭证张数较多，给平时的保管也带来一定困难。有时也不利于对后附原始凭证的分类。它主要适用于那些经济业务量较大、会计部门内部分工较细的单位，或者经济业务单一、有特殊需要的单位。单式记账凭证格式如图 6-10 和图 6-11 所示。

（企业名称）
借项记账凭证
年 月 日
编号

对应账户： 　　　　　　　　　　　　　　　　　　　　　　附件 张

摘要	一级账户	明细账户	金额	记账
合计				

会计主管： 记账： 复核： 出纳： 制证：

图 6-10　借项记账凭证

（企业名称）
贷项记账凭证
年 月 日
编号

对应账户： 　　　　　　　　　　　　　　　　　　　　　　附件 张

摘要	一级账户	明细账户	金额	记账
合计				

会计主管： 记账： 复核： 出纳： 制证：

图 6-11　贷项记账凭证

6.3.1.3 按其是否经过汇总划分

上面介绍的收款凭证、付款凭证、转账凭证、单式凭证、复式凭证等，均属于非汇总记账凭证。

汇总记账凭证就是根据一定期间的若干张记账凭证按一定的方式汇总编制据以登记总分类账的凭证。编制汇总记账凭证，据以登记总分类账，可以减少记账的工作量；同时，通过汇总记账凭证，还可以计算各账户在一定期间内的发生额，用以试算账目平衡。汇总记账凭证按其汇总方法的不同，可分为分类汇总记账凭证和全部汇总记账凭证两种。

分类汇总记账凭证就是按照经济业务性质的不同，定期根据收款凭证、付款凭证和转账凭证分别汇总编制的凭证。这种凭证的特点是区分业务性质分别汇总编制，并反映账户的对应关系。如汇总收款凭证、汇总付款凭证、汇总转账凭证等。

全部汇总记账凭证就是将一定时期内编制的记账凭证，全部汇总在一张记账凭证汇总表上的凭证。这种凭证的特点是不分业务性质、不反映账户的对应关系。

综上所述，会计凭证作为记账的依据包括两大类：原始凭证和记账凭证。其中，记账凭证是记账的重要依据，而记账凭证又是根据原始凭证所反映出来的已发生的有关经济业务的实际情况，经过分析而编制的。原始凭证随着经济业务的不同而有不同的内容和格式，例如领料单和发票；记账凭证则是采取一定的统一格式来记录不同的经济业务，如转账凭证等。

6.3.2 记账凭证的基本内容

如前所述，由于原始凭证种类繁多，数量庞大，格式不一，不便于直接作为记账依据，因而，一般都需要根据各种原始凭证另行填制记账凭证。这样，可以简化记账工作，减少记账差错。

各种记账凭证一般必须具备下列共同的基本内容：

（1）记账凭证的名称；

（2）凭证的填制日期和编号；

（3）经济业务的内容摘要；

（4）应借、应贷的账户名称、记账方向和金额（包括一级账户、二级账户或明细账户）；

（5）所附原始凭证的张数；

（6）会计主管、复核、记账、制证人员的签名或盖章,收付款凭证还要有出纳人员的签名或盖章。

6.3.3 记账凭证的填制

6.3.3.1 单式记账凭证的填制

单式记账凭证包括借项凭证（填列借方账户的凭证）和贷项凭证（填列贷方账户的凭证）,两者可用不同颜色表示,以示区别,其填制方法如图6-10和图6-11所示。在上述借项记账凭证和贷项记账凭证中,都应填列对应账户的名称,以便互相对照。在凭证的编号中采用分数编号法,除按经济业务顺序编列总号外,还应按该项业务的凭证数量编列分号。如第5笔经济业务涉及三个会计账户,则编号为 $5\frac{1}{3}, 5\frac{2}{3}$ 和 $5\frac{3}{3}$。前面的整数为业务顺序的总号；后面的分数为分号,分母表示该项业务共有3张记账凭证,分子表示两张中的第1张、第2张和第3张。

6.3.3.2 复式记账凭证的填制

复式记账凭证就是在一张记账凭证上记载一笔完整的经济业务所涉及的全部会计科目。

收款凭证和付款凭证根据现金和银行存款收付业务有关的原始凭证进行填制。转账凭证根据有关转账业务的原始凭证填制。

当发生现金和银行存款相互关联的收付业务时,如将现金存入银行或者从银行提取现金,一般只填付款凭证而不填收款凭证,以避免重复记账。

6.3.3.3 汇总凭证的填制

汇总收款凭证一般按"库存现金"或"银行存款"账户的借方填制；汇总付款凭证一般按"库存现金"或"银行存款"账户的贷方填制；汇总转账凭证一般按每一账户的贷方分别填制。

6.3.4 记账凭证填制的要求

记账凭证的填制,除应严格遵守前述填制原始凭证所要求的真实可靠、内容完整、填制及时、书写清楚外。还必须注意以下几点：

（1）摘要栏应简单明了地填写经济业务内容的要点，文字说明应准确、简练、概括。

（2）会计科目使用正确，账户对应关系清楚。记账凭证上会计科目的使用必须正确，不得任意变更会计账户的名称和它的核算内容。

（3）金额栏的数字应对准借贷栏次和账户行次以正确填写，防止错栏串行的错误。

（4）各种记账凭证必须每月连续编号。编号时，既可按收款凭证、付款凭证和转账凭证分别从第 1 号起连续编号。

（5）每张记账凭证都要注明所附原始凭证或原始凭证汇总表（附件）的张数，以便查对。

6.3.5 记账凭证的审核

记账凭证是登记账簿的直接依据，其中，收款凭证和付款凭证还是出纳收付款项的依据。为了保证账簿记录的正确性，监督各项经济业务的真实性、合法性和合理性，并确保记账凭证的编制符合要求，必须加强记账凭证的审核，建立记账凭证的审核制度，配备业务熟练、经验丰富的会计人员，做好记账凭证的审核工作。记账凭证审核的主要内容如下：

（1）记账凭证是否附有原始凭证或原始凭证汇总表；所附原始凭证的张数，经济内容、金额合计等是否与记账凭证一致且合法。没附原始凭证的记账凭证是否属于调账、结账和更正错账类业务。收付款凭证后所附原始凭证是否加盖"收讫""付讫"章。

（2）经济业务是否正常；应借、应贷账户的名称和金额是否正确；账户对应关系是否清晰；所用账户的名称是否符合会计制度的规定。

（3）记账凭证中有关项目是否填写齐全；有关人员是否签名或盖章。

在审核过程中，如果发现记账凭证的记录有错误，应查明原因，及时更正。如果错误的记账凭证尚未登记入账，只需重新编制一张正确的记账凭证即可；若错误记账凭证（审核时未被发现）已据以登记入账簿，更正错误的方法将在下一单元加以说明。记账凭证必须经过审核并认为正确以后，才能作为记账的依据。

6.3.6 记账凭证附件的处理

记账凭证的附件就是所附的各类原始凭证。因此，各种原始凭证必须附在相应的记账凭证后面,并标明所附的具体张数。

6.3.6.1 附件的整理

由于各种附件种类多且外形大小不一,因此,为了便于装订保管有必要对其进行整理。

(1)在保证原始凭证的内容准确、完整的前提下,可以裁剪掉附件的多余部分。

(2)过宽、过长的附件,应进行纵向和横向的折叠。折叠后的附件外形尺寸,不应长于或宽于记账凭证。

(3)过窄、过短的附件,应进行必要的粘贴加工。可以将其贴于特制的原始凭证粘贴纸上,然后再装订粘贴纸。

6.3.6.2 附件的处理

对各种附件应当区别不同情况进行处理:

(1)各种原始凭证必须分类整理后,才能附在记账凭证后。绝不能将不同内容和类别的原始凭证汇总填制在一张记账凭证上。

(2)除结账的记账凭证和更正错误的记账凭证可以不附原始凭证外,其他的记账凭证都必须附原始凭证。

6.4 会计凭证的传递、装订与保管

各种会计凭证,它们所记载的经济业务不同,涉及的部门和人员不同,据以办理的业务手续也不同。所以必须有一个合理传递过程,经过一定的时间,对这些会计凭证需要整理和装订,以便保管。各种会计档案根据其反映的内容不同,保管时间也有差异。

6.4.1 会计凭证的传递

会计凭证的传递是指从会计凭证的填制或取得到归档保管为止,在有关业务部门和人员之间按照规定的时间、路线进行传递和处理的程序。会计凭证的传递分为传递程序和传递时间两个方面。

6.4.1.1 会计凭证的传递程序

会计凭证的传递程序又称会计凭证的传递路线。它是会计管理制度的一个重要组成部分。为了使会计凭证能有序地传递并符合内部牵制的原则,企业应根据各项经济业务的特点、企业内部机构的设置和人员分工等情况,来规定各种不同的会计凭证的传递程序或路线。明确规定会计凭证的传递程序或路线,不仅可以及时地反映和监督各项经济业务的发生和完成情况,而且还可以促使经济业务的经办部门或人员及时地办理相关手续,加速业务的处理进程,同时也能完善经营管理部门的责任制。企业在确定会计凭证的传递程序时,应避免会计凭证传递流经不必要的环节,以提高会计凭证的传递速度。

6.4.1.2 会计凭证的传递时间

会计凭证的传递时间是指会计凭证从取得或填制直至归档保管的时间。不同的会计凭证所记录经济业务的内容不同,需要经过的部门也不同,因而会计凭证传递的时间也会有所不同。一般来说,重要的、复杂的会计事项,会有较严格的控制制度和较多的控制环节,所以会计凭证传递的时间相对长一些。为了提高会计工作的效率,保证会计核算及时提供,企业应合理地确定会计凭证在各个处理环节上的停留时间。在确定会计凭证的传递时间时,一般应根据有关部门和人员需要对经济业务办理的各项必要手续来确定。既要防止时间过紧而影响业务手续的完成,又要防止时间过松而造成不必要的耽搁,进而影响凭证的及时传递。

在组织会计凭证的传递过程中,企业应建立严密的会计凭证内部管理制度,以保证会计凭证的安全与完整;应在调查研究的基础上,由会计部门会同有关部门或人员共同协商制定会计凭证的传递程序和传递时间;应注意流程合理,避免不必要的环节,减少传递时间。会计凭证的传递程序和时间一经确定,有关部门和人员都必须严格遵守并自觉执行。在执行过程中,如发现不合理之处,可以根据实际情况加以修改并进一步完善。

会计凭证的传递程序,实际上也反映了有关业务的办理程序,也确定了有关部门和人员应负的责任。因此,会计凭证的传递办法是经营管理制度的重要内容,应由会计部门会同有关部门共同制订,明确规定凭证的传递路线、时间和衔接手续,以及各个环节的处理内容,使凭证传递工作有规律地进行。

6.4.2 会计凭证的整理与装订

会计凭证的整理与装订是指把定期整理完毕的会计凭证按照编号顺序,外加封面、封底,装订成册,并在装订线上加贴封签。

6.4.2.1 装订前的设计

有的单位经济业务较少,一个月的记账凭证可能只有几十张,装订起来只有一册;有的单位经济业务频繁,一个月的记账凭证可能有几百张或几千张,装订起来就是十几册或几十册。

装订之前,要设计一下,看一个月的记账凭证究竟订成几册为好。每册的厚薄应基本保持一致,厚度一般以 1.5~2.0 厘米为宜。不能把几张同属于一份记账凭证及所附的原始凭证拆开装订在两册之中。另外,还要再次检查一下所附原始凭证是否全部加工折叠、整理完毕。凡超过记账凭证宽度和长度的原始凭证,都要整齐地折叠进去。要特别注意装订线眼处的折叠方法,防止装订以后再也翻不开了。

所有会计凭证都要加具封皮(包括封面和封底)。封皮应采用较为结实、耐磨、韧性较强的牛皮纸等。会计凭证封面应注明单位名称、凭证类别、凭证号数的顺序号码、凭证所反映的经济业务发生的日期、凭证的起止号码、本札凭证的册数和张数,以及有关经办人员的签章。会计凭证封面如图 6-12 所示。

会计凭证封面

单位名称:									
日期:	自	年	月	日起至	年	月	日止		
凭证号数:自		号至		号		凭证类别:			
册数:		本月共			册	本册是第			册
原始凭证、汇总凭证张数:共			张						
全宗号:		目录号:		案卷号:					
会计:		复核:		装订人:		年	月	日装订	

图 6-12 会计凭证封面

会计凭证封底的内容如表 6-1 所示。

表 6-1　抽出附件登记表

抽出日期			原始凭证号码	抽出附件的详细名称	抽出理由	抽取人签章	会计主管签章	备注
年	月	日						

6.4.2.2 装订

为了使装订成册的会计凭证外形美观,在装订时要考虑到凭证的整齐均匀,特别是装订线的位置,如果太薄时可用纸折一些三角形纸条均匀地垫在此处,以保证它的厚度与凭证中间的厚度一致。正式装订时,按以下顺序进行装订:

（1）将凭证封面和封底裁开,分别附在凭证前面和后面,再拿一张质地相同的纸放在封面上面,做护角之用。折叠整齐,用两个铁夹分别夹住凭证的上侧和左侧。

（2）用铅笔在凭证的左上角画一个长度为 5 厘米的分角线,将直角分成两个 45 度角,如图 6-13 所示。

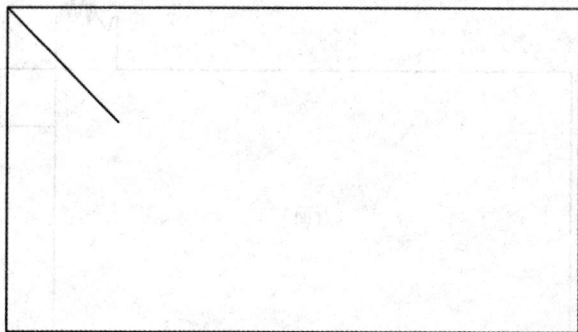

图 6-13　长度为 5 厘米的分角线

（3）在分角线的适当位置上选两个点打孔作为装订线眼,这两个孔的位置可在距左上角的顶端 2~4 厘米的范围内确定,如图 6-14 所示。

（4）用缝毛衣针引线绳沿虚线方向穿绕两孔若干次,并在凭证背面打结,如图 6-15 所示。

（5）将放在最上方的牛皮纸裁成一条宽 6 厘米左右的包角纸条,先从记账凭证的背面折叠纸条粘贴成如图 6-16 所示形状。

图 6-14　选两个点打孔作为装订线眼

图 6-15　用缝毛衣针引线绳沿虚线方向穿绕两孔若干次

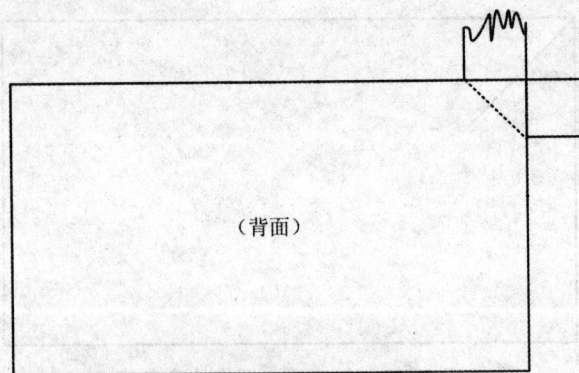

（背面）

图 6-16　裁成一条宽 6 厘米左右的包角纸条

（6）从正面折叠纸条，粘贴成如图 6-17 所示形状。

（正面）

图6-17　从正面折叠纸条

（7）将正面未粘贴的包角纸条向后折叠,裁去一个三角形,与背后的包角纸条重叠、粘牢。包角后的会计凭证如图6-18所示。

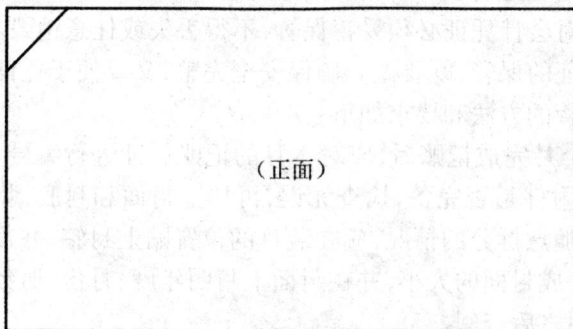

（正面）

图6-18　包角后的会计凭证

6.4.2.3 装订的具体要求

装订的具体要求为:

（1）上边和左边要对齐,如果原始凭证大于记账凭证,右边和下边要折叠,便于翻开。

（2）装订线在左上角,并订入一张包角纸,装订完成后将包角纸翻过去在背面粘上,将线头包进去,盖上装订人的印章,以示负责。

6.4.3 会计凭证的立卷、归档

会计凭证装订以后要做好以下工作。

（1）认真填写好会计凭证封面。

认真填写好会计凭证封面,封面各记事栏是事后查账和查证有关事项的最基础的索引和凭证。

（2）填好卷脊上的项目。

卷脊上一般应写上"某年某月凭证"和案卷号。案卷号主要是为了便于保存和查找，一般由档案管理部门统一编号，卷脊上的编号应与封面案卷号一致。

（3）归档。

将装订好的会计凭证按年统一编流水号，案卷号与记账凭证册数编号应当一致，然后入盒，由专人负责保管。

6.4.4 会计凭证的保管

会计凭证是进行会计核算工作的基础，是重要的经济档案和历史资料。各单位对会计凭证必须妥善保管，不得丢失或任意销毁。

会计凭证的保管，既要做到确保安全完整，又要便于凭证的事后检查和监督。保管的方法和要求如下：

（1）每个月完成记账后，应对本月的记账凭证进行编号，检查是否存在缺号以及附件是否完备，检查无误，再加上封面和封底，装订成册。为了避免出现随意拆分的情况，应在装订的位置贴上封签，并盖上印章。之后，将凭证叠成封面的大小，并在封面上写明年度、月份、册数和每册的起讫号数，方便之后查阅。

（2）装订成册的会计凭证，应由指定的会计人员负责妥善保管。年度终了，送交会计档案室或企业单位综合档案室归档。若需要查阅相关会计凭证，应完成相应的流程，通常情况下不能出借。

（3）每年装订成册的会计凭证，在年度终了时可暂由财务部保管1年，期满后要交行政部资料室统一归档保管。

（4）会计凭证应加贴封条，防止抽换凭证。原始凭证不得外借，其他单位如有特殊原因确实需要使用时，经本单位财务负责人批准，可以复制，但必须登记在"原始凭证外借登记表"上，如表6-2所示。

表6-2　原始凭证外借登记表

凭证编号	名称	主要内容	外借日期	外借使用期限	借用人	经办人	备注

（5）部分原始凭证的数量太多,体积也较大,应对其进行单独装订或保管,需要在记账凭证中标注清楚,以便于之后查阅。

（6）会计凭证的保管期限,应严格按照会计法规的具体规定执行。对于一般的会计凭证应说明其保管期限,对于重要的会计凭证,若涉及外事和其他重要业务资料,应该长期保存。未到规定保管期的会计凭证,任何人不得随意销毁。对到了保管期限需销毁的会计凭证,应列明清单,经本单位领导审核,报上级主管部门批准后,才能销毁。

第 7 章　会计账簿

　　会计账簿是以会计凭证为依据,对全部经济业务进行全面、系统、连续、分类地记录和核算的簿籍,是由专门格式并以一定形式联结在一起的账页所组成的。会计账簿是记录会计信息的载体。设置和登记会计账簿是重要的会计核算基础工作,是连接会计凭证和会计报表的中间环节,做好这项工作,对于加强经济管理具有十分重要的意义。

7.1　会计账簿概述

7.1.1 会计账簿的含义

　　根据会计凭证,将所有的经济业务的所有信息和内容按其发生的时间顺序,分门别类地记入有关账簿的方法就是登记账簿。在会计核算中可以取得和填制会计凭证以反映和监督经济业务的发生和完成情况。但是,会计凭证数量很多,零星分散,只能反映一笔或若干笔性质相同的经济业务,不能系统、完整地反映和监督某一类经济业务的情况,更不可能反映企业全部经济业务的活动情况。

　　因此,有必要借助于设置和登记账簿这一专门的会计核算方法,把分散在会计凭证上的大量核算资料加以集中归类整理,使之系统化、条理化,从而提供全面、系统的会计信息来满足经济管理和编制会计报表的需要。所以,设置账簿是会计工作的一个重要环节,账簿的设置一般称为建账。

7.1.2 会计账簿的作用

　　会计账簿作为记录会计信息的重要载体,其作用主要表现在以下几个方面。

7.1.2.1 提供连续、系统、全面、分类的会计信息

会计凭证是用来记录经济业务的,通过填制会计凭证,会计主体的经济业务信息转化成了会计信息,但是这时的会计信息是零散的、片段化的,无法提供全面、连续、系统的会计信息,因此会计凭证只能作为最初的会计信息载体。通过设置和登记账簿,企业所有经济活动都序时、分类地记录在会计账簿中,既能对经济活动进行序时核算,又能进行分类核算,既可提供各项总括指标,又可提供明细指标,从而连续、系统、全面、分类地提供会计主体某一时期内的全部经济业务核算资料。

7.1.2.2 为编制会计报表提供依据

通过设置和登记账簿,会计凭证提供的大量零散的会计信息被归类和整理,就能为会计报表编制提供各有关账户的明细、总括资料,经过进一步汇总和整理后,就能编制出会计报表,从而更综合地反映会计主体在一定时期内资产负债,所有者权益的增减变动和结存等情况以及收入、费用、利润等经营成果情况。可见,会计账簿为编制会计报表提供了不可缺少的依据,起到了联结会计凭证和会计报表的桥梁和纽带作用。

7.1.2.3 为财务分析和财务检查提供依据

账簿通过对零散的会计信息归类整理,所提供的核算资料比会计报表信息更为具体和详细,为财务分析和财务检查提供依据。利用账簿提供的会计信息,可以分析企业资金的运用情况,考核各种预算的执行和完成情况,有利于企业改善自身经营管理;可以检查企业会计活动及会计信息形成的合法性、准确性和完整性,并对会计信息质量做出评价。

7.1.2.4 作为历史会计信息资料方便查证

会计账簿是重要的会计档案。作为会计主体储存的历史会计信息,会计账簿资料比会计凭证资料更便于查阅,比会计报表资料更系统和全面,因而更便于有关部门和人员查证。

7.1.3 会计账簿的分类

按照用途、格式和形式的不同,会计账簿可分为不同的种类。为了正

确使用各种账簿,有必要介绍账簿的不同分类。

7.1.3.1 按用途分类

按用途不同,会计账簿一般可分为序时账簿、分类账簿和备查账簿。

(1)序时账簿。

序时账簿,也称日记账或流水账,是按照经济业务发生和完成的先后顺序,逐日逐笔进行连续登记的账簿。在会计核算中,先后顺序是指收到会计凭证的先后顺序,即记账凭证编号的先后顺序。序时账簿可以用来及时、详细地反映经济业务的发生和完成情况,提供连续、系统的会计资料,也可以用来和分类账的有关账户相互核对。序时账簿按其记录经济业务范围的不同,又分为普通日记账和特种日记账两种。

①普通日记账。普通日记账,又称分录簿,是指直接以原始凭证为依据,按照发生的时间顺序以会计分录形式将经济业务登记入账的账簿,因此又称为分录簿,其起到了记账凭证的作用。因此,普通日记账具有日记账簿和分录簿的双重性质。普通日记账可以连续、全面地反映一个单位的经济业务动态,十分便于企业决策管理部门使用。但是,根据日记账逐笔登记分类账的工作量较大,不便于分工记账,比较适合电算化会计的账务处理。

②特种日记账。特种日记账是用来记录某一类经济业务完成情况的账簿。通常,若某种业务特别重要而又频繁发生,需要严加控制、经常复核,则需要对这种业务设置特种日记账,并由专人负责登记。如现金收支业务、银行存款收支业务、购货业务、销货业务,相应地就可设置现金日记账、银行存款日记账、购货日记账和销货日记账。

(2)分类账簿。

分类账簿,简称分类账,是对各项经济业务按账户分类登记的账簿。分类账按其核算指标的详细程度,可分为总分类账和明细分类账两种。

①总分类账。总分类账,简称总账,是根据总分类科目设置的,用来总括反映全部经济业务的账簿。在实际工作中,每个会计主体应该设置一本总账,包括所需的所有会计账户。

②明细分类账。明细分类账,简称明细账,是根据总账科目设置,按其二级或明细科目设置的,用来分类登记某一类经济业务,提供详细核算资料的账簿。在实际工作中,每个会计主体可以根据经营管理的需要,为不同的总账账户设置明细账。

还有一种将序时账簿和分类账簿相结合的账簿,即联合账簿。对十经济业务比较简单、总分类账户不多的单位来说，为了简化记账工作，也可以把序时记录和总分类记录结合起来，在同一本账簿中进行登记。这种同时具备日记账和总分类账两种用途的账簿称为联合账簿。日记总账就是典型的联合账簿。

（3）备查账簿。

备查账簿，又称辅助账，是指对某些在日记账和分类账中不能登记或记录不全，而在管理上需要掌握的经济业务，为便于备查而进行补充登记的账簿。它可以对某些经济业务提供必要的详细参考资料，如"经营性租人固定资产登记簿""应收票据备查簿""应付票据备查簿""受托加工材料登记簿""代管商品物资登记簿"等。备查账簿没有固定的格式，可根据实际需要灵活设置，而且并非每个单位都必须设置。备查账簿不受分类账控制，与其他账簿之间不存在严密的依存、勾稽关系。

7.1.3.2 按外表形式分类

所谓账簿的外表形式，就是指账簿的账页组成方式。按账簿外表形式的不同，会计账簿可分为订本式账簿、活页式账簿和卡片式账簿三种。

（1）订本式账簿。

订本式账簿，简称订本账，是指在账簿启用前就把编有顺序号的若干账页固定并装订成册的账簿。采用订本式账簿能够避免账页散失和账页抽换，从而保证账簿资料的安全与完整。但是由于账页固定，订本式账簿不能根据记账需要增减账页，因此必须预先估计每一个账户需要的页数，以此来保留空白账页，多则浪费，少则不够，从而会影响账户的连续登记。此外，同一本账在同一时间内只能由一人登记，不便于分工记账。订本账主要适用于现金日记账、银行存款日记账和总分类账。

（2）活页式账簿。

活页式账簿又称活页账，是指在启用前不固定装订和编号，而是将零散的账页装在账夹内，可以随时根据需要取放增添账页的账簿。这种账簿的优点是：可以随时根据记账需要添加或重新排列账页，也可以在同一时间由若干会计人员分工记账。其缺点是：账页容易散失和被人为抽换。为保证账簿资料的安全与完整，使用时应注意顺序编号，并由记账员或会计主管人员签章，在不再继续登记时，应加上目录并装订成册。活页账主要适用于各种明细分类账。

（3）卡片式账簿。

卡片式账簿，简称卡片账，是指由分散的硬纸卡片作为账页，存放在卡片箱中的一种账簿。它是一种特殊的活页账,适用于某些可以跨年度使用、无需经常更换的明细账。卡片账一般放于卡片箱内,可以随取随放,保管比较方便,有利于详细记录经济业务的具体内容。卡片账的优缺点与活页账相同。在使用完毕更换新账后,应将其封扎存档,妥善保管。在会计实务中,固定资产明细账等可采用卡片账。

7.2　会计账簿的设置与登记

设置账簿,简称建账,就是要建立会计主体的账簿体系。一般来说,会计账簿的组织要适应企业的规模和特点,符合单位内部经营管理的需要,并能满足直接提供编制会计报表资料的需要;同时还应该简洁明了,便于审核、查阅和保管。在此基础上,设置账簿要求具体确定应设置哪些总分类账簿和明细分类账簿,并为每一账户确定账页的格式、内容及登记方法。

在会计实务中,并非所有的账簿记录都登记在相同格式的账页中。首先,不同账簿有不同的用途,不同用途的账簿有不同的要求,如分类账和日记账;其次,即使在分类账内部,不同账户的性质也不同,如总分类账户和明细分类账户,财产物资类明细账、费用类明细账和债权债务类明细账,等等;再次,不同单位经营管理的特点不同,需要账簿记录所提供的会计信息能满足其特有的要求,因此,在登记账簿时应根据不同情况选择不同格式的账页。下面分别介绍日记账、分类账的设置与登记以及备查账簿的设置。①

7.2.1 账簿的基本要素

在会计实操中,账簿的格式多种多样,不同的账簿格式所包括的内容也不尽相同。但一般来说,账簿应具备封面、扉页和账页三大要素。

7.2.1.1 封面

年度开始建立新账时,应在账簿封面上写明"单位名称""账簿所属年度""账簿名称""本账册数"等内容。

---

① 段华.基础会计理论与实务[M].上海:复旦大学出版社,2015.

7.2.1.2 扉页

扉页主要列明科目索引和账簿使用登记表,一般将科目索引列于账簿的最前面。活页式和卡片式账簿在装订成册后要填制账簿使用登记表。要填明启用日期、截止日期、账簿起止页数、册次、经管人员姓名、会计主管人员姓名,并加盖名章和单位公章。科目索引表和账簿使用登记表如表 7-1 和表 7-2 所示。

表 7-1　科目索引表

编号	科目	起讫页数	编号	科目	起讫页数

表 7-2　账簿使用登记表

单位名称						印花税票粘贴处
本账簿	名称					
	册次		第　册共　册			
	起讫页数		第　号至第　号共计　页			
	启用日期		年　月　日			
	停用日期		年　月　日			
经管人员姓名	接管日期			移交日期		经管人员盖章	会计主管盖章

经管人员姓名	接管日期			移交日期			经管人员盖章	会计主管盖章
	年	月	日	年	月	日		
备注				单位公章				

7.2.1.3 账页

账页的基本内容包括以下几个方面:

(1)账户名称(总账科目、二级科目或明细科目)。

（2）记账日期栏。

（3）凭证种类和号数栏。

（4）摘要栏（记录经济业务的简要情况）。

（5）金额栏（记录经济业务的增减变动）。

（6）总页次和分户页次。

7.2.2 日记账的设置与登记

日记账有普通日记账和特种日记账两种，其特点是序时登记，即逐日逐笔地登记经济业务，以便及时、详细地反映经济业务的发生和完成情况，提供连续的会计资料。

7.2.2.1 普通日记账

普通日记账的设置分两种情况：一种是企业不设置特种日记账，只设置普通日记账；另一种是普通日记账与特种日记账同时设置。在第一种情况下，企业不设特种日记账，普通日记账要序时地逐笔登记企业的全部经济业务；在第二种情况下，除普通日记账外，企业还要设置现金日记账、银行存款日记账、赊销日记账和赊购日记账等特种日记账，普通日记账只序时登记除特种日记账以外的经济业务，即货币资金收付和赊购、赊销业务由相应的特种日记账登记，除赊购、赊销以外的转账业务则由普通日记账登记。

但是，无论对于哪一种情况下的普通日记账，企业一般都不必填制记账凭证，而是将会计分录登记到各种日记账中，即用日记账代替记账凭证，然后再根据日记账登记各种分类账。在这种情况下，记账程序变成"原始凭证→普通日记账→分类账"，我国一般不采用这种记账程序，而国外使用较广。填制记账凭证是我国会计法中规定的法定会计核算环节，因此我国会计的记账程序应该为"原始凭证→记账凭证→分类账"。

普通日记账的账页格式是两栏式，即只设"借方金额"和"贷方金额"两个金额栏，不设余额栏，不需要结出余额。现举几笔经济业务的实例来具体说明普通日记账的格式和登记方法。

例7-1 某企业8月1日至8月10日发生下列经济业务：

（1）8月1日，从银行提取现金2 000元，备用。

（2）8月2日，收到黄河公司前欠的销货款70 200元，款项已存入银行。

（3）8月3日，采购员王小毛报销差旅费3 000元，开具现金支票支付。

（4）8月6日，从银行借入三个月期流动资金贷款 100 000 元，款项已到账。

（5）8月6日，购入设备一台，价款为 90 000 元，增值税为 14 400 元，设备已交付使用，款项已通过银行付讫。

（6）8月7日，从大地公司购入甲商品一批，价款为 150 000 元，增值税为 24 000 元，商品已验收入库，款项已通过银行付清。

（7）8月8日，用现金支付业务招待费 800 元。

（8）8月9日，向蓝天公司销售甲商品一批，价款为 80 000 元，增值税为 12 800 元，款项尚未收到。

（9）8月10日，以银行存款 11 600 元偿还上月所欠寰球公司的购货款。

针对上述业务，现编制相应会计分录并逐日逐笔登记到普通日记账上，如表 7-3 所示。

表 7-3 普通日记账

第 页

××年		凭证号数（略）	摘要	账户名称	借方金额	贷方金额	过账
月	日						
8	1		提取现金	库存现金	2 000		√
				银行存款		2 000	√
	2		收回黄河公司欠款	银行存款	70 200		√
				应收账款		70 200	√
	3		采购员王小毛销差旅费	管理费用	3 000		√
				银行存款		3 000	√
	6		取得银行借款	银行存款	100 000		√
				短期借款		100 000	√
	6		购入设备	固定资产	90 000		√
				应交税费	14 400		√
				银行存款		104 400	√
	7		现购甲商品	库存商品	150 000		√
				应交税费	24 000		√
				银行存款		174 000	√
	8		支付招待费	管理费用	800		√
				库存现金		800	√

××年		凭证号	摘要	账户名称	借方	贷方	过
月	日	数(略)			金额	金额	账
	9		赊销甲商品	应收账款	92 800		√
				主营业务收入		80 000	√
				应交税费		12 800	√
	10		偿还购货款	应付账款	11 600		√
				银行存款		11 600	√
							√

7.2.2.2 特种日记账

特种日记账是专门用来序时登记某一特定经济业务的日记账,如现金收款业务、银行款收付款业务、赊购业务和赊销业务等,这些业务在企业大量重复发生,将它们从普通账中分割出来,专设现金日记账、银行存款日记账、赊销日记账和赊购日记账,这样既有利会计分工记账,又可以对这些业务进行专门控制。

根据企业是否设置记账凭证,特种日记账可分成两种不同的情形。对于不设置记账凭证的企业,特种日记账和普通日记账一起共同作为记载会计分录的账簿,它们一方面根据原始凭证登记,另一方面又作为登记分类账的依据,这种特种日记账实际上起着记账凭证的功能,相应的账务处理程序称为普通日记账账务处理程序;对于设置记账凭证的企业,特种日记账不是根据原始凭证而是根据记账凭证登记的,它们也不能作为分类账登记的依据,而仅仅用来详细登记库存现金、银行存款收付等业务,以便加强对货币资金的控制,并能方便地与"库存现金"和"银行存款"等总分类账户核对,起到了明细账的作用。我国会计制度要求设置记账凭证,我国企业采用的是特种日记账。因此接下来所讲的特种日记账主要是指现金日记账和银行存款日记账。

(1)现金日记账。

现金日记账专门用于记录库存现金每天的收入、支出和结存情况,由出纳人员根据审核以后的现金收款凭证、现金付款凭证等逐日逐笔按顺序进行登记,其所记载的内容必须与会计凭证相一致,不得随意增减。设置和登记现金日记账,可以了解和掌握单位库存现金每日收支和结存情况,并可及时核对,以保证现金的安全。

现金日记账:一般按币种设置。如果一个单位的库存现金只有人民币一种,则可只设一本现金日记账;若还有外币库存现金,则有几种就设置几本现金日记账,以分别反映不同币种现金的收付和结存情况。登记现金日记账时应逐笔、序时登记,做到日清月结。为了及时掌握现金收付和结余情况,现金日记账必须当日账务当日记录,每日终了,出纳人员应计算全日的现金收入、支出和结余额,并与库存现金实际数核对。要注意,现金日记账不得出现贷方余额或红字余额。对于现金收支频繁的单位,还应随时结出余额,以方便掌握库存现金的实际动态。

现金日记账必须采用订本式账簿,其账页格式可分为三栏式和多栏式两种,在实际工作中普遍采用的是三栏式现金日记账。

①三栏式现金日记账。

三栏式现金日记账是指在同一张账页上分设"收入""支出"和"结余"(或者"借方""贷方"和"余额")三个金额栏目的日记账。例 7-1 的第 1 笔和第 7 笔业务涉及库存现金收支,假设该企业库存现金期初余额为 1 000 元,则三栏式现金日记账的格式和登记方法如表 7-4 所示。

表 7-4　现金日记账(三栏式)

第　页

×× 年		凭证		摘要	对方科目	收入	支出	结余
月	日	字	号					
8	1			期初余额				1 000
	1	付	1	提取现金	银行存款	2 000		3 000
	8	付	5	支付招待费	管理费用		800	2 200

②多栏式现金日记账。

为了便于反映每笔收支的来源和用途,以便分析和汇总对应科目的金额,也可以采用多栏式现金日记账,即分别按照对方科目对收入栏和支出栏设专栏进行登记。这种账簿可以通过有关专栏的定期汇总,将其合计数计入有关总分类账,无须逐笔过账;其他栏目的账户则仍需逐笔过账。在多栏式现金日记账中,由于经常重复出现的对应账户都已设置专栏,故可以大大减少总分类账的登账工作量。多栏式现金日记账的格式及例 7-1 相关业务登账举例如表 7-5 所示。

表 7-5　现金日记账（多栏式）

第　页

××年		凭证		摘要	收入（贷方科目）				支出（借方科目）				余额
月	日	字	号		收入合计	银行存款	其他应收款	应付账款	支出合计	银行存款	管理费用	应收账款	
8	1			期初余额									1 000
	1	付	1	提取现金	2 000	2 000							3 000
	8	付	5	支付招待费					800		800		2 200

　　上述多栏式现金日记账适用于业务简单、使用会计科目不多的中小企业。如果使用的会计科目较多，对方科目的专栏数目就会很多，造成账页过宽或者不够用，此时可将表 7-5 一拆为二，设置"收付分页"的多栏式日记账，即将现金的收入和支出分别反映在两本账簿中，称为现金收入日记账和现金支出日记账，并按现金收入和支出的对应账户设专栏进行登记。在现金收入日记账中增设"支出合计"和"结余"两栏，每日或随时将现金支出日记账中的支出合计数转记到现金收入日记账中，并结出余额。分页多栏式现金日记账的格式如表 7-6、表 7-7 所示。

表 7-6　现金收入日记账（分页多栏式）

第　页

××年		收款凭证号数	摘要	贷方科目		支出合计	结余
月	日			收入合计			

表 7-7　现金支出日记账（分页多栏式）

第　页

××年		收款凭证号数	摘要	贷方科目		支出合计	结余
月	日			收入合计			

（2）银行存款日记账。

银行存款日记账是专门用来记录银行存款增加、减少和结存情况的账簿。设置和登记银行存款日记账，可以加强对银行存款的日常监督和管理，保证银行存款的安全。

银行存款日记账应按企业在银行或信用社开立的不同账号和币种分别设置，以管理单位不同账户和币种的银行存款收付业务。银行存款日记账通常是由出纳人员根据审核无误的银行收款凭证和付款凭证逐日逐笔按顺序登记的，要做到日清月结，每日终了结出余额，以便检查和监督各种收支款项，并定期与银行送来的对账单逐笔核对。

与现金日记账一样，银行存款日记账也必须采用订本式账簿，其账页格式既可以采用三栏式，也可以采用多栏式。多栏式银行存款日记账可只设一本银行存款日记账或分别设置银行存款收入日记账和银行存款支出日记账。

现仍以例7-1的业务为例来说明三栏式银行存款日记账的格式和登记方法，具体如表7-8所示（假设银行存款期初余额为200 000元）。

表7-8 银行存款日记账（三栏式）

账号　　　　　　　　　户名　　　　　　　　　第　页

××年		凭证		摘要	对方科目	结算凭证		收入	支出	结余
月	日	字	号			种类（略）	号数（略）			
8	1			期初余额						200 000
	1	付	1	提取现金	现金				2 000	198 000
	2	收	1	收回黄河公司欠款	应收账款			70 200		268 200
	3	付	2	采购员王小毛报销差费	管理费用				3 000	265 200
	6	收	2	取得银行借款	短期借款			100 000		365 200
	6	付	3	购入设备	固定资产				90 000	275 200
					应交税费				14 400	260 800
	7	付	4	现购甲商品	库存商品				150 000	110 800

续表

××年		凭证		摘要	对方科目	结算凭证		收入	支出	结余
月	日	字	号			种类(略)	号数(略)			
					应交税费				24 000	86 800
	10	付	5	偿还购货款	应付账款				11 600	75 200

归纳上述各种日记账主要栏目的含义和登记方法,可以比较出普通日记账和特种日记账各栏目的特点和差异,如表 7-9 所示。

表 7-9 普通日记账与特种日记账的比较

栏目	普通日记账	特种日记账
记录内容	序时登记全部业务的会计分录	序时登记某一特定项目发生情况
记录依据	原始凭证	记账凭证
账页格式	两栏式	三栏式或多栏式
余额	没有余额栏	设置余额栏,表示该特定项目的期末余额
过账索引	该会计分录过入分类账的编号和页码,或者打"√"	打"√",表示已登记过账

7.2.3 分类账的设置与登记

设置与登记分类账,可以分类反映全部经济业务,提供资产、负债、所有者权益、收入、费用等方面每一个账户总括的详细的会计核算资料,为会计信息使用者提供系统的会计信息。按照账户所反映内容的详细程度不同,分类账分为总分类账和明细分类账两类。

7.2.3.1 总分类账

总分类账,简称总账,是按总分类账户进行分类登记的账簿。为了全面、总括地反映经济活动的情况,并为编制会计报表提供必要的数据,任何单位都必须设置总分类账。

总分类账一般采用订本式账簿,并按照一级科目的编号顺序分设账户,为每个账户预留若干账页,以集中登记属于各账户的经济业务及其变动情况。总分类核算只运用货币计量,常用三栏式账页。三栏式总分类账设有"借方""贷方"和"余额"三个金额栏,有反映对方科目和不反映对方科目栏两种格式。现仍根据例 7–1 登记"应收账款"总分类账,如表 7–10 所示(假如应收账款期初余额为 70 200 元)。

表 7–10　总分类账(三栏式)

会计科目:应收账款　　　　　　　　　　　　　　　　　　　　第　页

××年		凭证		摘要	对方科目	借方	贷方	借或贷	结余
月	日	字	号						
8	1			期初余额				借	70 200
	2	收	1	收回黄河公司欠款银行存款	银行存款		70 200	平	0
	9	转	1	赊销甲商品	主营业务收入	80 000			
					应交税费	12 800		借	92 800

　　总分类账是会计人员根据审核无误的记账凭证直接或汇总登记的,其登记依据和方法与各单位所采用的账务处理程序有关。一般来说,总分类账的登记方法有以下几种:①逐笔登记法,即总账直接根据记账凭证逐笔登记,表 7–10 就是采用这种方法登记的;②汇总登记法,即定期将所有记账凭证汇总,按照一定方法编制汇总记账凭证(包括汇总收款凭证、汇总付款凭证和汇总转账凭证),月末根据其合计数登记总账;③汇总登记与逐笔登记相结合,即对经常重复发生的业务采用汇总登记法,对较少发生的业务采用逐笔登记法;④以表代账,即以科目汇总表代替总分类账。

7.2.3.2 明细分类账

　　明细分类账账簿是根据明细会计科目设置的簿籍。在总分类账的基础上,设置与登记明细分类账,可以提供明细的会计核算资料。

　　明细分类账:一般采用活页式账簿,也有采用卡片账的,如固定资产卡片可作为固定资产明细账。明细分类账的格式,应根据它所反映的经济业务内容的特点、实物管理上的要求来设计。常用的明细分类账有三栏式、数量金额式、多栏式和平行式等多种格式,会计人员应根据记账凭证、原始凭证或原始凭证汇总表，或者定期登记，或者逐日逐笔登记。

（1）三栏式明细分类账。

三栏式明细分类账只设"借方""贷方"和"余额"三个金额栏，其格式与三栏式总分类账基本相同。它适合于那些只需要金额核算，不需要数量核算的债权、债务等明细分类账户，如应收账款明细账、应付账款明细账、其他应收款明细账、短期借款明细账、长期借款明细账、其他应付款明细账等。三栏式明细分类账的格式如表7-11所示。

表7-11　明细分类账（三栏式）

会计科目：

二级或明细科目：　　　　　　　　　　　　　　　　　　　　　第　页

××年		凭证		摘要	借方	贷方	借或贷	结余
月	日	字	号					

（2）数量金额式明细分类账。

数量金额式明细分类账的账页，在"收入""支出"和"结余"栏内，分别设有"数量""单价"和"金额"专栏。这种格式适合于既要进行金额核算，又要进行数量核算，既有价值指标、又有实物指标的各种财产物资，如"原材料""库存商品"等明细分类账户，它们应按品种、规格分别设置，列明品名、规格、存放位置、储备定额和最高、最低储备量等。以原材料为例，数量金额式明细分类账的格式及登记方法如表7-12所示。

表7-12　明细分类账（数量金额式）

材料名称：甲种材料

材料编号：（略）　　　　　　　　　　　　　　最高储备量：（略）

材料规格：（略）　　　　　　　　　　　　　　最低储备量：（略）

××年		凭证		摘要	收入			发出			结存		
月	日	字（略）	号（略）		数量/千克	单价/元	金额/元	数量/千克	单价/元	金额/元	数量/千克	单价/元	金额/元
9	1			期初余额							1 200	59	70 800
	1			领用				200			1 000		
	10			购入	800	60	48 000				1 800		
	15			领用				1 000			800		
	22			购入	1 500	58	87 000				2 300		

续表

×× 年		凭证		摘要	收入			发出			结存		
月	日	字（略）	号（略）		数量 /千克	单价 /元	金额 /元	数量 /千克	单价 /元	金额 /元	数量 /千克	单价 /元	金额 /元
	29			领用				1 200			1 100		
	30			本期发生额及余额	2 300		135 000	2 400	58.80	141 120	1 100	58.80	64 680

（3）多栏式明细分类账。

多栏式明细分类账是根据管理需要，在一张账页内不仅按借、贷、余（或收、支、余）三部分设置金额栏，还要按明细科目在借方或贷方设置许多金额栏，以集中反映有关明细项目的核算资料。这种格式通常适合在管理上需要了解构成内容的成本费用、收入类账户的明细核算，并将其内容设置成专栏。其专栏的设置一般取决于明细分类账户的数目及其所包含的经济内容，以及管理上需要对这些经济内容了解和掌握的详细程度。[①] 多栏式明细分类账主要适合成本费用、收入类账户的明细核算，成本费用类多栏式明细分类账应按借方设置专栏，如"在途材料""生产成本""制造费用""在建工程""管理费用""财务费用""营业外支出"等；收入类明细分类账应按贷方设置专栏，如"主营业务收入""营业外收入"等；还有些账户可以同时按借方和贷方设置专栏，如"应交税费－应交增值税""本年利润"等。

与三栏式明细分类账相比，多栏式明细分类账能够在一张账页上反映某一级账户的所有下一级明细项目，登记和查阅均十分方便。但它不能随意增加或改变专栏名称，因此多栏式明细分类账比较适合明细科目能够预先确定并且相对固定的账户。如"生产成本"按成本计算对象设账页后，再按成本项目设专栏，其中成本项目中的"直接材料""直接人工""制造费用"能够预先设定且固定不变。"管理费用""应交税费－应交增值税"多栏式明细分类账的具体格式分别如表7–13、表7–14所示。

---

① 胡洋. 会计账务处理程序信息描述元数据模型研究 [D]. 昆明理工大学，2014.

表 7-13　多栏式明细分类账(按借方设置)

会计科目: 管理费用　　　　　　　　　　　　　　　　　　　　　　第　页

××年		凭证		摘要	工资	办公费	差旅费	业务招待费	折旧费	其他	合计
月	日	字	号								
8	3	付	2	支付差旅费			3 000				3 000
	8	付	5	支付业务招待费				800			800

表 7-14　多栏式明细分类账(按借贷双方设置)

会计科目: 应交税费
二级或明细科目: 应交增值税　　　　　　　　　　　　　　　　　　第　页

××年		凭证		摘要	借方		……	贷方		……	借或贷	余额
月	日	字	号		进项税额	已交税金		销项税额	进项税额转出			
8	1			期初余额							借	1 600
	7	付	4	限购甲商品	24 000						借	25 600
	9	转	1	赊销甲商品				12 800			借	12 800

(4)平行式明细分类账。

平行式明细分类账,也称横线登记式明细分类账,其账页的基本格式是设置"借方"和"贷方"两栏。当经济业务发生时在一方登记,与其相应的业务则不管何时发生,均在同一行次的另一方平行登记,以加强对这一类业务的监督。比如,职工预支和报销差旅费业务,在登记职工预支款业务后,无论职工何时报销或归还,都在同一行次中登记报销或款项收回情况。平行式明细分类账主要适合往来款项等账户的明细核算,如"其他应收款""其他应付款"等,其格式如表 7-15 所示。

表 7-15　平行式明细分类账

会计科目：其他应收款

二级或明细科目：备用金　　　　　　　　　　　　　　　　　　　　　第　页

户名	借方					贷方				备注
	×× 年		凭证号数	摘要	金额	×× 年		凭证号数	摘要	金额	
	月	日				月	日				

明细分类账除了上述常用的四种格式外,还可根据不同的经济业务和管理上的需要采用其他专门格式,如开展分期收款销售业务的企业,其应收账款明细账要采用累计金额式明细账;同时涉及人民币和外币两种货币记账的企业,其相关的明细账要采用复币式明细账。

7.2.4 备查账簿的设置

有些经济业务,在日记账和分类账中不予登记,但在管理上需要加以控制或掌握情况,这就需要设置备查账簿,以补充日记账和分类账记录的不足。备查账簿的种类和格式比较灵活,可根据单位的实际需要设计。它一般有下列几种类型。

7.2.4.1 代管财物登记簿

有些财产物资,企业虽没有所有权,但企业对其负有保管和使用的责任,因而需要设置备查账簿并进行登记,此类备查账簿有包装物登记簿、代加工材料登记簿、代管商品物资登记簿等。

7.2.4.2 账外财物登记簿

某些工具、用具,其单位价值比较低,领用时在会计上做一次性费用处理。然而这些工具、用具使用期一般比较长,这就意味着这些财产物资尽管仍在企业内被使用,但是会计账面已不反映其实物形态和价值。为了加强管理,防止出现漏洞和浪费,可以设置账外财物登记簿,记录领用日期、领用人、领用数量、报废日期等情况,以加强控制。

7.2.4.3 其他备查账簿

对某些不纳入企业分类账核算范围,而业务上又需要掌握的事项,均可通过设置备查账簿来控制。例如，为了掌握应收票据收到、贴现、背书、承兑等情况，可设置应收票据登记簿；为了了解经济合同的执行情况，可设置经济合同执行情况登记簿。

7.3　错账查找与更正的方法

在记账过程中，由于种种原因会发生各种各样的差错。发现错账时，应按照规定的方法予以更正。由于错账发生的原因、性质及类型不同，更正错账的方法也不同。常用的错账更正方法有三种：划线更正法、红字更正法和补充登记法。

7.3.1 划线更正法

划线更正法又称红线更正法，是指用红墨水划线注销原有错误记录，然后在划线处的上方写上正确记录的一种方法。它主要适用于结账前发现账簿上所记录的文字或数字有错误，而记账凭证无错误，即纯属过账时文字、数字的笔误或方向错误及数字计算错误的情况。

划线更正法更正错账时，应先在错误的文字或者数字上划一条红色横线，表示注销，但必须使原有字迹仍清晰可辨，以备查考；然后，在划线处的上方用蓝字填写正确的文字或者数字，并由记账人员在更正处盖章，以明确责任。划线更正时应注意：对于文字差错，可只划去错误的部分，不必将与错字相关联的其他文字划去；但对于数字差错，必须将错误的数字全部划掉，不得仅划去其中的个别错误数字。如将 538 600 错记成 583 600，正确的方法应是将 583 600 全部用红线划掉，再在上方写上正确的数字 538 600。对于文字错误，可以只划去错误的字词。更正后记账人员应在上方盖章，以示负责。如图 7-1、图 7-2 所示。

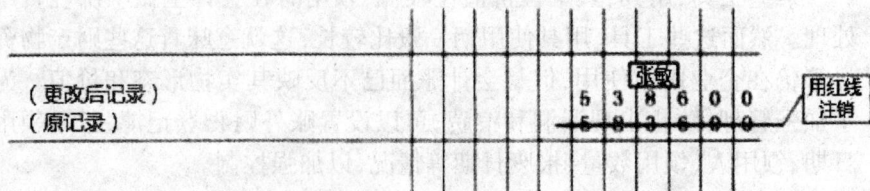

图 7-1　正确的更正方法

					3	8		
（更改后记录）								
（原记录）					5	8	4 6 0 0	

图 7-2　错误的更正方法

7.3.2 红字更正法

在记账以后，如果发现记账凭证中应借应贷的会计科目方向或金额发生错误时可以用红字更正法进行更正。一般适用于以下两种情况：

第一种情况：记账后发现记账凭证中的应借、应贷会计科目有错误，从而引起记账错误。更正时，先用红字金额填制一张与原错误记账凭证内容完全相同的记账凭证，在"摘要"栏内注明"冲销某月某日某号凭证"，并据以用红字金额登记有关账簿，冲销原来的错误记录；然后再用蓝字金额填制一张正确的记账凭证，在"摘要"栏内注明"更正某月某日某号凭证"，并据以用蓝字登记有关账簿。

例 7-2　某企业以银行存款 4 500 元，购买材料已验收入库。填制记账凭证时，误作下列凭证并入账：

（1）借：原材料　　　　　　　　　　　　　　　　4 500

　　　　贷：库存现金　　　　　　　　　　　　　4 500

更正时，先用红字金额填制一张与原来错误记账凭证内容相同的记账凭证，并用红字金额登记入账。

（2）借：原材料　　　　　　　　　　　　　　　　4 500

　　　　贷：库存现金　　　　　　　　　　　　　4 500

再用蓝字金额填制一张正确的记账凭证，并用蓝字金额登记入账。

（3）借：原材料　　　　　　　　　　　　　　　　4 500

　　　　贷：银行存款　　　　　　　　　　　　　4 500

有关账簿更正记录，如图 7-3 所示。

借方	原材料	贷方	借方	库存现金	贷方	借方	银行存款	贷方
(1) 4 500					(1) 4 500			(3) 4 500
(2) 4 500					(2) 4 500			
(3) 4 500								

图 7-3　有关账簿更正记录

第二种情况：记账后发现记账凭证和账簿记录中应借、应贷会计科目无误，只是所记金额大于应记金额。更正时，应将多记金额用红字填制一张与原来错误记账凭证内容相同的记账凭证，在"摘要"栏内注明"冲销某月某日某号凭证多记金"，并用红字登记入账，以冲销账簿中多记的金额。

例 7-3 联华公司从银行提取现金 14 500 元，备发工资。根据库存现金支票存根编制记账凭证时，误作如下凭证，并已入账：

（1）借：库存现金　　　　　　　　　　　　　　　　15 400
　　　　贷：银行存款　　　　　　　　　　　　　　　15 400

所记金额 15 400 元减去应记金额 14 500 元等于 900 元差额。将所记金额大于应记金额的 900 元，作红字凭证，冲销多记金额，并据以用红字入账。

（2）借：库存现金　　　　　　　　　　　　　　　　900
　　　　货：银行存款　　　　　　　　　　　　　　　900

有关账簿更正记录，如图 7-4 所示。

借方　库存现金　贷方		借方　银行存款　贷方	
(1) 15 400			(1) 15 400
(2) 900			(2) 900

图 7-4　有关账簿更正记录

7.3.3 补充登记法

记账后发现记账凭证和账簿记录中应借、应贷会计科目无误，只是所记金额小于应记金额。可采用补充登记法予以更正。更正时，先计算出应记金额和所记金额的差额，然后将少记金额用蓝字填制一张与原来错误记账凭证内容相同的记账凭证，在"摘要"栏内注明"补充某月某日某号凭证少记金额"，并用蓝字登记入账，以增加账簿中的少记金额。

例 7-4　阳光实业向新亚公司购进 A 材料一批，价值 52 000 元，货款尚未支付，材料已验收入库。根据 A 材料的发货票，做了如下记账凭证（不考虑增值税）：

（1）借：原材料——A 材料　　　　　　　　　　　50 000
　　　　贷：应付账款——新亚公司　　　　　　　　50 000

应记金额 52 000 元，凭证及账簿均少记了 2 000 元，应以蓝字金额做一张与原来错误凭证相同的记账凭证，金额为 2 000 元，并据以入账。

（2）借：原材料——A 材料　　　　　　　　　　2 000
　　　　货：应付账款——新亚公司　　　　　　　2 000

有关账簿更正记录,如图 7-5 所示。

借方	原材料	贷方		借方	应付账款	贷方
(1) 50 000					(1) 50 000	
(2) 2 000					(2) 2 000	

图 7-5　有关账簿更正记录

以上三种错账的更正方法中,除了划线更正法外,其他方法在填制更正的会计凭证时,均应在记账凭证的“摘要”栏内注明“更正(冲销或补充)某年某月某日某号凭证”的字样,以便查核。

7.4　对账和结账技术

为了考察某一会计期间(如月份、季度、年度)经济活动的情况,考核经营成果,方便编制会计报表,必须使用真实、正确、完整的账簿资料,必须定期进行对账与结账工作。

7.4.1 对账

账簿记录要正确无误,但是在记账、过账、计算等会计核算过程中难免会出现差错、疏漏等情况,造成各种账簿之间、账簿记录与会计凭证之间以及账簿记录与实物、款项之间不符合,以至于后续的会计核算工作无法进行。为了确保账簿记录的真实性、完整性、正确性,在有关经济业务入账之后,亦即在后续的结账和编报之前,还要进行经常的或定期的对账工作,以保证证证相符、账账相符和账实相符。

对账,是指在结账前,将账簿记录与会计凭证核对,将各种账簿之间的数字核对,将账簿记录与实物及货币资金的实存数核对。通过对账,可以发现差错,并及时纠正,不仅能保证账簿记录的准确无误和编制会计报表数字的真实可靠,而且还能发现会计工作中的薄弱环节,有利于会计核算质量的不断提高。同时,通过对账,还能加强单位的内部控制,建立健全经济责任制,提高会计人员的业务素质。

对账的内容包括账证核对、账账核对、账实核对。对账工作每年至少进行一次。

7.4.1.1 账证核对

账证核对是指各种账簿的记录与有关原始凭证和记账凭证相核对。这是保证账簿记录真实、正确、完整的基础。这种核对主要是在日常编制凭证和记账过程中进行的，从而使错误得到及时地发现和更正。账证相符是保证账账相符、账实相符的前提和基础。

7.4.1.2 账账核对

账账核对是指核对不同会计账簿之间的账簿记录是否相符。它是在账证核对的基础上，检查在记账过程中和在账户计算过程中是否发生了差错，以保证记账和有关计算的正确性。账账核对至少在每个月末进行一次。账账核对主要包括以下内容：

（1）总账有关账户的余额核对和发生额核对。总分类账全部账户的期初余额合计数与贷方余额的合计数、本期借方发生额合计数与本期贷方发生额合计数、期末借方余额合计数与期末贷方余额合计数应分别对应相等，即进行试算平衡。

（2）总账与日记账的本期发生额与期末余额核对。库存现金总分类账与库存现金日记账银行存款总分类账与银行存款日记账之间的核对。日记账的期初余额、本期发生额和期末余额应与总分类账相应项目的数据核对相符。

（3）总账与所属的明细账的本期发生额与期末余额核对。各总分类账户的期初余额、本期发生额和期末余额应与其所属明细分类账户的期初余额合计、本期发生额合计和期末余额合计核对相符。

（4）会计部门的财产物资明细账与财产物资保管和使用部门的有关明细账核对。会计部门有关财产物资的明细账的期末结存数量和金额应与财产物资保管部门的明细账的期末结出数量和金额核对相符，与使用部门的账、卡结存数量核对相符。

7.4.1.3 账实核对

账实核对是指核对会计账簿记录与财产等实物的实有数额是否相符。账实是否相符一般要通过财产清查来进行核对，核对的目的是为了

保证账实相符。账实核对的主要内容包括:

（1）现金日记账账面余额与库存现金数额是否相符。

（2）银行存款日记账账面余额与银行对账单的余额是否相符。

（3）各项财产物资明细账账面余额与财产物资的实有数额是否相符。

（4）有关债权债务明细账账面余额与对方单位的账面记录是否相符。

要进行这一系列账实核对工作,需掌握各项财产物资的实有数。在实际工作中,一般要通过财产清查来掌握各项财产物资的实有数。

7.4.2 结账

7.4.2.1 结账的含义

结账是指在把一定时期(月份、季度,年度)内所发生的全部经济业务登记入账的基础上,在期末按照规定的方法计算出该期账簿记录的发生额合计数和余额,并将其余额结转下期或者转入新账及划出结账标志的程序和方法。结账能够全面、系统地反映企业一定时期内发生的全部经济活动所引起的会计要素等方面的增减变动情况及其结果;可以合理地确定企业在各会计期间的净收益,便于企业合理地进行利润计算和分配,有利于企业定期编制会计报表。结账工作的质量直接影响着会计报表的质量。

结账工作通常按月进行,年度终了还要进行年终结账。此外,当企业因撤销、合并、分立等原因办理账务交接时,也需要办理结账。

7.4.2.2 结账的程序

结账应按照一定的工作程序和方法进行,为了做好结账工作,结账前应做好以下准备工作。

（1）必须将本期发生的经济业务事项全部登记入账,如果有漏记、未记的账项,应及时补记。不能提前结账,也不能把本期发生的经济业务延至下期登账,也不能先编报后结账。

（2）检查是否按照权责发生制的要求对本期内所有的转账业务编制记账凭证,进行账项调整并据以记入有关账簿,不得提前结账或推迟结账。

（3）进行必要的成本计算和结转,如制造费用的计算和结转、完工产品成本的计算和结转、已售产品成本的计算和结转等。

（4）在本期全部经济业务都已入账的基础上，分别计算出日记账、明细分类账和总分类账的本期发生额和期末余额。

（5）根据各明细分类账的记录分别编制明细分类账户本期发生额及余额表，根据总分类账的记录编制总分类账户本期发生额及余额表，进行试算平衡。

7.4.2.3 结账的主要内容

各单位都必须按照会计制度的规定，在月末、季末、年末进行结账并计算、汇总本期的经营成果和资产、负债、所有者权益的变动情况，为提供相关信息做好准备。

（1）收入、费用类账户的结账。

各收入、费用类账户属于"虚账户"，期末需要结清。结账的任务是将其余额结为零，具体应按下列程序进行。

①结计出各收入、费用类账户的本期发生额合计数。

②编制结账分录。按照损益类账户结转方法，编制结账分录，即将各收入、费用类账户的余额分别转入"本年利润"账户。

③过账与结账。将结账分录所涉及的各损益类账户和"本年利润"账户发生额分别过入分类账，使各损益类账户余额变成零，"本年利润"账户的贷方合计与借方合计的差额即为本期利润（负数表示亏损），反映从年初起本年累计实现的利润（或亏损）额。年终结账时，还应该结转"本年利润"账户和"利润分配"账户，以计算全年实现的利润和分配的利润。

（2）资产、负债和所有者权益类账户的结账。

资产、负债和所有者权益类账户属于"实账户"，这些账户在某一时刻的余额反映其实际拥有的数额，结账工作的任务是结算出各账户的本期发生额和期末余额，并将余额转为下期的期初余额。

7.4.2.4 结账的方法

在会计实务中，通常采用划线结账法结账。划线是结账的标志，一方面突出了特定时期的有关数字（如本期发生额和期末余额）；另一方面标志着会计分期，即将本期与下期的记录明显分开，表示本期的会计记录已经截止或结束。划线结账按时间可分为月结账和年结账。

（1）月结账。

月结账是以一个月为结账周期，每个月月末对本月发生的经济业务情况进行总结。月结账的具体做法是在每个月月末各账户最后一笔记录的下面划一条通栏单红线,并在单红线下的"摘要"栏内注明"本月合计"字样,随后结出本期发生额和期末余额,然后在这些记录下面再划一条通栏单红线,以表示本月的账簿记录结束。紧接着下一行,在"摘要"栏内注明"期初余额"字样,并在"余额"栏内将上期的期末余额数转入。应注意,划线时应划通栏线,不应只在金额部分划线。

除了上述的一般情况外,某些账户的结账和划线有特殊要求:第一,某些明细账户的每一笔业务都需要随时结出余额,如各项应收款明细账和各项财产物资明细账等,每月最后一笔余额即为月末余额,这种情况就不需要按月结计本期发生额,月末结账只需在最后一笔经济业务记录之下划一条单红线,表示本月的账簿记录已经终止,不需要再结计一次余额。第二,对于需要逐月结算本年累计发生额的账户,如各种损益账户,应逐月计算自年初至本月末的累计发生额,登记在月结线的下一行,在"摘要"栏内注明"本年累计"字样,并在下面划通栏单红线。第三,如果本月只发生一笔经济业务,则只要在这笔记录下划一条单红线,表示与下月的发生额分开即可,不需另结出本月合计数。当然,本月没有发生额的账户,不必进行月结(不划结账线)。

(2)年结账。

年结账是以一个月为结账周期,年末对本年度发生的经济业务情况及结果进行总结。每年的 12 月 31 日,应当将全年 12 个月的月结数的合计数填列在 12 月的月结数字下,并在"摘要"栏内注明"本年合计"或"年度发生额及余额",并在下面划双红线,表示年底封账。对于有余额的账户,应将余额结转下一年,在年结数(双红线)的下一行"摘要"栏内注明"结转下年"字样;同时在下年度新账的"余额"栏中直接抄列上年结转的余额,并在"摘要"栏内注明"上年结转"或"年初余额"字样。

对于需要结出本年累计发生额的账户,由于 12 月末的"本年累计"就是全年累计发生额,因此应当在全年累计发生额下直接划通栏双红线。而对于总账账户,平时只需结计月末余额,年终结账时,要根据所有总账账户结计全年发生额和年末余额,在"摘要"栏内注明"本年合计"字样,并在合计数下划双红线。用科目汇总表代替总账的单位,年终结账时,应当汇编一张全年合计的科目汇总表。

下面以库存现金账为例,说明月结、年结的方法及更换新账的方法,其格式如表 7–16 所示。

表 7-16　总分类账

单位：元

账户名称：库存现金　　　　　　　　　　　　　　　　　　第　页

××年		凭证号数	摘要	借方	贷方	借或贷	余额
月	日						
1	1		上年结转			借	150
1	6		略		100	借	50
1	11		略	100		借	150
1	20		略		50	借	100
1	31		本月发生额合计及月末余额	100	150	借	100
2	7		略	40		借	140
2	15		略		60	借	80
2	26		略		50	借	30
2	28		本月发生额合计及月末余额	40	110	借	30
3	8		略	50		借	80
3	16		略	180		借	260
3	27		略		40	借	220
3	31		本月发生额合计及月末余额	230	40	借	220
…	…		…	…	…	…	…
12	31		本年发生额合计及年末余额			借	450
			结转下年				

7.5　账簿的更换与保管

7.5.1 会计账簿的更换

　　会计账簿的更换通常是在新会计年度建账时进行。一般来说总账、日记账和多数明细账应每年更换一次。在年度终了时更换新账簿，并将各账户的年末余额结转到新的年度。但有些财产物资明细账和债权债务明细账，可以不必每年更换一次，可以跨年度继续使用，如固定资产明细账、应收账款明细账等。各种备查账簿也可以跨年度连续使用。

7.5.2 会计账簿的保管

　　各种账簿同会计凭证及会计报表一样,都是重要的经济档案,必须按照会计制度统一规定的保存年限妥善保管,不得丢失和任意销毁,在保管期满后,按照规定的审批程序报经批准以后,再行销毁。会计档案的保管,既要做到安全完整,又要保证在需要的时候从账簿中迅速查到所需要的资料,为此,订本式账簿应在启用前,从第一页到最后一页顺序编定页数,不得跳页、缺号。活页式账簿所使用的账页,按账户顺序编号,定期装订成册,装订后再按实际使用账页顺序编定页数和目录,注明每个账户的名称和页次,连同"账簿和经管人员一览表",加上封面,统一编号,与各种订本式账簿一起归档保管。

第8章 财产清查

为了保证会计资料真实可靠,必须运用财产清查的方法,对各项财产进行定期或不定期盘点和核对,发现账实不符的详细情况,并查清不符的原因,及时采取措施。财产清查可充分发挥会计工作在经济活动中的监督作用,对会计核算和经营管理具有重要意义。

8.1 财产清查概述

8.1.1 财产清查的概念和意义

8.1.1.1 财产清查的概念

财产清查是指通过对货币资金、实物资产和往来款项进行盘点或核对,确定其实存数,查明账存数与实存数是否相符的一种专门的方法。通过财产清查,可以明确经济责任,挖掘财产物资的潜力,加强对财产物资的管理,加速资金周转,保证账簿记录和会计报表信息的真实性。然而,即使企业的各项财产物资、债权债务的账簿记录正确无误,也不能保证其真实可靠,即账簿记录与客观实际不一定相符。在实际工作中,一些主观或客观原因会使账面结存数与实际数不一致,即账实不符。

造成账实不符的原因,可能有账簿记录方面的,可能有财产管理方面的,此外,也可能是自然因素、技术等其他原因:

（1）在财产物资收发中,由于计量、检验不准确而发生的品种、规格、数量和质量上的差错。

（2）在财产物资上的记账错误,如漏记账、重复记账和记错账等。

（3）在财产物资的保管过程中,由于财产物资本身的物理或化学性能变化引起的损耗,如风干、受潮、挥发等。

（4）由于管理不善或工作人员失职,造成财产物资损失、变质或短缺等。

（5）不法分子贪污盗窃、营私舞弊等造成的财产物资损失以及发生意外灾害等。

（6）自然灾害和其他不可抗力造成的非正常损失。

（7）未达账项等形成的银行存款及其他债权债务各方记载不一致。

基于以上原因，为保证会计核算资料的真实性，必须定期或不定期地对各项财产物资进行盘点或核对，查明账实是否相符，对于实存数与账存数不相符的地方，要调整账面记录，使账实相符，并查明原因，分清责任，按规定进行处理。

8.1.1.2 财产清查的意义

由于上述客观及主观因素的存在，账实不符的情况会经常发生。财产清查的意义具体表现在以下几方面：

（1）确保会计资料真实可靠。通过财产清查，查清发生盘盈、盘亏的原因和责任，以便及时调整账面数字，做到账实相符，保证会计资料的真实性。

（2）确保财产安全完整。通过财产清查，可以检查各种财产的储备和利用情况，查明财产保管等制度的执行情况，可以查明各项财产有无被挪用、贪污和盗窃的情况，还可以查明各项财产保管是否妥善，有无损坏、霉烂和变质等情况，以便采取得力措施，加强管理，确保财产安全完整。

（3）增强财产物资的使用效能。财产清查可以查明各项财产物资的储备和利用情况，对超储积压、闲置不用的物资可以及时采取措施进行处理，做到物尽其用，合理储备。

（4）健全财产管理制度。财产清查可以检查各种财产的收发、保管等制度的执行情况，查明各项财产物资有无挪用、贪污、盗窃以及毁损、变质和浪费等情况，及早发现财产管理上存在的问题，及时采取措施填补漏洞，建立健全财产管理与核算制度，以保证企业各项财产物资的安全、完整。

（5）严格财经纪律和结算制度。财产清查可以检查会计主体对财经纪律的遵守情况，查明各种往来款项的结算是否正常，及早发现长期挂账的债权、债务，避免坏账损失的发生，同时还能保证各种往来款项的结算符合财经纪律和信贷结算制度的规定。

8.1.2 财产清查的分类

财产清查可按其实施的范围、时间间隔等进行不同的分类。

8.1.2.1 按清查的范围分类

按照清查范围的不同,财产清查可分为全面清查和局部清查。

1. 全面清查

全面清查就是对所有的财产物资、往来款项进行全面盘点和核对,其特点是范围广、内容多、时间长、参与人员多。一般说来,在以下几种情况下,需要进行全面清查。

(1)年终决算前要进行一次全面清查,以确保年度会计报表的真实性。

(2)单位撤销、合并或改变隶属关系时要进行一次全面清查,以明确经济责任。

(3)开展清产核资(清查财产、核定资金)或资产清查时要进行全面清查,以摸清家底,准确核定资金,保证生产的正常资金需要。

(4)企业要导入新的会计系统必须有正确的开账数据,在新系统实施前应进行全面的财产清查。

以工业企业为例,全面清查的对象主要包括:

(1)库存现金、银行存款、有价证券、其他货币资金、银行借款。

(2)各种原材料、在产品、半产品、产成品、周转材料以及在途材料等存货资产。

(3)各项业务往来产生的结算款项(应收账款、应收票据、应付账款、应付票据和预付账款等)和缴拨款项。

(4)各种机器设备、房屋、建筑物、运输设备等固定资产。

(5)接受或委托其他单位加工、保管的材料和物资。

2. 局部清查

局部清查是指根据需要对部分财产物资和往来款项等进行的盘点和查询。局部清查包括项目清查、部门清查、轮流清查、重点清查、临时清查、突击抽查等。最常见的局部清查在财产遭受非正常损失、更换管理人员时实施,其特点是范围小、内容少,但专业性较强。局部清查包括以下内容:

（1）应有计划、有重点地抽查各项存货。

（2）各种贵重物资每月应清查一次。

（3）库存现金应由出纳人员于每日业务终了自行盘点一次。

（4）银行存款和银行借款每月同银行核对一次。

（5）债权、债务每年至少核对 1 次或 2 次。

对于流动性较强且易于发生损耗、短缺的物资，除了年终全面清查外，还可以分部门轮流清查或重点清查，以保证物资数量的准确。

8.1.2.2 按照清查的时间分类

按照清查的时间分类，可以分为定期清查和不定期清查。

1. 定期清查

定期清查是指在规定的时间内对财产物资进行的盘点和核对。一般是在年末、季末、月末进行。定期清查既可以是全面清查，也可以是局部清查。

2. 不定期清查

不定期清查也称临时清查，是指根据实际需要临时对财产物资进行的盘点和核对。在以下情况发生时，需要进行不定期清查：

（1）更换出纳和财产物资保管人员。

（2）发生意外等非常损失。

（3）企业撤销、合并。

（4）财政、审计、税务等部门对本单位进行会计检查。

不定期清查既可以是全面清查，也可以是局部清查。

8.1.3 财产清查前的准备工作

财产清查是一项涉及面广、工作量大、比较复杂的工作，为了做好财产清查工作，使其有序、正常地进行，在进行财产清查之前必须从组织上和业务上做好充分的准备。

8.1.3.1 组织准备

为使财产清查工作顺利进行，在清查之前，要根据清查工作的实际需要组建财产清查的专门机构，由单位主要领导负责，会同财会、财产管理、财产使用等有关部门成立财产清查领导小组，由清查领导小组负责财产清查的各项组织工作。清查领导小组的工作主要包括：①制订清查计划。清查计划应明确财产清查的目的和性质、对象和内容、方法和步骤、人员组织和时间安排等。②清查过程的控制和监督。在财产清查过程中，清查小组要及时掌握工作进度，进行具体组织、控制、检查和监督，研究和解决财产清查过程中出现的问题。③对财产清查结果进行处理。财产清查结束后，清查小组要对财产清查结果提出处理意见和建议，并书面报告上级有关部门由其审批处理。

8.1.3.2 业务准备

业务上的准备工作主要包括以下几个方面：①财会部门必须将所有账目登记齐全，结出余额，并核对清楚，做到账证相符、账账相符，为财产清查提供准确的账存数；②物资保管和使用部门必须对所要进行清查的财产物资进行整理并按规定摆放，贴上标签，标明名称、品种、规格和结存数，便于清查人员进行盘点；③清查小组应组织有关部门准备好标准的计量器具以及各种空白的清查盘存报告表册（表 8-1）；④对于银行存款、债权、债务，应在清查前取得或编制对账单，以便与相关方进行核对。

表 8-1　现金盘点报告表

单位名称：　　　　　　　　　　　　　　　　　　　　　　年　月　日

实存金额	账存金额	对比结果		备注
		盘盈	盘亏	

盘点人员签章：　　　　　　　　　　出纳人员签章：

8.1.4 财产物资的盘存制度与计价方法

财产清查的一个重要任务就是确定各项财产物资的期末实际数额，而财产物资期末实际数额的确定又取决于两个方面：一是财产物资的实际数量；二是财产物资的单位成本。财产物资期末实际数量的确定与所采用的盘存制度密切相关，而其单位成本则取决于财产物资的计价方法。

8.1.4.1 财产物资的盘存制度

财产物资的盘存制度也称为账面结存数制度,是对各项财产物资期末结存数确定方法的规定。在实务中有两种财产物资的盘存制度:一种为永续盘存制,另一种为实地盘存制。

1. 永续盘存制

(1)永续盘存制的概念。

永续盘存制又称账面盘存制是根据账簿记录计算期末存货账面结存数的一种存货核算方法。采用这种核算方法,财产物资明细账的登记与实物的收发同步进行。每次实物的收发都要填制会计凭证,根据会计凭证逐日、逐笔地在明细账上登记存货的增加和减少,要在账簿中连续加以记录,并随时结出账面结存的数量和金额。其计算公式为:

$$期末结存 = 期初结存 + 本期增加 - 本期减少$$

(2)本期发出存货成本和期末存货成本的计算。

采用永续盘存制,期初结存存货数量本期购进存货数量和本期发出存货数量都可以随时从明细账上取得。在这种方法下,本期发出存货成本和期末结存存货成本的计算方法如下:

$$本期发出存货成本 = 本期发出存货的单位成本 \times 本期发出存货的数量$$
$$期末结存存货成本 = 期初结存存货成本 + 本期购进存货成本 - 本期发出存货成本$$

(3)永续盘存制的特点。

这种盘存制度的特点是期末余额是通过账面计算而来的,它要求设置财产物资明细账,逐日逐笔登记财产物资的收、发、结存数,平时财产物资进出都有严密的手续,便于加强会计监督,且随时结出账面结存数,便于随时掌握财产物资的情况。但是这种盘存制度也可能发生账实不符的情况,如记账错误,人为造成短缺或溢余,这就需要对各项财产物资进行定期清查,以查明账实是否相符,找出账实不符的原因。

采用永续盘存制能在收、发、存环节有效地对财产物资实施监督和控制,有利于对财产物资的管理和控制,保护企业的财产物资安全、完整。我国相关制度规定,大多数企业均应采用这种制度。但是在永续盘存制下,财产的明细分类核算工作量较大,需要花费较多的人力和财力。

2.实地盘存制

（1）实地盘存制的概念。

实地盘存制又称实地盘存法是指期末通过实物清点来确定存货数量，并据以计算库存存货成本和销售（发出或耗用）成本的一种存货核算方法。采用这种核算方法，财产物资明细账的登记与实物的收发不完全同步，平时只是根据会计凭证逐笔在会计账簿中登记增加的数量和金额，对于减少的存货的数量和金额不作账面记录，也不随时结出存货的账面结存的数量和金额。到期末，通过实地盘点确定期末数量后，按照下列公式倒挤计算本期减少额：

期初结存 + 本期增加 - 期末结存 = 本期减少

从计算公式可以看出，采用实地盘存制，先要确定期末库存数量，然后才能计算期末库存金额和倒挤出本期减少金额。确认了库存数量，才能完成账面记录，使账实相符。

（2）本期发出存货成本和期末存货成本的计算。

实地盘存制下，本期发出存货成本和期末存货成本具体的计算程序如下：

①通过实地盘点确定期末存货数量。

②计算期末存货成本。某种存货的成本等于该种存货数量乘以适当的单位成本；将各种存货成本相加，即为存货总成本。

③计算本期发出存货成本。本期发出存货成本 = 期初结存存货成本 + 本期购进存货成本 - 期末结存存货成本。

（3）实地盘存制的特点。

这种盘存制度的特点是期末余额是通过实地盘点得出的，采用"以存计耗（销）"的方法倒轧出财产物资的发出成本（销售成本），平时不需要记录财产物资的发出和结存数，因此可简化日常工作，会计核算简单，工作量小。但是采用这种制度期末才进行财产物资的盘存，不能及时反映各项财产物资的收付和结存情况；财产物资减少数的登记缺乏严密的手续，相关内部控制制度不完善，实存数作为账存数，它们之间无法相互控制和相互核对；倒轧出的各项财产物资的减少数可能受到一些非正常因素的影响，如偷盗、管理人员失职等，不便于实行会计监督和财产物资的管理。因此，这种制度只适用于经营品种多、价值低、发货频繁的商品，以及数量不稳定、损耗大且难以控制的鲜活商品的商业企业。

8.1.4.2 财产物资的计价方法

财产物资的盘存不仅要确定其实际数量,还会涉及单位成本,这就遇到了财产物资的计价方法问题。除存货以外的其他财产物资,如库存现金、银行存款、应收账款、应收票据、预付账款等都直接用货币计量,不存在计价问题。而存货这种实物形态的资产,在大多数企业的流动资产总额中占有较大的比重,并且处于不断购买、耗用和销售之中,其购入和发出通常都是分次或分批进行的。要确定发出存货的价值,就需要确定和选择一定的计价方法。

所谓存货的计价方法,就是计算发出存货成本的方法。按照财政部的规定,企业可以采用个别认定法、先进先出法或者加权平均法(包括移动平均法)确定发出存货的实际成本。

1. 个别认定法

个别认定法又称"分批认定法",是以每批存货收入时的实际单价作为发出单价,期末按每批存货收入时的单价计算发出存货成本,计算公式如下:

发出存货成本 = 发出存货数量 × 该件(批)存货单价

此方法下,每件或每批购入的存货应分别存放,并分户登记存货明细账。存货的实物流转与成本流转完全一致,符合实际情况,但这种方法在实际操作中任务繁重、成本较高,不符合成本效益原则。这种计价方法对绝大多数存货而言都是不实用的,通常只适用于古玩、名人字画等数量少、个体差异大且容易识别、单位价值较高的存货。

2. 先进先出法

先进先出法是指假设先收到的存货先发出或先收到的存货先耗用,并根据这种假设的存货流转次序对发出的存货和期末存货进行计价。在这种方法下,对于入库存货,应在明细账中按时间的先后顺序逐笔登记其数量、单价和金额;每次发出存货时,按照先进先出的原则确定其单价,逐笔登记存货的发出和结存金额。先进先出法下存货明细账的登记方法如表 8-2 所示。

表 8-2　材料明细账（先进先出法）

名称：甲材料　　　　　　　　　20×9年3月

20×9年		凭证		摘要	收入			发出			结存		
月	日	字(略)	号(略)		数量/千克	单价/元	金额/元	数量/千克	单价/元	金额/元	数量/千克	单价/元	金额/元
3	1			期初余额							200	10	2 000
	10			购入	300	12	3 600				200 300	10 12	2 000 3 600
	15			发出				200 200	10 12	2 000 2 400	100	12	1 200
	20			购入	500	13	6 500				100 500	12 13	1 200 6 500
	25			发出				100 200	12 13	1 200 2 600	300	13	3 900
	31			本月合计	800		10 100	700		8 200	300	13	3 900

　　根据谨慎性原则的要求，先进先出法适用于市场价格普遍处于下降趋势的存货。因为采用先进先出法，期末存货余额按最后的进价计算，使期末存货的价格接近于当时的市场价格，真实地反映企业期末的资产状况；期末存货的账面价格反映的是最后购进的较低的存货价格，符合谨慎性原则的要求，能抵御物价下降的影响，减少企业经营的风险，消除潜亏隐患，从而避免由于存货资金不实而虚增企业账面资产。

　　先进先出法的优点是使企业不能随意挑选存货计价以调整当期利润，缺点是工作比较烦琐，对于存货进出频繁的企业更是如此。而且当物价上涨时，会高估企业当期利润和库存存货价值，增加企业的税收负担；反之，会低估企业当期利润和存货价值。经营活动受存货形态影响较大或存货容易腐烂变质的企业一般采用先进先出法，并且这种方法在永续盘存制和实地盘存制下计算出的发出存货成本相等。

　　3.加权平均法

　　加权平均法也称为全月一次加权平均法，是以期初结存存货和本期收入存货的加权平均单价计算发出存货的实际成本的一种计价方法。相关计算公式如下：

$$加权平均单价 = \frac{月初结存存货实际成本 + 本月收入存货实际成本}{月初结存存货数量 + 本月收入存货数量}$$

发出存货的实际成本 = 发出存货的数量 × 加权平均单价

采用加权平均法,对于本月入库的存货,要按其数量、单价和金额进行序时登记;对于本月发出的存货,只登记数量,不登记单价和金额,月末再按加权平均单价计算结存金额。加权平均法下存货明细账的登记方法如表 8-3 所示。

表 8-3　材料明细账(加权平均法)

名称：甲材料　　　　　　　　　20×9 年 3 月

20×9年		凭证		摘要	收入			发出			结存		
月	日	字(略)	号(略)		数量/千克	单价/元	金额/元	数量/千克	单价/元	金额/元	数量/千克	单价/元	金额/元
3	1			期初余额							200	10	2 000
	10			购入	300	12	3 600				500		
	15			发出				400			100		
	20			购入	500	13	6 500				600		
	25			发出				300			300		
	31			本月合计	800		10 100	700	12.10	8 470	300	12.10	3 630

表 8-3 中,加权平均单价 =（2 000+10 100）/（200+800）=12.10（元）。

采用加权平均计价方法,月末一次计算加权平均单价,以此确定发出和结存存货的成本,方法简单,而且当市场价格变化时,所计算出来的单位成本平均化,对存货的影响比较折中。其不足之处在于核算不够及时,只有到月末才能确定存货的实际成本,不便于加强对存货的日常管理。这种方法比较适合实地盘存制。

4. 移动平均法

采用移动平均法,每入库一批存货就计算一次移动加权平均单价,存货发出时就按此单价计算发出存货的实际成本。计算公式如下：

$$移动加权平均单价 = \frac{以前结存存货实际成本 + 本次收入存货实际成本}{以前结存存货数量 + 本次收入存货数量}$$

发出存货的实际成本 = 发出存货的数量 × 移动加权平均单价

移动加权平均法下存货明细账的登记方法如表 8-4 所示。

表 8-4   材料明细账（移动加权平均法）

名称：甲材料   20×9 年 3 月

20×9年		凭证		摘要	收入			发出			结存		
月	日	字（略）	号（略）		数量/千克	单价/元	金额/元	数量/千克	单价/元	金额/元	数量/千克	单价/元	金额/元
3	1			期初余额							200	10	2 000
	10			购入	300	12	3 600				500	11.20	5 600
	15			发出（量400）				400	11.20	4 480	100	11.20	1120
	20			购入	500	13	6 500				600	12.70	7620
	25			发出（量300）				300	12.70	3 810	300	12.70	3810
	31			本月合计	800		10 100	700	12.10	8 290	300	12.70	3810

采用移动平均法，能够及时反映存货发出、结存的数量、单价和金额情况，核算及时，且比较客观、真实，但平时计算工作量比较大。

8.2   货币资金的清查

货币资金的清查一般包括库存现金和各种银行存款的清查。因为货币资金的收支十分频繁，容易出差错，而对货币资金的管理是企业财务管理的重要内容，所以单位要对货币资金进行定期或不定期的清查，以确保货币资金的安全完整和会计核算资料的真实可靠。

8.2.1 库存现金的清查

库存现金的清查,通常采用实地盘点的方法,即通过实地盘点先确定库存现金的实存数,并与库存现金日记账的账面余额相核对,来判断账实是否一致。[①] 如果不一致,要查明原因,并根据不同情况提出处理意见。

库存现金的清查,一般由盘点人员和出纳人员共同进行。对于存放在不同地点的库存现金或备用现金,应同时进行清点。对于尚未入账的临时性借条以及尚未领取的代保管现金,都不应该计入实存金额。此外,还应注意有无违反现金管理制度的现象。为了增强库存现金清查的有效性,可以采取不定期突击检查的方式。清查完毕后,编制现金盘点报告表,并由盘点人员和出纳人员签章。现金盘点报告表兼有盘存单和实存账存对比表的作用,是反映现金实有数和调整账簿记录的重要原始凭证。

8.2.2 银行存款的清查

银行存款的清查是采用核对账目方法进行的,即将银行存款日记账与银行转来的对账单逐笔进行核对。具体步骤是:

（1）对账前,企业出纳员应检查银行存款日记账记录是否正确完整,如发现错误,应及时更正。

（2）收到银行对账单后,应将银行存款日记账上的每笔业务与银行对账单上每笔业务进行核对。

（3）对账过程中,如果发现银行对账单上的存款余额与企业银行存款日记账上的余额不相符,应查明原因。

（4）编制银行存款余额调节表。如果企业有多个存款账户,应分别按存款账户开设银行存款日记账。月底应分别将各账户的银行存款日记账与其对应的银行对账单核对,并分别编制各账户的银行存款余额调节表。

银行存款的清查的目的是查明银行存款余额及收付是否正确。核对后,如果双方的记录不相一致,可能有两方面的原因:一是记账错误;二是未达账项。

所谓未达账项,是指由于双方入账时间不一致而发生的一方已经登记入账,另一方由于尚未取得凭证而未登记入账的款项。未达账项主要

---

① 侯刚. 财产清查及其账务处理分析 [J]. 陕西煤炭,2009（5）：23-25.

是因为企业和银行收到结算凭证的时间不一致而产生的。比如,企业委托银行向外地某单位收款,银行收到对方支付款项的结算凭证后,就记录增加企业的银行存款,再将结算凭证传递给企业,企业在收到结算凭证后再记录增加自己账上的银行存款。在银行收到结算凭证至企业收到结算凭证期间,就形成了未达账项。银行和企业之间的未达账项可分为银行未达账项和企业未达账项两类,具体有以下四种情况:

(1)银行已收,企业未收。

(2)银行已付,企业未付。

(3)企业已收,银行未收。

(4)企业已付,银行未付。

显然,任何一种未达账项的存在都会使银行存款日记账的余额与银行对账单的余额不相一致,而这种不一致是正常的。为了查明企业或银行有无记账错误并确定是否存在其他不正常现象,首先就要找出未达账项。编制银行存款余额调节表,可以消除未达账项的影响。

银行存款余额调节表的编制方法有多种,一般是以双方账面余额为基础,各自分别记上对方已记而本方未记的款项,然后验证调节后的余额是否相符。银行存款余额调节表的格式如表8-5所示。

表8-5 银行存款余额调节表年月日

单位名称:_____ 开户行:_____ 账号:_____ 币种:_____ 单位:_____

企业银行存款日记账	金额	银行对账单	金额
银行存款日记账余额		银行对账单余额	
加:银行已收,企业未入账的金额		加:企业已收,银行未入账的金额	
其中:1.		其中:1.	
2.		2.	
减:银行已付,企业未入账的金额		减:企业已付,企业未入账的金额	
其中:1.		其中:1.	
2.		2.	
调节后的企业银行存款日记账余额		调节后的银行对账单余额	

表8-5填写完成后,若调节的余额相等,则说明双方账目没有错误,账目不一致完全是未达账项造成的,并且调节后的余额就是企业实际可以动用的银行存款数额。若调节后的余额仍不相等,则可能是银行或企业发生错账,应进一步查明原因,并及时更正。尤其要注意长期的未达账

项,这样的款项很可能是错账,应对其进行分析,查明原因,及时处理。

需要说明的是,未达账项不是错账、漏账,银行存款余额调节表只起对账作用,不能作为调整企业银行存款账面余额的原始凭证。

8.3 实物财产的清查

实物清查是指对各种具有实物形态的资产(如原材料、库存商品、周转材料和固定资产等)在数量和质量上的清查。

实物的清查包括对商品、原材料、在产品、产成品、固定资产等财产财产物资的清查。对这些财产物资的清查,不仅要从数量上核对账面数与实物是否相符,而且要查明实物的质量是否完好,有无毁损、变质等情况。实物资产种类繁多,形态各异,对不同的实物资产可以采用不同的盘点方法,一般有实地盘点、技术推算盘点和抽样盘点三种。

8.3.1 实地盘点

实地盘点是指在实物资产堆放现场逐一清点数量,或用计量器具确定其实存数量的一种方法。这种方法要求严格,数字准确可靠,清查质量高,适用范围广,但工作量大,所以一般在清查之前,物管部门应按财产物资的实物形态进行科学码放,如五五排列、三三制码放等,以提高清查的效率。

8.3.2 技术推算盘点

技术推算盘点是通过量方计尺等技术方法推算有关实物资产实有数量的一种方法。这种方法适用于大量、成堆且单位价值较低的(如煤等)或储放在油罐中的油等实物资产。

8.3.3 抽样盘点

抽样盘点是指采用抽取一定数量样品的方式对实物资产的实有数进行估算的方法,它适用于单位价值较低,已经包装好的原材料、在产品和库存商品等。

为了明确经济责任,实物清查时有关保管人员必须在场,并参加盘点工作。在盘点时,必须以各项实物资产目录中的名称、规格为标准,查明各项实物资产的数量,同时检查其质量。对于盘点结果,应如实填写盘存单(表8-6)。盘存单是记录各项实物资产盘点后实存数量的书面证明,也是实物清查工作的原始凭证,实物保管人和盘点人员在盘存单上共同签字后盘存单生效。盘点完毕,应根据盘存单和有关账簿记录编制账存实存对比表(表8-7),以确定实物资产盘盈或盘亏数额。账存实存对比表是财产清查的重要报表,是调整账面记录的原始凭证,也是分析盈亏原因、明确经济责任的重要依据。

表8-6　盘存单

单位名称:　　　　　　盘点时间:

财产类别:　　　　　　存放地点:　　　　编号:

编号	名称	规格或型号	计量单位	账面结存数量	实际盘点			备注
					数量	单价	金额	

盘点人(签章):　　　　　　　　实物保管人(签章):

表8-7　账存实存对比表

编号	类别及名称	计量单位	单价	实存		账存		盘盈		盘亏		备注
				数量	金额	数量	金额	数量	金额	数量	金额	

报告人(签章):

8.4　往来款项的清查

　　往来款项清查是对应收、应付款项及其他应收、应付项目等结算和往来款项所实施的清查。往来款项清查时一般采用与对方单位核对账目的方法或函证核对法,或两种方法同时采用。在清查过程中,不仅要查明债权、债务的余额,还要查明其形成的原因,以便加强管理。对于在清查中发现的坏账损失,要按有关规定进行处理,不得擅自冲销账簿记录。往来款项清查主要分以下三个步骤。

8.4.1 检查、核对本单位往来款项账簿记录

首先应将本单位的债权、债务业务全部登记入账,不得遗漏,以保证账簿记录的完整性。在此基础上,确认总分类账和明细分类账的余额相等,各明细分类账的余额相符。

8.4.2 向对方单位发往来款项对账单

对账单一般为一式两联,其中一联是回单。如果对方单位核对发现数字相符,应在回单上签章确认;如果对方单位发现数字不符,应在回单上注明,作为进一步核对的依据。企业在收到回单后,如果存在不一致事项,应就不一致事项进一步调查;如果存在未达账项,应进行余额调整(调整方法类似于银行存款余额调节),然后确认债权、债务余额。当然,在清查中也可以直接派人去对方单位面询或利用电话、传真、互联网等手段进行核实。发往来款项对账单的企业询证函如下所述,往来款项对账单如表 8-8 所示。

企业询证函

× × 公司:

本公司与贵公司的业务往来款项有下列各项目,为了清对账目,特函请查证。下列数据出自本公司账簿记录,是否相符,请在回执联中注明后盖章寄回。

此致

敬礼

表 8-8　往来款项对账单

单位:＿＿＿＿		地址:＿＿＿＿		编号:＿＿＿＿
会计科目名	截止日期	经济事项摘要	账面余额	

× × 公司(公章)

年　月　日

8.4.3 填制往来款项清查结果报告表

在检查、核对并确认了债权、债务后,清查人员应根据清查中发现的问题和情况,及时编制往来款项清查报告表。对于本单位与对方单位或个人有争议的款项以及收回希望较小和无法支付的款项,应当在报告中尽可能详细说明,以便有关部门及时采取措施,减少不必要的坏账损失。往来款项结果报告表的格式如表 8-9 所示。

表 8-9　往来款项清查结果报告表

单位名称：　　　　　　　　　　　　　　　　　　　　　　年　月　日

总分类账户		明细账户		发生日期	对方结存额	对比结果及差异额	差异原因及金额			备注
名称	金额	名称	金额				未达账项	有争议账项	无法收回账项	

清查人员：　　　　　　　　　　　主管人员：

财产清查工作结束后,应认真整理资料,对清查工作中发现的问题,分析其原因并提出改革措施,撰写财产清查报告,对财产清查中发现的成绩和问题做出客观公正的评价。

8.5　财产清查结果的处理

8.5.1 财产清查结果处理概述

对于财产清查出现的账实差异问题,应认真分析研究,并根据国家有关法规、制度进行适当处理。财产清查结果处理包括业务处理和账务处理两个方面。

8.5.1.1 业务处理

(1)查明发生差异的性质和原因。

财产清查的结果不外乎三种情况:一是实存数等于账存数,即账实相符;二是实存数大于账存数,即盘盈;三是实存数小于账存数,即盘亏或损失。对于财产物资的盘盈、盘亏和毁损,要认真查明其性质和原因,分清责任,提出处理意见,按规定的程序呈报有关部门和领导批准。对违反法律、制度的行为,应按审批权限和程序严肃处理。

（2）积极处理积压物资,认真清理债权、债务。

对于在清查过程中发现的积压物资,应报请批准后及时处理,除了内部利用外,还可设法对外销售,回笼资金,提高资金使用效率。对于长期归属不清或有争议的债权、债务,应及时组织清理,查明原因,指定专人负责,妥善处理。

（3）总结经验,健全制度。

财产清查的一个重要意义在于改进企业财产管理,加速资金周转,提高财产使用效率。在清查结束后,应认真总结经验教训,提出改进意见,建立健全各项财产物资管理制度。

8.5.1.2 账务处理

对财产清查中所查明的各种差异和损失应及时进行账务调整。财产清查结果的账务处理往往分两步进行。

第一步,在有关部门审批之前,应根据账存实存对比表等原始凭证,先将盘盈、盘亏或毁损的财产物资作为待处理财产溢余或损失处理,编制记账凭证,调整财产物资账面记录,使账实相符;同时根据权限,将处理建议报股东大会、董事会、经理（厂长）会议或类似机构批准。

第二步,经有关部门批准后,根据盘盈、盘亏、毁损的不同原因和处理结果,转销待处理项目。

为了衔接这两个步骤,设置"待处理财产损溢"账户来反映财产物资盘盈、盘亏和毁损的价值。该账户下设"待处理流动资产损溢"和"待处理固定资产损溢"两个明细账户,用来分别进行流动资产和固定资产清查的明细分类核算。"待处理财产损溢"账户借方登记发生的各种财产物资的盘亏金额和批准转销的盘盈金额,贷方登记发生的各种财产物资的盘盈金额和批准转销的盘亏金额,期末无余额。"待处理财产损溢"账户的结构如图 8-1 所示。

借方	待处理财产损溢	贷方
借方发生额——①各项财产物资的盘亏金额 ②各项财产物资的盘盈转销数		贷方发生额——①各项财产 物资的盘盈金额 ②各项财产物资的盘亏转销数

图 8-1　"待处理财产损溢"账户的结构

企业清查的各种财产的损溢,应于期末前查明原因,并根据管理权限,经股东大会、董事会、经理（厂长）会议或类似权力机构批准后,在期末结账前处理完毕,处理后,该账户应无余额。在编制报表时,如果待处理项目还未经有关部门批准,应先予以处理,待批准时再调整已处理的金额。

8.5.2 存货清查的账务处理

存货清查的账务处理原则如下。

(1)当存货盘盈时,有关部门批准前应借记"原材料""库存商品"等有关存货账户,贷记"待处理财产损溢——待处理流动资产损溢"账户;报经批准后,应借记"待处理财产损溢"账户,贷记"管理费用"账户。

(2)当存货盘亏时,有关部门批准前应借记"待处理财产损溢——待处理流动资产损溢"账户,贷记"原材料""库存商品"等账户。报经批准后,应视不同处理意见转销待处理。若属于定额内损耗以及存货日常收发计量上的差错,则由企业承担一般经营损失,转作"管理费用"。若属于自然灾害等不可抗拒原因造成的非常损失,则转作"营业外支出"。属于责任人过失赔偿的部分,计入"其他应收款——XXX";属于保险公司赔偿的部分,计入"其他应收款——XX 保险公司"。

(3)非正常损失的进项税额转出。根据《中华人民共和国增值税暂行条例》及其实施细则的规定,非正常损失的存货及其相应的应税劳务,其进项税额不得从销项税额中抵扣,即对于非正常损失的存货之进项税额,应做进项税额转出处理。这里的"非正常损失"是指管理不善造成的被盗、丢失、霉烂变质等损失,不包括自然灾害造成的损失。而"正常损失"是指企业在生产经营过程中发生的合理的、不可避免的损失,如散装货的短款,工业企业的原材料、在产品、产成品在生产过程中发生的定额以内的损耗,市场原因导致的存货减值造成的损失。对于正常损失,不需要做进项税额转出处理。

8.5.3 固定资产清查的账务处理

固定资产清查的账务处理原则如下。

(1)对于盘盈的固定资产,应查明确系企业所有,然后按照重置成本作为入账价值,并作为前期差错计入"以前年度损益调整"账户。因此,应首先确定盘盈固定资产的重置成本。根据确定的重置成本借记"固定资产"账户,之后还应调整以前年度留存收益,贷记"以前年度损益调整"账户。

（2）对于盘亏的固定资产,应按其净值借记"待处理财产损溢"账户,按已提折旧借记"累计折旧"账户,按已计提的减值准备,借记"固定资产减值准备"账户,按其原价贷记"固定资产"账户,报经批准后,应转销待处理项目,并视不同处理意见计入相应账户:属于非正常损失的,转入"营业外支出"账户借方;属于保险公司赔偿部分的,计入"其他应收款——XX 保险公司"账户借方;无法查明原因的,由企业承担损失,转入"营业外支出"账户借方。在固定资产清查结果的处理中涉及增值税、所得税和盈余公积的,还应按照相关规定处理。

8.5.4 库存现金清查的账务处理

库存现金的账务处理原则如下。

（1）当库存现金盘盈(长款)时,在报经批准前应借记"库存现金"账户,贷记"待处理财产损溢——待处理流动资产损溢"账户;报经批准后,应借记"待处理财产损溢"账户,贷记"营业外收入"账户。

（2）当库存现金盘亏(短款)时,在报经批准前应借记"待处理财产损溢——待处理流动资产损溢"账户,贷记"库存现金"账户;报经批准后,由出纳负责赔偿的,计入"其他应收款"账户;无法查明原因的,计入"管理费用"账户。

8.5.5 往来款项清查的账务处理

与货币资金和实物资产的盘盈、盘亏不同,财产清查中查明的确实无法收回的应收账款和无法支付的应付账款,并不通过"待处理财产损溢"账户核算,而是在原来账面记录的基础上,按规定程序报经批准后,直接转账冲销。

8.5.5.1 无法收回的应收账款的账务处理

企业因赊销所发生的应收账款,可能因债务单位破产等原因而无法收回,其在会计上被称为坏账。坏账的发生所导致的损失,称为坏账损失。按照我国现行制度,符合下列条件之一的应收账款,应作为坏账处理。

（1）债务人被依法宣告破产、撤销,其剩余财产确实不足清偿的应收账款。

（2）债务人死亡或依法被宣告死亡、失踪,其财产或遗产确实不足清偿的应收账款。

（3）债务人遭受重大自然灾害或意外事故,损失巨大,以其财产(包括保险赔款等)确实无法清偿的应收账款。

（4）债务人逾期未履行偿债义务,并有足够证据表明无法收回或收回的可能性极小的应收账款。

（5）逾期3年以上仍未收回的应收账款。

企业应当在期末对应收账款进行清查,并预计可能产生的坏账损失。对预计可能发生的坏账损失,计提坏账准备。

若有确凿证据证明企业的预付账款不符合预付账款性质,或者因供货单位破产、撤销等原因已无望再收到所购货物时,应按规定计提坏账准备。企业持有的未到期应收票据,如果有确凿证据表明不能收回或收回的可能性不大,也应当计提坏账准备。

坏账的核算方法有直接转销法和备抵法。直接转销法是指在实际发生坏账时确认坏账损失,并注销相应的应收账款金额。备抵法是按期估计并确认可能发生的坏账损失,建立坏账准备金,待实际发生坏账时,冲销已经提取的坏账准备金,同时转销相应的应收账款金额。我国现行制度规定,企业只能采用备抵法。

备抵法下核算坏账损失时需要设置"坏账准备"账户。"坏账准备"账户属于资产备抵账户,该账户贷方登记企业计提的坏账准备、已转销的坏账又收回时冲销的坏账准备;借方登记实际发生坏账时冲销的坏账准备、期末冲销多提的坏账准备,期末贷方余额表明企业期末应收款项保留的坏账准备数额。

企业各期期末提取坏账准备前,首先应按照会计准则对应收款项进行减值测试,并在此基础上结合以前期间已经提取(或提取不足)的坏账准备进行调整,确定本期应计提的坏账准备金额。期末企业确定应收款项发生减值的,按应计提的坏账准备金额,借记"资产减值准备"账户,贷记"坏账准备"账户。

确实无法收回的应收款项,按管理权限报批后作为坏账损失,转销应收款项,借记"坏账准备"账户,贷记"应收账款"账户。已经确认并转销的应收款项以后又收回的,应按实际收回的金额,借记"应收账款"等账户,贷记"坏账准备"账户;同时借记"银行存款"账户,贷记"应收账款"账户。

8.5.5.2 无法支付的应付账款的账务处理

企业因赊购所发生的应付账款,也可能因债权单位破产、解散等原因而无法支付,经批准可以进行销账,作为营业外收入处理。

第9章 编制财务报告

会计是提供以财务信息为主,为企业内外部有关各方经济决策服务的经济信息系统,是经济管理的重要组成部分。财务报告是会计系统的最终成果,企业通过财务会计报告这一输出环节将财务信息传递给信息使用者。

9.1 财务报告概述

财务报告是指企业根据经过审核的会计账簿记录和有关资料编制并对外提供的反映单位某一特定日期财务状况和某一会计期间经营成果、现金流量的文件。它是企业根据日常会计核算资料归集、加工和汇总后形成的,是企业会计核算的最终成果,也是会计核算工作的总结。

9.1.1 财务报告的构成

财务报告包括会计报表及其附注和其他应当在财务会计报告中披露的相关信息和资料。

9.1.1.1 财务报表

财务报表是对企业财务状况、经营成果和现金流量的结构性表述。一套完整的、对外报送的会计报表至少应当包括资产负债表、利润表、现金流量表、所有者权益(或股东权益)变动表。

(1)资产负债表是反映企业在某一特定日期的财务状况的会计报表,提供企业在该日期所拥有的资产、需偿还的债务及出资人(股东)拥有的净资产情况。

(2)利润表是反映企业在一定会计期间的经营成果的会计报表,反映企业在一定会计期间的净利润(亏损)情况,表明企业运用资产的获利能力。

(3)现金流量表是反映企业在一定会计期间的现金和现金等价物流入和流出的会计报表,反映企业不同活动对现金和现金等价物变化的影响,表明企业获得现金和现金等价物的能力。

(4)所有者权益变动表是反映构成所有者权益的各组成部分当期的增减变动情况的会计报表,有助于分析引起所有者权益变动的原因并预测未来的变动趋势。

9.1.1.2 其他应披露的相关信息和资料

除对外报送的会计报表外,企业还需在财务会计报告中披露有助于信息使用者作出经济决策的其他相关信息和资料,包括企业的生产经营情况、盈亏情况及利润的分配情况,资金周转及其增减变动情况,对企业财务状况、经营成果和现金流量有重大影响的其他事项等。

通常,与对外报送的会计报表相比,其他相关信息和资料具有更灵活的特点,可以不必源于日常会计核算资料,不必采用数字和文字相结合的方式,不必存在严格的数量钩稽关系,也不必经由会计规范严格约束。

总之,对外报送的会计报表是财务会计报告的核心部分,其他应当在财务会计报告中披露的相关信息和资料是财务会计报告的必要补充。需要说明的是,财务会计报告是为满足企业外部信息使用者的共同需求在会计准则规定下提供的,其包含的会计报表是指企业对外报送的会计报表,会计准则对其规定了统一格式和编制要求。实际上,企业还可自行规定内部管理所需的会计报表(对内的会计报表)。对外报送的会计报表是本章深入研究的重点。

9.1.2 财务报告的作用

财务报告是提供会计资料的重要手段,是会计核算体系中一个非常重要的组成部分。具体表现在:

(1)对编报单位本身来说,通过阅读、研究和分析财务报告,可以使管理当局和经营管理人员从资产、负债、所有者权益以及收入、费用和利润等各会计要素之间的复杂联系中,掌握本单位经济活动、财务收支和财务成果的全面情况,寻找本单位在生产经营活动中存在的差距和原因,以便正确地规划未来进行经营理财决策。

（2）主管财政部门、投资者、债权人和其他外部经济利害关系集团，可以从企业的财务报告中，了解和评价管理当局的业绩、受托资源的经营责任以及受托责任的履行情况，认识和掌握会计主体的财务状况和经济成果，获得对其决策有用的会计信息。

（3）财务报告是进行国民经济核算的基础资料，可以为编制宏观经济计划提供依据，便于国家了解和掌握国民经济的发展速度，进行重大的经济决策；同时，通过财务报告，有利于加强财务监督，严肃财经纪律，从而确保市场经济的健康、有效进行。

9.1.3 财务报表的种类

财务报表是按照一定格式在整理、汇总日常会计核算资料的基础上定期编制的，用来集中、总括地反映企业在某一特定日期的财务状况及某一特定时期的经营成果和现金流量的报告文件。编制财务报表也是会计核算的专门方法之一。

为了加深对主要财务报表的意义及其结构内容的理解，掌握报表体系的规律性，有必要对财务报表进行分类研究。

9.1.3.1 财务报表按经济内容分类

（1）财务状况报表。

财务状况报表是反映会计主体在一定日期的财务状况和一定期间财务状况变动情况的财务报表，主要有资产负债表和现金流量表。

通过资产负债表，可以反映一个单位某一时点的资产、负债和所有者权益的基本情况，揭示单位资产、负债和所有者权益的规模、结构及其相互关系等财务状况。

通过现金流量表，可以综合反映一定会计期间内资金来源和运用及其增减变动情况，系统地揭示会计主体在一定时期内重要的财务事项，对资金变化的原因作出具体说明。

（2）经营成果报表。

经营成果报表是反映单位在一定时期内的收入实现、成本耗费和利润形成等情况的报表，主要有利润表。

通过利润表，可以反映单位的收入、成本和利润等基本情况，评价单位的经营业绩，揭示单位的获利能力。

9.1.3.2 财务报表按编制时间分类

财务报表按其编报的时间,可分为月度报表、季度报表、半年度报表和年度报表。

（1）月度报表。

月度报表是在月份终了后,按月编报、以简明扼要的形式反映某一月份财务状况和经营成果主要指标的报表,如资产负债表、利润表和应交增值税明细表。

（2）季度报表。

季度报表的编制是按季度进行的,在提供信息指标的详细程度上,介于月报和半年度报表之间。

（3）半年度报表。

半年度报表是在每个会计年度的前6个月结束后编制的报表,主要包括资产负债表、利润表及其他附注资料。

半年度、季度和月度报表均称为中期财务报表。

（4）年度报表。

年度报表是在年度终了后,按会计年度编制和报送,以全面反映会计主体全年经济活动、财务收支和财务成果的报表。年报在种类、揭示的指标信息方面最为完整、齐全,如资产负债表、利润表和现金流量表等。

9.1.3.3 财务报表按编制单位和编报范围不同分类

（1）基层财务报表。

基层财务报表是由实行独立核算的基层单位编制的报表。

（2）汇总财务报表。

汇总财务报表是根据上级主管部门所属单位的基层报表和本部门的财务报表资料汇总编制的报表。汇总财务报表通常按行政隶属关系逐级汇总,以反映某一部门、行业或地区的总括情况。

9.1.3.4 财务报表按其所反映的资金运动状况分类

财务报表按其反映资金运动形态的不同,可以分为静态会计报表和动态会计报表。企业的生产经营活动持续进行,形成了资金运动,资金运动有绝对运动和相对静止两种状态。资产负债表属于静态会计报表,利润表、现金流量表、所有者权益变动表属于动态会计报表。

9.1.3.5 财务报表按编制用途分类

（1）对外财务报表。

对外财务报表是单位按照统一会计制度准则的规定编制的,报送上级主管部门和其他政府管理部门以及单位的债权人和使用本单位相关资料的外部信息需求者的财务报表。

（2）内部财务报表。

内部财务报表是单位根据自身需要编制的,提供本单位内部使用的财务报表。内部财务报表由单位的财会部门统一设置制定,经单位领导审批后,由单位的内部责任部门填报,借以满足单位加强经济责任制的核算和内部管理的需要。

9.1.3.6 财务报表按母、子公司之间关系分类

财务报表按母、子公司之间的关系进行分类,可分为合并财务报表和个别财务报表。

（1）合并财务报表。

合并财务报表是由企业集团中对其他单位拥有控制权的母公司编制的综合反映企业集团整体经营成果、财务状况及其变动情况的报表。合并财务报表所包含的内容和报表指标与基层财务报表相同,只是其指标的数值中既包含母公司的情况,又包含其所属子公司情况。

（2）个别财务报表。

个别财务报表是由单位编制的单独反映本单位自身经营成果、财务状况及其变动情况的报表。

9.1.4 财务报告的编报要求

为了使财务报告能够最大限度地满足各有关方面的需要,实现编制财务报告的基本目的,充分发挥财务报告的作用,企业编制的财务报告应当真实可靠、相关可比、全面完整、编报及时和便于理解,符合国家统一会计制度、准则的有关规定。

9.1.4.1 真实可靠

财务报告各项目的数据必须建立在真实可靠的基础之上,能够如实地反映企业的财务状况、经营成果和现金流量情况。因此,财务报告必须

根据审核无误的账簿及相关资料编制。

9.1.4.2 全面完整

企业的财务报告应当全面披露企业的财务状况、经营成果和现金流量情况,完整地反映企业财务活动的过程和结果,以满足各有关方面对财务会计信息资料的需要。

9.1.4.3 编报及时

企业财务报告所提供的信息资料,应当具有很强的时效性。只有及时编制和报送财务报告,才能为使用者提供决策所需的信息。随着市场经济和信息技术的迅速发展,财务报告的及时性要求将变得日益重要。

9.2 资产负债表的编制

资产负债表是反映企业在某一特定日期(如月末、季末、年末)全部资产、负债和所有者权益情况的会计报表,是企业经营活动的静态体现,根据"资产 = 负债 + 所有者权益"这一平衡公式,依照一定的分类标准和次序,将某一特定日期的资产、负债、所有者权益的具体项目予以适当的排列编制而成。①

9.2.1 资产负债表列报的总体要求

9.2.1.1 分类别列报

资产负债表列报应当如实反映企业在资产负债表日所拥有的资源、所承担的负债以及所有者所拥有的权益。也就是说,资产负债表应当按照资产、负债和所有者权益三大类别分类列报。

---

① 耿巍巍.我国第三方民事诉讼融资法律制度研究 [D].南昌:江西财经大学,2020.

9.2.1.2 资产和负债按流动性列报

（1）资产的列报。

①流动资产和非流动资产的划分。

资产满足图 9-1 所列条件之一的，应当归类为流动资产。

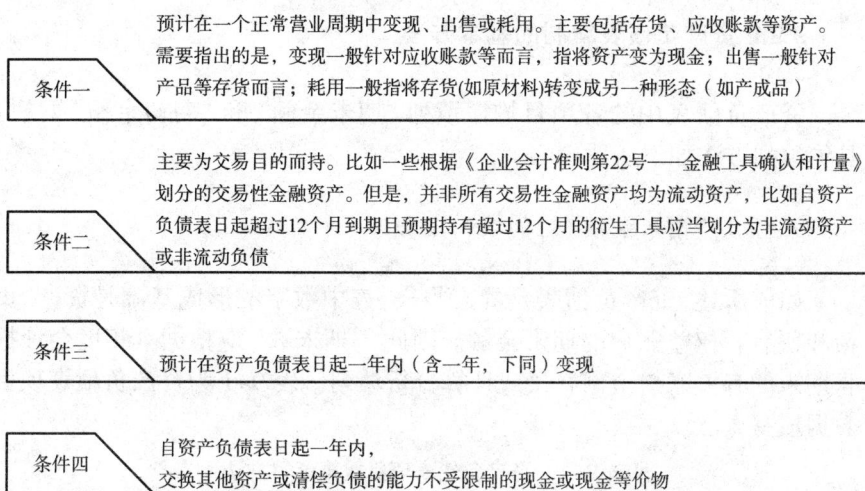

条件一	预计在一个正常营业周期中变现、出售或耗用。主要包括存货、应收账款等资产。需要指出的是，变现一般针对应收账款等而言，指将资产变为现金；出售一般针对产品等存货而言；耗用一般指将存货(如原材料)转变成另一种形态（如产成品）
条件二	主要为交易目的而持。比如一些根据《企业会计准则第22号——金融工具确认和计量》划分的交易性金融资产。但是，并非所有交易性金融资产均为流动资产，比如自资产负债表日起超过12个月到期且预期持有超过12个月的衍生工具应当划分为非流动资产或非流动负债
条件三	预计在资产负债表日起一年内（含一年，下同）变现
条件四	自资产负债表日起一年内，交换其他资产或清偿负债的能力不受限制的现金或现金等价物

图 9-1　归类为流动资产应满足的条件

流动资产以外的资产应当归类为非流动资产。

②持有待售的非流动资产的列报。

无论是被划分为持有待售的单项非流动资产还是处置组中的资产，都应当在资产负债表的流动资产部分单独列报。

（2）负债的列报。

流动负债的判断标准与流动资产的判断标准类似。负债满足图 9-2 所列条件之一的，应当归类为流动负债。

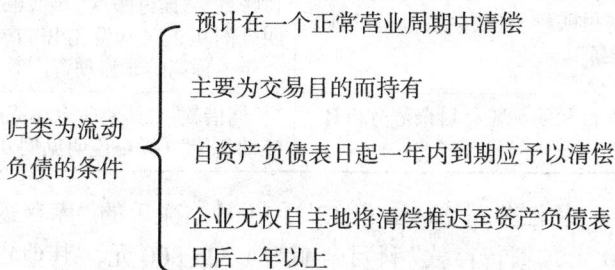

归类为流动负债的条件	预计在一个正常营业周期中清偿
	主要为交易目的而持有
	自资产负债表日起一年内到期应予以清偿
	企业无权自主地将清偿推迟至资产负债表日后一年以上

图 9-2　归类为流动负债的条件

9.2.1.3 列报相关的合计、总计项目

资产负债表应当分别列示资产总计项目和负债与所有者权益之和的总计项目，并且这两者的金额应当相等。

9.2.2 资产负债表编制的基本方法

资产负债表中的各项目均需填列"期末余额"和"期初余额"两栏。具体填列方法如下所述。

9.2.2.1 "期末余额"栏的填列方法

如前所述，资产负债表是静态报表，表中数字的形成基础是资产、负债和所有者权益账户的期末余额。因此，"期末数"应根据本年度会计报告期末的有关账户余额直接或计算分析填列。表9-1为资产负债表项目数据填写方法。

表9-1　资产负债表项目数据填写方法

填列方式	项目举例
直接根据总账科目余额填列	"短期借款""资本公积"等
根据几个总账科目的期末余额相加计算填列	"货币资金""其他应付款""长期应付款"等（详细说明见例9-1）
根据有关科目余额（有些项目需要由有关科目余额先相加），减去其备抵科目余额后的净额填列	"固定资产""在建工程""无形资产""投资性房地长期股权投资"（详细说明见例9-4）、"存货""其他应收款"（详细说明见例9-5）等
根据明细账科目余额分析计算填列（"应付票据及应付账款"还要减去其备抵科目"坏账准备"）	"应收票据及应收账款""应付票据及应付账款""预付账款"预收账款"（详细说明见例9-2）、"开发支出""应付职工薪酬"一年内到期的非流动资产等
根据总账科目和明细账科目余额分析计算填列	"长期借款""其他非流动资产""其他非流动负债"（详细说明见例9-3）等

例9-1　长江公司20×8年12月31日结账后的"库存现金"科目余额为2 000元，"银行存款"科目余额为1 325 800元，"其他货币资金"科目余额为73 000元。

该公司20×8年12月31日资产负债表中的"货币资金"项目金额为

2 000+1 325 800+73 000=1 400 800（元）

"货币资金"项目,需要根据"库存现金""银行存款""其他货币资金"三个总账科目的期末余额的合计数填列。

"其他应付款"根据"应付利息""应付股利""其他应付款"科目的期末余额合计数填列。

"长期应付款"项目反映资产负债表日企业除长期借款和应付债券以外的其他各种长期应付款项的期末账面价值,该项目应根据"长期应付款"科目的期末余额,减去相关的"未确认融资费用"科目的期末余额后的金额,以及"专项应付款"科目的期末余额填列。

例 9-2　长江公司结账后"应收票据""应付票据"期末余额均为 0,其余有关科目余额如表 9-2 所示。

表 9-2　科目余额表

单位:元

总账科目名称	明细科目名称	借方余额	贷方余额
应收账款	A 公司	384 000	
	B 公司		24 000
预付账款	C 公司	192 000	
	D 公司		144 000
应付账款	E 公司	96 000	
	F 公司		432 000
预收账款	G 公司	144 000	
	H 公司		336 000

根据上述资料,该企业资产负债表中相关项目的期末金额为:

"应收票据及应收账款"项目金额 =384 000+144 000+0=528 000（元）

"预付款项"项目金额 =192 000+96 000=288 000（元）

"应付票据及应付账款"项目金额 =432 000+14 400+0= 446 400（元）

"预收款项"项目金额 = 336 000+ 24 000 = 360 000（元）

例 9-3　长江公司长期借款情况见表 9-3。

表 9-3　科目余额表

单位:元

借款起始日期	借款期限(年)	金额(元)
20×8 年 1 月 1 日	3	400 000

续表

借款起始日期	借款期限(年)	金额(元)
20×7年1月1日	4	4 600 000
20×6年7月1日	3	3 300 000
合计		1 160 000

该公司20×8年12月31日资产负债表中"长期借款"项目金额为:

1 160 000−300 000 =860 000(元)

"长期借款"项目,需要根据"长期借款"总账科目余额扣除"长期借款"科目所属的明细科目中将在1年内到期限企业不能自主地将清偿义务展期的长期借款后的金额计算填列。

"其他非流动资产"项目,应根据有关科目的期末金额减去将于一年内(含一年)收回数后的金额计算填列。

"其他非流动负债"项目,应根据有关科目的期末金额减去将于两年内(含一年)到期偿还数后的金额计算填列。

本例中,应当根据"长期借款"总账科目余额1 160 000元(400 000+460 000+300 000),减去1年内到期的长期借款300 000元,作为资产负债表中"长期借款"项目的金额,即860 000元。将在1年内到期的长期借款300 000元,应当填列在流动负债下"一年内到期的非流动负债"项目中。

例9-4 大华股份有限公司20×8年12月31日结账后的"固定资产"科目余额为400 000元,"累计折旧"科目余额为370 000元,"固定资产清理"科目余额为0。

企业20×8年12月31日资产负债表中的"固定资产"项目金额为:

2 400 000−370 000= 2 030 000(元)

例9-5 长江公司期末结账后有关科目余额,如表9-4所示。

表9-4 科目余额表

单位:元

科目名称	借方余额	贷方余额
材料采购	120 400	
原材料	2 064 000	
材料成本差异		103 200
库存商品	1 376 000	

续表

科目名称	借方余额	贷方余额
周转材料	1 548 000	
存货跌价准备		180 600
生产成本	516 000	

根据上述资料,该企业资产负债表中"存货"项目的期末余额为:

120 400+2 064 000+1 376 000+1 548 000+516 000−103 200−180 600=5 340 600（元）

"存货"项目,需要根据"原材料""委托加工物资""周转材料""材料采购""在途物资""发出商品""材料成本差异"等总账科见期末金额的分析汇总数,再减去"存货跌价准备"科目金额后的净额填列。

"其他应收款"项目应根据"应收利息""应收股利"和"其他应收款"科目的期末余额合计数,减去"坏账准备"科目中相关坏账准备期末金额后的金额填列。

9.2.2.2 "年初余额"栏的填列方法

本表的"年初余额"栏通常根据上年年末有关项目的期末余额填列,且与上年末资产负债表"期末余额"栏一致。

9.2.3 资产负债表编制举例

例9-6 成大公司20××年12月31日资产、负债类账户余额如表9-5所示。

表9-5 成大公司20××年12月31日资产、负债类账户余额

单位:元

账户名称	借方余额	账户名称	贷方余额
库存现金	12 781	坏账准备——应收票据	20 182
银行存款	1 507 860	坏账准备——应收账款	60 231
其他货币资金	253 482	坏账准备——其他应收款	1 500
交易性金融资产	500 300	短期借款	2 800 000
应收票据	1 345 500	应付票据	1 333 210
应收账款(借方余额合计)	3 346 265	应收账款(贷方余额合计)	78 024

账户名称	借方余额	账户名称	货方余额
应付账款(借方余额合计)	140 454	应付账款(贷方余额合计)	2 996 447
其他应收款	86 920	应付职工薪酬	366 924
原材料	2 547 522	应交税费	108 441
在途物资	30 849	其他应付款	84 366
生产成本	3 268 796	存货跌价准备	95 633
库存商品	1 986 423	累计折旧	1 198 534
发出商品	175 621	累计摊销	102 683
长期股权投资	1 868 952	长期股权投资减值准备	28 032
固定资产	6 794 456	固定资产减值准备	115 605
工程物资	156 821	长期借款	3 000 000
在建工程	453 659	其中:一年内需偿还的长期借款	1 000 000
无形资产	1 689 576	实收资本	9 000 000
		资本公积	1 545 608
		盈余公积	2 476 523
		未分配利润	754 294
合计	26 166 237	合计	26 166 237

根据表 9-5 提供的数据编制该公司资产负债表,如表 9-6 所示。

表 9-6　资产负债表

会企 01 表

编制单位:成大公司　　　　　　　20××年 12 月 31 日　　　　　　　单位:元

资产	期末余额	年初余额(略)	负债及所有者权益	期末余额	年初余额(略)
流动资产:			流动负债:		
货币资金	1 774 123		短期借款	2 800 000	
交易性金融资产	500 300		应付票据	1 333 210	
应收票据	1 325 318		应付账款	2 996 447	
应收账款	3 286 034		预收账款	78 024	

资产	期末余额	年初余额（略）	负债及所有者权益	期末余额	年初余额（略）
预付账款	140 454		应付职工薪酬	366 924	
应收利息			应交税费	108 441	
应收股利			应付利息		
其他应收款	85 420		应付股利		
存货	7 913 578		其他应付款	84 366	
一年内到期的非流动资产			一年内到期的非流动负债	1 000 000	
其他流动资产			其他流动负债		
流动资产合计	15 025 227		流动负债合计	8 767 412	
非流动资产：			非流动负债：		
可供出售金融资产			长期借款	2 000 000	
持有至到期投资			应付债券		
长期应收款			长期应付款		
长期股权投资	1 840 920		其他非流动负债		
固定资产	5 480 317		非流动负债合计	2 000 000	
在建工程	453 659		负债合计	10 767 412	
工程物资	156 821				
固定资产清理			所有者权益（或股东权益）：		
无形资产	1 586 893		实收资本（或股本）	9 000 000	
商誉			资本公积	1 545 608	
长期待摊费用			盈余公积	2 476 523	

续表

资产	期末余额	年初余额（略）	负债及所有者权益	期末余额	年初余额（略）
其他非流动资产			未分配利润	754 294	
非流动资产合计	9 518 610		所有者权益（或股东权益）合计	13 776 425	
资产总计	24 543 837		负债及所有者权益（或股东权益）总计	24 543 837	

表 9-6 中需要通过分析计算的项目说明如下：

（1）"货币基金"项目应根据"库存现金""银行贷款""其他货币资金"账户期末金额合计数填列。表 9-6 中的"货币资金"期末余额为 1 774 123 元（1 774 123=12 781+1 507 860+253 482）。

（2）"应收票据"项目应根据"应收票据"账户期末余额减出"坏账准备"账户中有关应收票据计提的坏账准备期末余额后的金额填列。表 9-6 中的"应收票据"期末余额为 1 325 318 元（1 325 318=1 345 500-20 182）。

（3）"应收账款"项目应根据"应收账款"账户各明细账户期末借方余额减去"坏账准备"账户中有关应收账款计提的坏账准备期末余额后的金额填列。表 9-6 中的"应收账款"期末余额为 3 286 034 元（3 286 034=3 346 265-60231）。

（4）"预付账款"项目应根据"预付账款"账户各明细账户期末借方余额减去"坏账准备"账户中有关预付账款计提的坏账准备期末余额后的金额填列。若"预付账款"账户各明细账户期末有贷方余额，应在"应付账款"项目内填列。若"应付账款"账户各明细账户期末有借方余额，则应并入"预付账款"项目。表 9-6 中的"预付账款"期末月额为 140 454 元，即"应付账款"账户各明细账户借方余额。

（5）"其他应收款"项目应根据"其他应收款"账户期末余额减去"坏账准备"账户中有关其他应收款计提的坏账准备期末余额后的金额填列。表 9-6 中的"其他应收款"期末余额为 85 420 元（85 420=86 920-1 500）。

（6）"存货"项目，反映企业期末在库、在途和在加工中的各项存货的可变现净值，包括各种材料、商品、在产品、半成品、包装物、低值易耗品、分期收款发出商品、委托代销商品、受托代销商品等。本项目应根据反映存货的各个账户期末余额合计数加或减"材料成本差异"余额，再减

去"商品进销差价"余额,扣减"存货跌价准备"余额后的金额填列。表 9-6
中的"存货"期末金额为 7 913 578 元(7 913 578=2 547 522+30 849+3
268 796+1 986 423+175 621-95 633)。

（7）"长期股权投资"项目应根据"长期股权投资"账户期末余额减
去"长期股权投资减值准备"账户期末余额后的金额填列。表 9-6 中的"长
期股权投资"期末金额为 1 840 920 元(1 840 920=1 868 952-28 032)。

（8）"固定资产"项目应根据"固定资产"账户余额减去"累计折旧""固
定资产减值准备"账户期末余额后的金额填列。表 9-6 中的"固定资产"期
末金额为 5 480 317 元(5 480 317=6 794 456-1 198 534-115 605)。

（9）"无形资产"项目应根据"无形资产"账户期末余额减去"累计
摊销"和"无形资产减值准备"账户期末余额后的金额填列。表 9-6 中的
"无形资产"期末金额为 1 586 893 元(1 586 893=1 689 576-102 683)。

（10）"应付账款"项目应根据"应付账款"账户期末贷方余额填列。
若"应付账款"账户各明细账户期末有借方余额,应在"预付账款"项目
内填列。表 9-5 中的"应付账款"账户期末贷方余额为 2 996 447 元,填
入表 9-6。

（11）"预收账款"项目应根据"预收账款"账户各明细账户期末贷方
余额合计数填列。若"预收账款"账户各明细账户期末有借方余额,应在
"应收账款"项目内填列。若"应收账款"账户各明细账户有贷方余额,则
应在"预收账款"项目内填列。表 9-6 中的"预收账款"期末余额为 78
024 元,即表 9-5 中"应收账款"账户各明细账户期末贷方金额合计数。

（12）"长期借款"项目应根据"长期借款"账户期末余额扣减年内需
要偿还的长期借款部分后的金额填列。表 9-6 中的"长期借款"期末余
额为 2 000 000 元(2 000 000=3 000 000-1 000 000)。

9.3　利润表的编制

利润表是反映企业在一定会计期间的经营成果的会计报表,反映了
企业经营业绩的主要来源和构成。

9.3.1 利润表的作用

利润表,又称损益表或收益表,是反映企业在一定会计期间经营成果

的报表。利润表是动态报表,其编制原理是会计等式"收入－费用＝利润"成立,即将一定期间的营业收入与相关的营业费用进行对比,反映企业一定会计期间的收入、费用和利润的构成情况,综合体现企业的经营业绩。

利润表所提供的信息,能够反映企业生产经营的收益和成本耗费情况,表明企业的生产经营成果;提供的不同时期的比较数据(本月数、本年累计数或上年数),可以预测企业未来的经营趋势和获利能力,了解投入资本的完整性,评价企业的投资价值。经营者可以根据利润表分析影响企业盈利能力的因素,采取相应措施,改善经营管理。

9.3.2 利润表的结构与内容

利润表有单步式和多步式两种结构。单步式利润表是将本期所有收入加在一起,然后把所有费用加在一起,两者相减,通过一次计算求得本期利润。这个过程只有一个相减步骤,因此称为单步式利润表。

多步式利润表是按收入与相关费用的配比关系,按利润形成的主要环节列示一些中间性利润指标,如营业利润、利润总额和净利润等,并通过相应的计算步骤求得当期损益。

股份有限公司在利润表的最后还列示"每股收益"信息,包括"基本每股收益"和"稀释每股收益"。《企业会计准则》中还要求利润表列报企业综合收益的内容。所谓综合收益,是指企业在某一期间进行交易或发生其他事项所引起的净资产变动(不包括与所有者的交易)。综合收益包括净利润和其他综合收益两部分。"其他综合收益"项目,反映企业未在损益中确认的各项利得和损失扣除所得税影响后的净额,比如可供出售金融资产公允价值变动形成的利得和损失、可供出售外币非货币性项目的汇兑差额形成的利得和损失等上述内容已超出基础会计学的要求,在此不再赘述。本书按照基础会计学的要求,结合 2017 年相关《企业会计准则》的修订,经适当简化,编制成大公司 20×× 年 11 月利润表(见表9-7)。其中"资产处置收益"项目是企业处置非流动资产的利得或损失,"其他收益"项目反映计入其他收益的政府补助等。

表 9-7　利润表(简化)

会企 02 表

编制单位:成大公司　　　　　　　20×× 年 11 月　　　　　　　　单位:元

项目	行次(略)	本月数	本年累计数
一、营业收入		1 526 245	20 788 695

续表

项目	行次（略）	本月数	本年累计数
减：营业成本		1 205 750	14 759 982
税金及附加		39 635	457 358
销售费用		58 154	622 571
管理费用		45 786	873 125
财务费用		16 000	145 600
资产减值损失			
加：公允价值变动收益（损失以"−"填列）			
投资收益（损失以"−"填列）			
资产处置收益（损失以"−"填列）		2 500	2 500
其他收益（损失以"−"填列）			
二、营业利润（亏损以"−"填列）		163 420	3 932 559
加：营业外收入		2 556	13 488
减：营业外支出		4 520	12 673
三、利润总额（亏损总额以"−"填列）		161 456	3 933 374
减：所得税费用		46 098	962 718
四、净利润（净亏损以"−"填列）		115 358	2 970 656

9.3.3 一般企业利润表的列报方法

企业应当根据损益类科目和所有者权益类有关科目的发生额填列利润表"本年金额"栏，具体如表 9-8 所示。

表 9-8　利润表的填列

序号	科目	说明
1	一、营业收入	应根据有关损益类科目的发生额分析填列
2	减：营业成本	应根据有关损益类科目的发生额分析填列
3	营业税金及附加	应根据有关损益类科目的发生额分析填列
4	销售费用	应根据有关损益类科目的发生额分析填列
5	管理费用	应根据有关损益类科目的发生额分析填列
6	财务费用	应根据有关损益类科目的发生额分析填列

序号	科目	说明
7	资产减值损失	应根据有关损益类科目的发生额分析填列
8	加：公允价值变动收益（损失以"–"号填列）	应根据有关损益类科目的发生额分析填列
9	投资收益（损失以"–"号填列）	应根据有关损益类科目的发生额分析填列
10	其中：对联营企业和合营企业的投资收益	应根据"投资收益""营业外收入""营业外支出"等科目所属的相关明细科目的发生额分析填列
11	二、营业利润（亏损以"–"号填列）	应根据本表中相关项目计算填列
12	加：营业外收入	应根据有关损益类科目的发生额分析填列
13	其中：非流动资产处置利得	应根据"投资收益""营业外收入""营业外支出"等科目所属的相关明细科目的发生额分析填列
14	减：营业外支出	应根据有关损益类科目的发生额分析填列
15	其中：非流动资产处置损失	应根据"投资收益""营业外收入""营业外支出"等科目所属的相关明细科目的发生额分析填列
16	三、利润总额（亏损总额以"–"号填列）	应根据本表中相关项目计算填列
17	减：所得税费用	应根据有关损益类科目的发生额分析填列
18	四、净利润（净亏损以"–"号填列）	应根据本表中相关项目计算填列

9.3.4 利润表编制举例

例9-7 成大公司20××年12月31日结账前各损益类账户余额如表9-9所示。

表9-9 成大公司20××年12月31日结账前损益类账户余额

单位：元

账户名称	借方余额	贷方余额
主营业务收入		1 665 952
其他业务收入		863 477

账户名称	借方余额	贷方余额
营业外收入		8 056
投资收益		200 600
公允价值变动损益		30 650
主营业务成本	1 138 470	
其他业务成本	643 244	
税金及附加	60 235	
销售费用	33 320	
管理费用	85 297	
财务费用	16 000	
资产减值损失	56 448	
资产处置损益	2 500	
营业外支出	2 343	
所得税费用	168 102	

根据上述资料编制该公司 20×× 年 12 月利润表,如表 9-10 所示。

表 9-10 利润表

会企 02 表

编制单位:成大公司　　　　　　　20×× 年 12 月　　　　　　　单位:元

项目	行次(略)	本月数	本年累计数
一、营业收入		2 529 429	23 318 124
减:营业成本		1 781 714	16 541 696
税金及附加		60 235	517 593
销售费用		33 320	655 891
管理费用		85 297	958 422
财务费用		16 000	161 600
资产减值损失		56 448	56 448
加:公允价值变动收益(损失以"–"填列)		30 650	30 650
投资收益(损失以"–"填列)		200 600	200 600
资产处置收益(损失以"–"填列)		−2 500	

续表

项目	行次(略)	本月数	本年累计数
其他收益(损失以"–"填列)			
二、营业利润(亏损以"–"填列)		725 165	4 657 724
加：营业外收入		8 056	21 544
减：营业外支出		2 343	15 016
三、利润总额(亏损总额以"–"填列)		730 878	4 664 252
减：所得税费用		168 102	1 130 820
四、净利润(净亏损以"–"填列)		562 776	3 533 432

9.4 现金流量表的编制

现金流量表是会计报表的三个基本报告之一，显示的是企业在一定期间内，现金和现金等价物流入和流出的报表。

现金流量表是企业的主要会计报表之一，它反映了企业的现金流入、流出及变动净额，避免了以营运资金为编制基础的缺陷，反映企业的支付能力、偿债能力和企业对外部资金的需求状况。

现金流量表中的现金，是指广义的现金，包括现金和现金等价物。

现金是指企业库存现金以及可以随时用于支付的存款，由库存现金、银行存款、其他货币资金等几个部分组成。但定期存款不属于现金。

现金等价物是指企业持有的期限短、流动性强、易于转换为已知金额的现金、价值变动风险很小的投资。期限短，一般是指从购买日起3个月内到期。一项投资能够作为现金等价物的主要标志是其从被购买日起3个月或更短时间内能转换为已知金额的现金。

现金流量表就是以上述现金概念为编制基础，用来反映企业某一会计期间现金和现金等价物的流入和流出情况的报表，其编制的原则是收付实现制。

9.4.1 现金流量的内容

根据相关财会法规的规定，现金流量主要分为以下二类，各自的详细内容如表9-11所示。

表 9-11　现金流量的类型 [①]

种类	说明	列示项目
经营活动现金流量	即企业投资活动和筹资活动以外的所有交易和事项引起的现金流量	（1）销售商品、提供劳务收到的现金 （2）收到的税费返还 （3）收到其他与经营活动有关的现金经营活动 （4）购买商品、接受劳务支付的现金 （5）支付给员工以及为员工支付的现金 （6）支付的各项税费 （7）支付其他与经营活动有关的现金
投资活动现金流量	即企业长期资产的购建和不包括在现金等价物范围内的投资及其处置活动引起的现金流量	（1）收回投资收到的现金 （2）取得投资收益收到的现金 （3）处置固定资产、无形资产和其他长期资产收回的现金净额 （4）处置子公司及其他营业单位收到的现金净额 （5）收到其他与投资活动有关的现金 （6）购建固定资产、无形资产和其他长期资产支付的现金 （7）投资支付的现金 （8）取得子公司及其他营业单位支付的现金净额 （9）支付其他与投资活动有关的现金
筹资活动现金流量	即导致企业资本及债务规模和构成发生变化的活动引起的现金流量	（1）吸收投资收到的现金 （2）取得借款收到的现金 （3）收到其他与筹资活动有关的现金 （4）偿还债务支付的现金 （5）分配股利、利润或偿付利息支付的现金 （6）支付其他与筹资活动有关的现金

9.4.2 现金流量表的编制方法

9.4.2.1 直接法

直接法是通过现金收入和现金支出的主要类别列示经营活动的现金流量的方法。在确定企业经营活动现金流量时，可以直接对现金收入与支出进行对比，对比后的差额就是经营活动现金流量的净额。

例 9-8　A 企业本期的经营活动如下所示。

（1）销售商品收入为 300 000 元。收到现金 250 000 元存入银行，50 000 元赊销。

（2）以现金支付员工工资 50 000 元。

[①]　陈文晶.现代企业财务会计理论与管理研究 [M].北京：中国商业出版社,2015.

（3）以现金支付各种税费 30 000 元。

（4）销售成本为 150 000 元，其中 120 000 元已经通过银行付清，暂欠 30 000 元。

根据以上资料，根据直接法计算现金流量，步骤如下：

第一步，计算本期的经营活动现金的流入量，为 250 000 元。

第二步，计算本期的经营活动现金的支出量，包括支付员工工资、税费、销售成本，总共为 200 000 元。

第三步，计算现金流量的净额，以流入量减去支出量，结果为 50 000 元。

9.4.2.2 间接法

间接法是以净利润为起点，调整有关项目，加上未支付现金的支出，再减去未收到现金的应收款来计算实际的现金流量净额。

例 9-9 继续以直接法下的案例计算。

根据间接法的计算方式，步骤如下：

第一步，计算本期净利润，以收入减去各项费用、成本的支出，为 70 000 元。

第二步，加上未付现的支出 30 000 元，共为 100 000 元。

第三步，减去未收到现金的应收账款，即销售收入的 50 000 元，最后本期的现金流量的净额还是 50 000 元。

9.4.3 现金流量表填制说明

9.4.3.1 经营活动现金流量的填制

各项目的填制要点如表 9-12 所示。

表 9-12　经营活动现金流量项目的填制

序号	项目	填制要点
1	销售商品、提供劳务收到的现金	（1）根据"现金""银行存款""应收账款""应收票据""主营业务收入""其他业务收入"等科目的记录分析填列 （2）本期由于销售退回而支付的现金从本项目中扣除
2	收到的税费返还	根据实际收到的各种税费金额填列
3	收到的其他与经营活动有关的现金	根据"现金""银行存款""营业外收入"等科目的记录分析填列

序号	项目	填制要点
4	购买商品、接受劳务支付的现金	（1）根据"现金""银行存款""应付账款""应付票据""主营业务成本"等科目的记录分析填列 （2）本期发生购货退回收到的现金应从本项目内减去
5	支付给职工	（1）根据"应付工资""现金""银行存款"等科目的记录分析填列 （2）支付给离退休人员的各种费用不包括在本项目内，应放在"支付职工支付的现金的其他与经营活动有关的现金"项目中 （3）支付给在建工程人员的工资，要在"购建固定资产、无形资产和其他长期资产所支付的现金"项目中反映
6	支付的各项税费	（1）根据"应交税金""现金""银行存款"等科目的记录分析填列 （2）不包括计入固定资产价值的税费、耕地占用税等
7	支付的其他与经营活动有关的现金	（1）根据有关科目的实际金额分析填列 （2）如果项目金额较大，应单列项目反映

9.4.3.2 投资活动现金流量的填制

各项目的填制要点如表9-13所示。

表9-13 投资活动现金流量项目的填制

序号	项目	填制要点
1		（1）根据"短期投资""长期股权投资""现金""银行存款"等收回投资收到的现金科目的记录分析填列 （2）本项目不包括长期债权投资收回的利息，以及收回的非现金资产，如原材料、固定资产等
2	取得投资收益所收到的现金	本项目可以根据"现金""银行存款""投资收益"等科目的记录的现金分析填列，但不包括股票股利
3	处置固定资产、无形资产和其他长期资产所收回的现金净额	（1）反映企业处置固定资产、无形资产和其他长期资产所取得的现金，减去为处置这些资产而支付的有关费用后的净额 （2）根据"固定资产清理""现金""银行存款"等科目的记录分析填列

序号	项目	填制要点
4	收到的其他与投资活动有关的现金	根据有关科目的记录分析填列。其他现金流入如果价值较大,应单列项目反映
5	购建固定资产、无形资产和其他长期资产所支付的现金	(1)根据"固定资产""在建工程""无形资产""现金""银行存款"等科目的记录分析填列 (2)不包括为购建固定资产而发生的借款利息和融资租入固定资产支付的租赁费(在筹资活动产生的现金流量中反映)
6	投资所支付的现金	根据"长期股权投资""长期债权投资""短期投资""现金""银行存款"等科目的记录分析填列
7	支付的其他与投资活动有关的现金	本项目可以根据有关科目的记录分析填列。其他现金流出如果价值较大,应单列项目反映

9.4.3.3 筹资活动现金流量的填制

各项目的填制要点如表9-14所示。

表9-14　筹资活动现金流量项目的填制

序号	项目	填制要点
1	吸收投资所收到的现金	根据"实收资本""现金""银行存款"等科目的记录分析填列
2	借款所收到的现金	根据"短期借款""长期借款""现金""银行存款"等科目的记录分析填列
3	偿还债务所支付的现金	根据"短期借款""长期借款""现金""银行存款"等科目的记录分析填列,但不包括偿还的借款利息、债券利息
4	分配股利、利润或偿付利息	根据"应付利润""财务费用""长期借款""现金""银行存款所支付的现金款"等科目的记录分析填列,但不包括通过股票股利或财产股利形式支付的利润
5	其他项目	根据有关科目的记录分析填列

9.4.4 现金流量表补充资料的说明

根据《企业会计准则》的规定,现金流量表必须要有附注资料,对各种相关信息进行披露。

（1）将净利润调节为经营活动现金流量。

企业应当在附注中披露将净利润调节为经营活动现金流量的信息。至少应当单独披露对净利润进行调节的资产减值准备、固定资产折旧、无形资产摊销、待摊费用、财务费用、存货、处置固定资产、无形资产和其他长期资产的损益、投资损益、递延所得税资产和递延所得税负债、经营性应收项目、经营性应付项目等项目。

（2）不涉及现金收支的重大投资和筹资活动。

企业应当在附注中披露不涉及当期现金收支，但影响企业财务状况或在未来可能影响企业现金流量的重大投资和筹资活动。

（3）现金流量增加额。

即通过对现金、银行存款、其他货币资金账户以及现金等价物的期末余额与期初余额比较而得到的数额。

9.5 会计报表的报送和汇总

为了充分发挥会计报表的作用，定期向投资者、债权人、有关政府部门以及其他的会计报表使用者提供财务信息，各单位在编好会计报表后，应按规定的期限和程序及时报送当地财政机关、开户银行、税务部门、证券监管部门、主管部门等。国有企业的年度财务会计报告应同时报送同级国有资产管理部门。上级主管部门也应对上报的会计报表及时组织审查和汇总。

9.5.1 会计报表的报送

各单位编好会计报表，在报送之前，应先由本单位会计主管人员和单位负责人进行认真复核，并签名、盖章。经复核无误后，再将需报送的会计报表依次编定页数，加具封面，装订成册，加盖公章。其中，封面上应注明：单位名称、地址、主管部门、开业年份、报表所属年度和月份、送出日期等。对于外商投资企业和股份有限公司等单位的会计报表，还须经注册会计师签证。

会计报表的报送期限，一般视需要和可能来明确，根据我国会计制度规定：月度报表应于月份终了后 6 天内报出；季度报告应当于季度终了后 15 天内报出；半年度报告应于年度中期结束后 60 天内报出；年度报表应于年度终了后4个月内报出。法律、法规另有规定者,从其规定。在规定报送期限内,应考虑需要的各级单位能够及时收到,同时,还应考虑各级编报单位的机构组织形式,距离的远近,编报量的大小等。

如果企业对外投资占被投资企业资本总额半数以上,或者实质上拥有投资企业控制权的,应当编制合并会计报表。特殊行业的企业不宜合并的可不予合并,但应当将其会计报表一并报送。

9.5.2 会计报表的汇总

各级单位主管部门收到所属单位上报的会计报表后,应逐级编报汇总报表,以便总括反映所属单位的财务状况、经营成果和财务收支情况。

在汇总所属单位会计报表时,要先审核,后汇总,汇总后的会计报表也要逐级上报。

上级单位对会计报表的审核主要包括:

(1)会计报表的编制是否符合会计制度的规定。

即报表的种类、填报的份数是否符合规定;报表的项目是否填列齐全;补充资料和必要的编制说明是否完备;报表的签章是否齐全,有无漏编、漏报;报表数字计算是否正确;报表与报表的有关指标是否衔接一致等。

(2)会计报表的内容是否符合财经法规、制度的要求。

即主要查明会计报表所提供的各项指标是否真实可靠;资金的筹集、使用是否符合资金管理制度;利润(亏损)的形成和分配是否合法,有无违反法律、财经纪律和弄虚作假的现象等。

在审核过程中,如果发现报表编制有错误,或不符合制度的要求,应及时通知报送单位进行更正。如果发现有违法违纪的,还应及时查明原因,及时纠正,严肃处理。

所属单位的会计报表经过审核无误后,各级主管部门就可根据所属单位的会计报表和汇总单位本身的会计报表,经分析计算来编制汇总会计报表。

汇总会计报表的编制方法基本上与前述各种会计报表的编制方法相同。大部分项目都是按照所属单位的报表加总而成,但也有一些项目不能简单地加计总数,而需在日常核算资料的基础上重新计算调整,才能填列。

第 10 章　账务处理程序

本章主要介绍账务处理程序的作用、设计要求、种类,记账凭证账务处理程序,科目汇总表账务处理程序,汇总记账凭证账务处理程序,日记总账账务处理程序,通用日记账账务处理程序等内容,并通过举例说明账务处理程序的应用。通过本章的学习,读者要可以根据企业需要选择合适的账务处理程序完成会计核算。

10.1　账务处理程序概述

所谓账务处理程序就是指会计凭证、会计账簿、会计报表和会计记账程序之间相互结合的方式,也称会计核算形式和会计核算组织程序。

10.1.1 账务处理程序的作用

会计主体都应按照会计准则和经营管理的要求,结合本单位的具体情况,设计适合本单位需要的记账程序。适用、合理的记账程序在会计核算工作中能起到下列作用。

(1)使整个会计循环能按部就班地运行,减少不必要的环节和手续,既能提高信息质量,又能提高效率,节约开支。

(2)使每一项经济业务都能及时正确地在账务处理程序的各个环节上反映出来,加工成信息后既无重复又无疏漏地反映到会计报表上来。

(3)使单位内外有关部门都能按照账务处理程序中规定的记账程序审查每项经济业务的来龙去脉,从而加强对基层单位的监督和管理。

10.1.2 设计账务处理程序的要求

合理、适用的账务处理程序,一般应符合以下五个要求。

（1）要根据信息使用者的具体要求，设计所需的账簿体系和核算形式，保证正确、及时、完整地提供会计信息。

（2）要与本企业的经济业务性质、繁简程度、规模大小和管理要求相适应。

（3）要将内部控制制度融于其中，从账证、账账、账实的相互联系中加强牵制和稽核。

（4）使会计核算程序所涉及的各项内容达到有机结合，协调一致。

（5）要在保证及时、正确、完整地提供会计信息的前提下，尽可能提高会计工作效率，节约费用。

10.1.3 账务处理程序的种类

按照登记总账的方法不同，账务处理程序可以分为逐笔登记总账账务处理程序和汇总登记总账账务处理程序。

按照登记总账的依据不同可分为记账凭证账务处理程序、科目汇总表账务处理程序、汇总记账凭证账务处理程序和日记总账账务处理程序、多栏式日记账账务处理程序等几种方法。具体分类如图10-1所示。

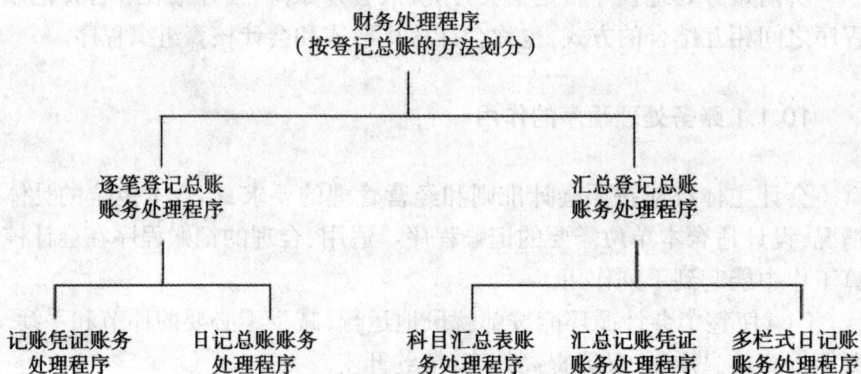

图 10-1　账务处理程序的分类

10.2　记账凭证账务处理程序

记账凭证账务处理程序是指对发生的经济业务事项，都要根据原始凭证或汇总原始凭证编制记账凭证，然后直接根据记账凭证逐笔登记总分类账的一种账务处理程序,它是最基本的账务处理程序,其他账务处理程序是在它的基础上发展形成的。

记账凭证账务处理程序的特点是:对发生的经济业务事项,都要根据原始凭证或汇总原始凭证编制记账凭证,然后直接根据记账凭证登记总分类账的一种账务处理程序。

记账凭证账务处理程序的优点是:账务处理程序简单明了,易于理解;总分类账可以较详细地反映交易或事项的发生情况,便于查账、对账。缺点是登记总分类账的工作量较大。

记账凭证账务处理程序一般适用于规模较小,交易或事项较少的单位。同时,为了最大限度地克服其局限性,实务工作中,应尽量将原始凭证汇总编制汇总原始凭证,再根据汇总原始凭证编制记账凭证,从而简化总账登记的工作量。

记账凭证账务处理流程,如图 10-2 所示。

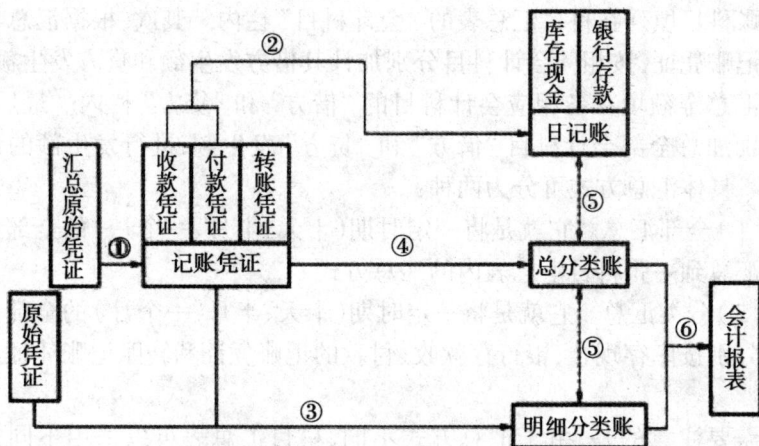

图 10-2　记账凭证账务处理流程图

10.3　科目汇总表账务处理程序

科目汇总表账务处理程序是根据记账凭证定期编制科目汇总表,再根据科目汇总表登记总分类账的账务处理程序。

科目汇总表账务处理流程,如图 10-3 所示。

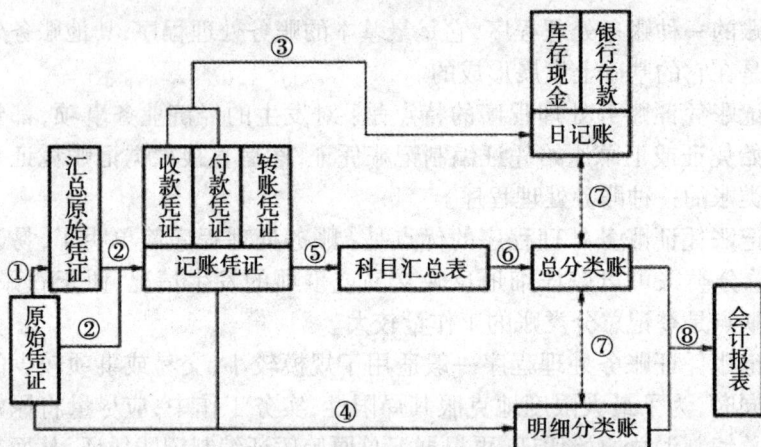

图 10-3　科目汇总表账务处理流程图

科目汇总表的编制方法：首先，将汇总期内各项交易或事项所涉及的总账科目填列在科目汇总表的"会计科目"栏内。其次，根据汇总期内所有记账凭证，按相同会计科目分别加计其借方发生额和贷方发生额，并将其汇总金额填在各相应会计科目的"借方"和"贷方"栏内。最后，还应分别加总全部会计科目"借方"和"贷方"发生额，进行发生额的试算平衡。具体汇总方式可分为两种：

（1）全部汇总。它就是将一定时期（十天、半月、一个月）的全部记账凭证汇总到一张科目汇总表内的汇总方式。

（2）分类汇总。它就是将一定时期（十天、半月、一个月）的全部记账凭证分别按库存现金、银行存款收、付款的记账凭证和转账记账凭证进行汇总。

需要注意的是，由于汇总方式不同，科目汇总表可以采用不同的格式。但任何格式的科目汇总表，都只反映各个科目的本期借方发生额、贷方发生额，不反映各个科目之间的对应关系。

现以丰顺公司 2019 年 10 月份发生的经济业务为例，说明在科目汇总表账务处理程序下，记账凭证和科目汇总表的编制方法；现金日记账、银行存款日记账、总分类账及明细分类账登记方法，日记账、明细账与总分类账的核对以及财务报表的编制方法。

丰顺公司 10 月份发生的经济业务如下：

（1）1 日，从银行提取现金 2 340 元，以备零用。

（2）1 日，向银行借入利率 6%，期限为 90 天的短期借款 11 700 元。

（3）2 日，以银行存款支付第四季度仓库租金 5 616 元。（可增设"待

摊费用"科目核算)

（4）3 日,接银行通知,胜利厂欠本厂货款 93 600 元已收妥。

（5）3 日,厂部李丽出差,预借差旅费 702 元,以现金付论。

（6）4 日,从顺发厂购进 A 材料一批,货款 58 500 元,进项税额 9 945 元,尚未支付,材料已验收入库

（7）5 日,领用 A 材料一批,其中用于甲产品生产 46 800 元,用于基本生产车间一般消耗 2 340 元。

（8）6 日,厂房维修领用 B 材料一批,价值 468 元。

（9）7 日,购进不需安装的机器一台,买价为 58 500 元,进项税额 9 945 元,均以银行存款付论。

（10）8 日,从银行提取现金 42 120 元,备发工资。

（11）8 日,发放工资 42 120 元。

（12）9 日,厂部王强报销差旅费 936 元,不足部分补给现金(出差时预借差旅费 819 元)。

（13）10 日,以银行存款 18 720 元偿还前欠大华厂账款。

（14）11 日,向万家商场销售甲产品,售价为 11 700 元,增值税率 17%(增值税额 1 989 元),款项尚未收妥。

（15）11 日,向明达商场销售甲产品,售价为 98 280 元,增值税率 17%(增值税额 16 707.60 元),款项已收妥,并存入银行。

（16）11 日,向中汇商场销售乙产品,售价为 23 400 元,增值税率 17%(增值税额 3 978 元),款项已收妥,并存入银行。

（17）13 日,接银行通知,收妥万家商场应收账款 13 689 元。

（18）14 日,以现金支付厂部购买办公用品费 924.30 元。

（19）15 日,开出现金支票从银行提取现金 1 170 元。

（20）15 日,以银行存款支付广告费 2 808 元。

（21）16 日,向金龙商场销售乙产品,售价 105 300 元,增值税率 17%(增值税额 17 901 元)。款项收妥,并存入银行。

（22）16 日,基本生产车间领用 B 材料一批,共计 46 800 元,其中:用于乙产品生产 42 120 元,用于车间一般消耗 4 680 元。

（23）17 日,以银行存款支付厂部办公费用 1 404 元。

（24）17 日,向景隆商场销售甲产品一批,售价 11 700 元,增值税率 17%(增值税额 1 989 元),款项尚未收到。

（25）17 日,以银行存款偿还前欠顺发工厂账款 68 445 元。

（26）18 日,售给永发商场甲产品一批,售价 28 080 元,增值税率 17%(增值税额 4 773.60 元),款项已收,并存入银行。

（27）20日，从上凌工厂购入 A 材料，买价 16 380 元，进项税额 2 784.60 元，款项未付，材料已验收入库。

（28）21日，以银行存款支付电费 9 360 元，其中：甲产品用 4 680 元，乙产品用 3 510 元，基本生产车间照明用 234 元，厂部照明用 936 元。

（29）23日，以银行存款支付展览费 1 872 元。

（30）31日，摊销应由本月负担的仓库租金 1 872 元。

（31）31日，预提应由本月负担的短期借款利息费用 585 元。

（32）31日，分配本月工资费用 42 120 元，其中：甲产品生产工人工资 19 760 元，乙产品生产工人工资 14 040 元，车间管理人员工资 3 510 元，厂部管理人员工资为 4 810 元。

（33）31日，按工资总额的 14% 计提职工福利费。

（34）31日，计提本月固定资产折旧 16 380 元，其中：车间固定资产折旧 12636 元，厂部固定资产折旧 3744 元。

（35）31日，结转本月制造费用 23 891.40 元，其中：甲产品负担 13 967 元，乙产品负担 9 924.40 元。

（36）31日，结转本月完工入库的产品实际成本 149 533.40 元，其中：甲产品成本 87 973.40 元，乙产品成本 61 560 元。

（37）31日，结转本月已售产品实际成本 167 076 元，其中：甲产品 89 856 元，乙产品 77 220 元。

（38）31日，登记本月应交产品销售税金及附加 20 107 元，其中：产品销售税金 19 492 元，教育费附加 585 元。

（39）31日，结转本月产品销售收入 278 460 元，其中：甲产品 149 760 元，乙产品 128 700 元

（40）31日，结转本月产品销售成本 167 076 元，其中：甲产品 89 856 元，乙产品 77 220 元

（41）31日，结转本月产品销售税金及附加 20 107 元。

（42）31日，结转本月财务费用 585 元。

（43）31日，结转本月销售费用 4 680 元。

（44）31日，结转本月管理费用 15 767.70 元。

（45）31日，计提本月应交所得税 23 190.50 元。

（46）31日，结转本月应交所得税 23 190.50 元。

（47）31日，计提本月盈余公积 4 708.40 元。

根据以上经济业务编制记账凭证（如表 10-1 ~ 表 10-48 所示）。

表 10-1　付款凭证

贷方科目：银行存款　　　　　　　2019 年 10 月 1 日　　　　　　银付字第 1 号　单位：元

摘　要	借方科目		金　额	过账
	一级科目	二级科目		
提　现	库存现金		2 340	√
合　计			2 340	

表 10-2　收款凭证

借方科目：银行存款　　　　　　　2019 年 10 月 1 日　　　　　　银收字第 1 号　单位：元

摘　要	贷方科目		金　额	过账
	一级科目	二级科目		
取得银行存款	短期借款		11 700	√
合　计			11 700	

表 10-3　付款凭证

贷方科目：银行存款　　　　　　　2019 年 10 月 2 日　　　　　　银付字第 2 号　单位：元

摘　要	借方科目		金　额	过账
	一级科目	二级科目		
支付四季仓库租金	待摊费用		5 616	√
合　计			5 616	

表 10-4　收款凭证

借方科目：银行存款　　　　　　　2019 年 10 月 3 日　　　　　　银收字第 2 号　单位：元

摘　要	贷方科目		金　额	过账
	一级科目	二级科目		
收胜利厂前欠款	应收账款		93 600	√
合　计			93 600	

表 10-5　付款凭证

贷方科目：库存现金　　　　　　　2019 年 10 月 3 日　　　　　　现付字第 1 号　单位：元

摘　要	借方科目		金　额	过账
	一级科目	二级科目		
付李丽预借差旅费	其他应收款	备用金	702	√
合　计			702	

表 10-6　转账凭证

2019 年 10 月 4 日　　　　　　　转字第 1 号　　　　　　　单位：元

摘　要	会计科目		借方金额	贷方金额	过账
	一级科目	二级科目			
从顺发厂购入A材料款项未付	原材料	A 材料	58 500		√
	应交税费	应交增值税	9 945		√
	应付账款	顺发厂		68 445	√
合　计			68 445	68 445	

表 10-7　转账凭证

2019 年 10 月 5 日　　　　　　　转字第 2 号　　　　　　　单位：元

摘　要	会计科目		借方金额	贷方金额	过账
	一级科目	二级科目			
甲产品生产和车间一般耗用A材料	生产成本	甲产品	46 800		√
	制造费用		2 340		√
	原材料	A 材料		49 140	√
合　计			49 140	49 140	

表 10-8　转账凭证

2019 年 10 月 6 日　　　　　　　转字第 3 号　　　　　　　单位：元

摘　要	会计科目		借方金额	贷方金额	过账
	一级科目	二级科目			
厂房维修领用B材料	管理费用		468		√
	原材料	B 材料		468	√
合　计			468	468	

表 10-9　付款凭证

贷方科目：银行存款　　　　2019 年 10 月 7 日　　　　银付字第 3 号　单位：元

摘　要	借方科目		金　额	过账
	一级科目	二级科目		
购入机器一台	固定资产		68 445	√
合　计			68 445	

表 10-10　付款凭证

贷方科目：银行存款　　　　　　　　2019 年 10 月 8 日　　　　　　银付字第 4 号　单位：元

摘　要	借方科目		金　额	过账
	一级科目	二级科目		
提现、备发工资	库存现金		42 120	√
合　计			42 120	

表 10-11　付款凭证

贷方科目：库存现金　　　　　　　　2019 年 10 月 8 日　　　　　　现付字第 2 号　单位：元

摘　要	借方科目		金　额	过账
	一级科目	二级科目		
发放工资	应付职工薪酬	工资	42 120	√
合　计			42 120	

表 10-12　转账凭证

2019 年 10 月 9 日　　　　　　　　转字第 4 号　　　　　　　　　　　　　单位：元

摘　要	会计科目		借方金额	贷方金额	过账
	一级科目	二级科目			
王强报销差旅费	管理费用 其他应收款	备用金	819	819	√ √
合计			819	819	

表 10-13　付款凭证

贷方科目：库存现金　　　　　　　　2019 年 10 月 9 日　　　　　　现付字第 3 号　单位：元

摘　要	借方科目		金　额	过账
	一级科目	二级科目		
王强报销差旅费，不足部分以现金补给	管理费用		117	√
合　计			117	

表 10-14　付款凭证

贷方科目：银行存款　　　　　　　　2019 年 10 月 10 日　　　　　银付字第 5 号　单位：元

摘　要	借方科目		金　额	过账
	一级科目	二级科目		
以存款偿还大华厂账款	应付账款	大华工厂	18 720	√
合　计			18 720	

表 10-15　转账凭证

2019 年 10 月 11 日　　　　　　　　　转字第 5 号　　　　　　　单位: 元

摘　要	会计科目		借方金额	贷方金额	过账
	一级科目	二级科目			
向万家商场销售甲产品	应收账款 主营业务收入 应交税费	万家商场 甲产品 应交增值税	13 689	11 700 1 989	√ √ √
合计			13 689	13 689	

表 10-16　收款凭证

借方科目: 银行存款　　　　　　　2019 年 10 月 11 日　　　　　银收字第 3 号　单位: 元

摘　要	贷方科目		金额	过账
	一级科目	二级科目		
向明达商场销售甲产品	主营业务收入 应交税费	甲产品 应交增值税	98 280 16 707.60	√ √
合　计			114 987.60	

表 10-17　收款凭证

借方科目: 银行存款　　　　　　　2019 年 10 月 11 日　　　　　银收字第 4 号　单位: 元

摘　要	贷方科目		金额	过账
	一级科目	二级科目		
向中汇商场销售乙产品	主营业务收入 应交税费	乙产品 应交增值税	23 400 3 978	√ √
合　计			27 378	

表 10-18　收款凭证

借方科目: 银行存款　　　　　　　2019 年 10 月 13 日　　　　　银收字第 5 号　单位: 元

摘　要	贷方科目		金额	过账
	一级科目	二级科目		
收妥万家商场前欠款	应收账款	万家商场	13 689	√
合　计			13 689	

表 10-19　付款凭证

贷方科目：库存现金　　　　　2019 年 10 月 14 日　　　　　现付字第 4 号　单位：元

摘　要	借方科目		金　额	过账
	一级科目	二级科目		
支付购买办公用品费	管理费用		924.30	√
合　计			924.30	

表 10-20　付款凭证

贷方科目：银行存款　　　　　2019 年 10 月 15 日　　　　　银付字第 6 号　单位：元

摘　要	借方科目		金　额	过账
	一级科目	二级科目		
提　现	库存现金		1 170	√
合　计			1 170	

表 10-21　付款凭证

贷方科目：银行存款　　　　　2019 年 10 月 15 日　　　　　银付字第 7 号　单位：元

摘　要	借方科目		金　额	过账
	一级科目	二级科目		
以存款支付广告费	销售费用		2 808	√
合　计			2 808	

表 10-22　收款凭证

借方科目：银行存款　　　　　2019 年 10 月 16 日　　　　　银收字第 6 号　单位：元

摘　要	贷方科目		金　额	过账
	一级科目	二级科目		
向金龙商场销售乙产品	主营业务收入 应交税费	乙产品 应交增值税	105 300 17 901	√ √
合　计			123 201	

表 10-23　转账凭证

2019 年 10 月 16 日　　　　　转字第 6 号　　　　　单位：元

摘　要	会计科目		借方金额	贷方金额	过账
	一级科目	二级科目			
乙产品生产和车间 一般耗用 B 材料	生产成本 制造费用 原材料	乙产品 B 材料	42 120 4 680	 46 800	√ √ √
合　计			46 800	46 800	

表 10-24　收款凭证

借方科目：银行存款　　　　　2019 年 10 月 17 日　　　　　银收字第 8 号　单位：元

摘　要	贷方科目		金额	过账
	一级科目	二级科目		
以存款支付办公费用	管理费用		1 404	√
合　计			1 404	

表 10-25　转账凭证

2019 年 10 月 17 日　　　　　转字第 7 号　　　　　　　　　单位：元

摘　要	会计科目		借方金额	贷方金额	过账
	一级科目	二级科目			
向景隆商场销售甲产品	应收账款 主营业务收入 应交税费	景隆商场 甲产品 应交增值税	13 689	11 700 1 989	√ √ √
合　计			13 689	13 689	

表 10-26　付款凭证

贷方科目：银行存款　　　　　2019 年 10 月 17 日　　　　　银付字第 9 号　单位：元

摘　要	贷方科目		金额	过账
	一级科目	二级科目		
偿还前欠顺发厂账款	应付账款	顺发工厂	68 445	√
合　计			68 445	

表 10-27　收款凭证

借方科目：银行存款　　　　　2019 年 10 月 18 日　　　　　银收字第 7 号　单位：元

摘　要	贷方科目		金额	过账
	一级科目	二级科目		
向永发商场销售甲产品	主营业务收入 应交税费	甲产品 应交增值税	28 080 4 773.60	√ √
合　计			32 853.60	

表 10-28　转账凭证

2019 年 10 月 20 日　　　　　　　　　　转字第 8 号　　　　　　　　单位：元

摘　要	会计科目		借方金额	贷方金额	过账
	一级科目	二级科目			
从上凌厂购入 A 材料，款项未付	原材料 应交税费 应付账款	A 材料 应交增值税 上凌工厂	16 380 2 784.60	 19 164.60	√ √ √
合　计			19 164.60	19 164.60	

表 10-29　付款凭证

贷方科目：银行存款　　　　　2019 年 10 月 21 日　　　　　银付字第 10 号　单位：元

摘　要	贷方科目		金额	过账
	一级科目	二级科目		
以存款支付电费	生产成本 制造费用 管理费用	甲产品 乙产品	4 680 3 510 234 936	√ √ √ √
合　计			9 360	

表 10-30　付款凭证

贷方科目：银行存款　　　　　2019 年 10 月 23 日　　　　　银付字第 11 号　单位：元

摘　要	贷方科目		金额	过账
	一级科目	二级科目		
以存款支付展览费	销售费用		1 872	√
合　计			1 872	

表 10-31　转账凭证

2019 年 10 月 31 日　　　　　　　　　　转字第 9 号　　　　　　　　单位：元

摘　要	会计科目		借方金额	贷方金额	过账
	一级科目	二级科目			
撤销仓库租金	管理费用 待摊费用		1 872	 1 872	√ √
合　计			1 872	1 872	

表 10-32　转账凭证

2019 年 10 月 31 日　　　　　　　转字第 10 号　　　　　　　单位：元

摘　要	会计科目		借方金额	贷方金额	过账
	一级科目	二级科目			
预提借款利息	财务费用 应付利息		585	585	√ √
合　计			585	585	

表 10-33　转账凭证

2019 年 10 月 31 日　　　　　　　转字第 11 号　　　　　　　单位：元

摘　要	会计科目		借方金额	贷方金额	过账
	一级科目	二级科目			
分配工资费用	生产成本	甲产品 乙产品	19 760 14 040		√ √
	制造费用		3 510		√
	管理费用		4 810		√
	应付职工薪酬	工资		42 120	√
合　计			42 120	42 120	

表 10-34　转账凭证

2019 年 10 月 31 日　　　　　　　转字第 12 号　　　　　　　单位：元

摘　要	会计科目		借方金额	贷方金额	过账
	一级科目	二级科目			
计提职工福利费	生产成本	甲产品 乙产品	2 766.40 1 965.60		√ √
	制造费用		491.40		√
	管理费用		673.40		√
	应付职工薪酬	职工福利		5 896.80	√
合　计			5 896.80	5 896.80	

表 10-35　转账凭证

2019 年 10 月 31 日　　　　　　　转字第 13 号　　　　　　　单位：元

摘　要	会计科目		借方金额	贷方金额	过账
	一级科目	二级科目			
计提固定资产折旧	制造费用		12 360		√
	管理费用		3 744		√
	累计折旧			16 380	√
合　计			16 380	16 380	

表 10-36　转账凭证

2019 年 10 月 31 日　　　　　　　转字第 14 号　　　　　　　单位：元

摘　要	会计科目		借方金额	贷方金额	过账
	一级科目	二级科目			
分配结转制造费用	生产成本	甲产品	13 9679		√
		乙产品	924.40		√
	制造费用			23 891.40	√
合　计			23 891.40	23 891.40	

表 10-37　转账凭证

2019 年 10 月 31 日　　　　　　　转字第 15 号　　　　　　　单位：元

摘　要	会计科目		借方金额	贷方金额	过账
	一级科目	二级科目			
结转完工产品成本	库存商品	甲产品	87 973.40		√
		乙产品	61 560		√
	生产成本	甲产品		87 973.40	√
		乙产品		61 560	√
合　计			149 533.40	149 533.40	

表 10-38　转账凭证

2019 年 10 月 31 日　　　　　　　转字第 16 号　　　　　　　单位：元

摘　要	会计科目		借方金额	贷方金额	过账
	一级科目	二级科目			
结转本月已售产品成本	主营业务成本	甲产品	89 856		√
		乙产品	77 220		√
	库存商品	甲产品		89 856	√
		乙产品		77 220	√
合　计			167 076	167 076	

表 10-39　转账凭证

2019 年 10 月 31 日　　　　　　　转字第 17 号　　　　　　　单位：元

摘　要	会计科目		借方金额	贷方金额	过账
	一级科目	二级科目			
登记本月销售税金及附加	营业税金及附加	产品销售税金	20 107	19 492	√
	应交税费	教育费附加		585	√
合　计			20 107	20 107	

表 10-40 转账凭证

2019 年 10 月 31 日　　　　　　　　转字第 18 号　　　　　　　　单位:元

摘　要	会计科目		借方金额	贷方金额	过账
	一级科目	二级科目			
结转本月产品销售收入	主营业务收入	甲产品	149 760		√
		乙产品	128 700		√
	本年利润			278 460	√
合　计			278 460	278 460	

表 10-41 转账凭证

2019 年 10 月 31 日　　　　　　　　转字第 19 号　　　　　　　　单位:元

摘　要	会计科目		借方金额	贷方金额	过账
	一级科目	二级科目			
结转本月产品销售成本	本年利润		167 076		√
	主营业务成本	甲产品		89 856	√
		乙产品		77 220	√
合　计			167 076	167 076	

表 10-42 转账凭证

2019 年 10 月 31 日　　　　　　　　转字第 20 号　　　　　　　　单位:元

摘　要	会计科目		借方金额	贷方金额	过账
	一级科目	二级科目			
结转本月销售税金及附加	本年利润		20 107		√
	营业税金及附加			20 107	√
合　计			20 107	20 107	

表 10-43 转账凭证

2019 年 10 月 31 日　　　　　　　　转字第 21 号　　　　　　　　单位:元

摘　要	会计科目		借方金额	贷方金额	过账
	一级科目	二级科目			
结转本月财务费用	本年利润		585		√
	财务费用			585	√
合　计			585	585	

表 10-44 转账凭证

2019 年 10 月 31 日　　　　　　　　转字第 22 号　　　　　　　　单位：元

摘　要	会计科目		借方金额	贷方金额	过账
	一级科目	二级科目			
结转本月销售费用	本年利润 销售费用		4 680	4 680	√ √
合　计			4 680	4 680	

表 10-45 转账凭证

2019 年 10 月 31 日　　　　　　　　转字第 23 号　　　　　　　　单位：元

摘　要	会计科目		借方金额	贷方金额	过账
	一级科目	二级科目			
结转本月管理费用	本年利润 管理费用		15 767.70	15 767.70	√ √
合　计			15 767.70	15 767.70	

表 10-46 转账凭证

2019 年 10 月 31 日　　　　　　　　转字第 24 号　　　　　　　　单位：元

摘　要	会计科目		借方金额	贷方金额	过账
	一级科目	二级科目			
计提本月应交所得税	所得税费用 应交税费	应交所得税	23 190.50	23 190.50	√ √
合　计			23 190.50	23 190.50	

表 10-47 转账凭证

2019 年 10 月 31 日　　　　　　　　转字第 25 号　　　　　　　　单位：元

摘　要	会计科目		借方金额	贷方金额	过账
	一级科目	二级科目			
转本月所得税	本年利润 所得税费用		23 190.50	23 190.50	√ √
合　计			23 190.50	23 190.50	

表 10-48 转账凭证

2019 年 10 月 31 日 　　　　转字第 26 号 　　　　　　单位:元

摘　要	会计科目		借方金额	贷方金额	过账
	一级科目	二级科目			
计提盈余公积	利润分配	提取盈余公积	4 708.40		√
	盈余公积	一般盈余公积		4 708.40	√
合　计			4 708.40	4 708.40	

根据收、付款凭证登记现金日记账和银行存款日记账,如表 10-49 和表 10-50 所示。

表 10-49 现金日记账

单位:元

2019 年		凭证		摘　要	对方科目	借方	贷方	余额
月	日	字	号					
10	1			期初余额				1 000
	1	银付	1	提现	银行存款	2 340		3 340
	3	现付	1	付李丽预借差旅费	其他应收款		702	2 638
	8	银付	4	提现	银行存款	42 120		44 578
	8	现付	2	发放工资	应付职工薪酬		4 2120	2 638
	9	现付	3	支付王强报销差旅费	管理费用		117	2521
	14	现付	4	支付购买办公费用	管理费用		924.30	1 596.70
	15	银付	6	提现	银行存款	1 170		2 766.70
	30			本月发生额合计及月末余额		45 630	43 863,30	2 766.70
11	1			月初余额				2 766.70

表 10-50　银行存款日记账

单位：元

2019 年		凭证		摘要	对方科目	借方	贷方	余额
月	日	字	号					
10	1			月初余额				800 000
	1	银付	1	提现	库存现金		2 340	797 660
	1	银收	1	取得短期借款	短期借款	11 700		809 360
	2	银付	2	支付仓库租金	待摊费用		5 616	803 744
	3	银收	2	收胜利厂前欠货款	应收账款	93 600		897 344
	7	银付	3	购入机器一台	固定资产		68 445	828 899
	8	银付	4	提现	库存现金		42 120	786 779
	10	银付	5	支付大华厂账款	应付账款		18 720	768 059
	11	银收	3	销售甲产品	主营业务收入	98 280		866 339
					应交税费	16 707.60		883 046.60
	13	银收	5	收万家厂前欠货款	应收账款	13 689		924 113.60
	15	银付	6	提现	库存现金		1 170	922 943.60
	15	银付	7	支付广告费	销售费用		2 808	920 135.60
	16	银收	6	销售乙产品	主营业务收入	105 300		1 025 435.60
					应交税费	17 901		1 043 336.60
	17	银付	8	支付办公费用	管理费用		1 404	1 041 932.60
	17	银付	9	偿还前欠顺发厂账款	应付账款		68 445	973 487.60

续表

2019年		凭证		摘要	对方科目	借方	贷方	余额
月	日	字	号					
	18	银收	7	销售甲产品	主营业务收入	28 080		1 001 567.60
					应交税费	4 773.60		1 006 341.20
	21	银付	10	支付电费	生产成本		8 190	998 151.20
					制造费用		234	997 917.20
					管理费用		936	996 981.20
	23	银付	11	支付产品展览费	销售费用		1 872	995 109.20
	31			本月发生额合计及期初余额		417 409.20	222 300	995 109.20
11	1			月初余额				995 109.20

根据原始凭证、汇总原始凭证或记账凭证登记明细账（略）。

根据记账凭证按月分旬编制科目汇总表，如表 10-51 所示。

表 10-51　科目汇总表

单位：元

会计科目	1～10日		11～20日		21～31日		本月合计	
	借方	贷方	借方	贷方	借方	贷方	借方	贷方
库存现金	44 460	42 939	1 170	924.30			45 630	43 863.30
银行存款	105 300	137 241	312 109.20	73 827		11232	417 409.20	222 300
原材料	58 500	49 608	16 380	46 800			74 880	96 408
生产成本	46 800		42 120		70 613.40	149 533.40	159 533.40	149 533.40
制造费用	2 340		4 680		16 871.40	23 891.40	23 891.40	23 891.40

续表

会计科目	1 ~ 10 日		11 ~ 20 日		21 ~ 31 日		本月合计	
	借方	贷方	借方	贷方	借方	贷方	借方	贷方
库存商品					149 533.40	149 533.40	149 533.40	167 076
应收账款		93 600	27 378	13 689			27 378	107 289
固定资产	68 445						68 445	
累计折旧						16 380		16 380
其他应收款	702	819					702	819
待摊费用	5 616					1 872	5 616	1 872
短期借款		11 700						11 700
应收账款	18 720	68 445	68 445	19 164.60			87 165	87 609.60
应交税费	9 945		2 784.60	47 338.20		43 267.5	12 729.60	90 605.70
应付职工薪酬	42 120					48 016.80	42 120	48 016.80
应付利息						585		585
主营业务收入				278 460	278 460		278 460	278 460
主营业务成本					167 076	167 076	167 076	167 076
销售费用			2 808		1 872	4 680	4 680	4 680
营业税金及附加					20 107	20 107	20 107	20 107
管理费用	1 404		2 328.30		12 035.40	15 767.70	15 767.70	15 767.70

会计科目	1～10日		11～20日		21～31日		本月合计	
	借方	贷方	借方	贷方	借方	贷方	借方	贷方
财务费用					585	585	585	585
所得税费用					23 190.50	23 190.50	23 190.50	23 190.50
利润分配					4 708.40		4 708.40	
本年利润					231 376.20	278 460	231 376.20	278 460
盈余公积						4 708.40		4 708.40
合 计	404 352	404 352	408 203.10	408 203.10	976 398.70	976 398.70	1 860 953.80	1 860 953.80

根据科目汇总表登记总分类账,如表 10-52~ 表 10-77 所示。

表 10-52

会计科目:库存现金　　　　　　　　　　　　　　　　　　　　　　　　单位:元

2019年		凭证		摘　要	借方	贷方	借或贷	余　额
月	日	字	号					
10	1	科汇		月初余额			借	1 000
	20	科汇	10	1～10日发生额	44 460	42 939	借	2 521
			10	11～20日发生额	1 170	924.3	借	2 766.7
	31			本月发生额及余额	45 630	43 863.3	借	2 766.7

表 10-53

会计科目:银行存款　　　　　　　　　　　　　　　　　　　　　　　　单位:元

2019年		凭证		摘　要	借方	贷方	借或贷	余　额
月	日	字	号					
10	1			月初余额			借	800 000
	20	科汇	10	1～10日发生额	105 3001	137 241	借	768 059
	31	科汇	10	11～20日发生额	312 109.20	73 827	借	1 006 341.20
		科汇	10	21～31日发生额		11 232	借	995 109.20
	31			本月发生额及余额	417 409.20	222 300	借	995 109.20

表 10-54

会计科目：原材料   单位：元

2019年		凭证		摘　要	借方	贷方	借或贷	余　额
月	日	字	号					
10	1			月初余额			借	50 000
	20	科汇	10	1~10日发生额	58 500	49 608	借	56 192
		科汇	10	11~20日发生额	16 380	49 608	借	25 772
	31			本月发生额及余额	74 880	96 408	借	25 772

表 10-55

会计科目：生产成本   单位：元

2019年		凭证		摘　要	借方	贷方	借或贷	余　额
月	日	字	号					
10	1			月初余额			借	11 000
	20	科汇	10	1~10日发生额	46 800		借	57 800
	31	科汇	10	11~20日发生额	42 120		借	99 920
		科汇		21~31日发生额	70 613.4	149 533.4	借	21 000
	31			本月发生额及余额	159 533.4	149 533.4	借	21 000

表 10-56

会计科目：制造费用   单位：元

2019年		凭证		摘　要	借方	贷方	借或贷	余　额
月	日	字	号					
10	1	科汇	10	1~10日发生额	2 340		借	2 340
	20	科汇	10	11~20日发生额	4 680		借	7 020
	31	科汇	10	21~31日发生额	16 871.4	23 891.4	平	0
	31			本月发生额及余额	23 891.4	23 891.4	平	0

表 10-57

会计科目：库存商品

单位：元

2019年		凭证		摘　要	借方	贷方	借或贷	余　额
月	日	字	号					
10	1			月初余额			借	27 542.6
	31	科汇	10	21～31 日发生额	149 533.4	167 076	借	10 000
	31			本月发生额及余额	149 533.4	167 076	借	10 000

表 10-58

会计科目：应收账款

单位：元

2019年		凭证		摘　要	借方	贷方	借或贷	余　额
月	日	字	号					
10	1			月初余额			借	93 600
	20	科汇	10	1～10 日发生额		93 600	平	
		科汇	10	11～20 日发生额	27 378	13 689	借	13 689
	31			本月发生额及余额	27 378	107 289	借	13 689

表 10-59

会计科目：其他应收账款

单位：元

2019年		凭证		摘　要	借方	贷方	借或贷	余　额
月	日	字	号					
10	1			月初余额			借	819
	10	科汇	10	1～10 日发生额	702	819	借	702
	31			本月发生额及余额	720	819	借	702

表 10-60

会计科目：固定资产

单位：元

2019年		凭证		摘　要	借方	贷方	借或贷	余　额
月	日	字	号					
10	1			月初余额			借	1 600 000
	10	科汇	10	1～10 日发生额	68 445		借	1 668 445
	31			本月发生额及余额	68 445		借	1 668 445

表 10-61

会计科目：累计折旧　　　　　　　　　　　　　　　　　　　　　　　单位：元

2019年		凭证		摘　要	借方	贷方	借或贷	余　额
月	日	字	号					
10	1			月初余额			贷	240 000
	31	科汇	10	21～31日发生额		16 380	贷	256 380
	31			本月发生额及余额		16 380	贷	256 380

表 10-62

会计科目：待摊费用　　　　　　　　　　　　　　　　　　　　　　　单位：元

2019年		凭证		摘　要	借方	贷方	借或贷	余　额
月	日	字	号					
10	31	科汇	10	1～10日发生额	5 616		借	5 161
		科汇	10	21～31日发生额		1 872	借	3 744
	31			本月发生额及余额	5 616	1 872	借	3 744

表 10-63

会计科目：短期借款　　　　　　　　　　　　　　　　　　　　　　　单位：元

2019年		凭证		摘　要	借方	贷方	借或贷	余　额
月	日	字	号					
10	10	科汇	10	1～10日发生额		1 170	贷	1 170
	31			本月发生额及余额		1 170	贷	1 170

表 10-64

会计科目：应收账款　　　　　　　　　　　　　　　　　　　　　　　单位：元

2019年		凭证		摘　要	借方	贷方	借或贷	余　额
月	日	字	号					
10	1			月初余额			贷	18 720
	10	科汇	10	1～10日发生额	18 720	68 445	贷	68 445
	20	科汇	10	11～20日发生额	68 445	19 164.6	贷	19 164.6
	31			本月发生额及余额	87 165	87 609.6	贷	19 164.6

表 10-65

会计科目：应交税费　　　　　　　　　　　　　　　　　　　　　　　单位：元

2019年		凭证		摘　要	借方	贷方	借或贷	余　额
月	日	字	号					
10	10	科汇	10	1～10日发生额	9 945		借	9 945
	20	科汇	10	11～20日发生额	2 784.6	47 338.2	贷	34 608.6
	31	科汇	10	21～31日发生额		43 267.5	贷	77 876.1
	31			本月发生额及余额	12 729.6	90 605.7	贷	77 876.1

表 10-66

会计科目：应付职工薪酬　　　　　　　　　　　　　　　　　　　　　单位：元

2019年		凭证		摘　要	借方	贷方	借或贷	余　额
月	日	字	号					
10	1			月初余额			贷	10 000
	10	科汇	10	1～10日发生额	42 120		借	
	31	科汇	10	21～31日发生额		48 016.8	贷	15 896.8
	31			本月发生额及余额	42 120	48 016.8	贷	15 896.8

表 10-67

会计科目：应付利息　　　　　　　　　　　　　　　　　　　　　　　单位：元

2019年		凭证		摘　要	借方	贷方	借或贷	余　额
月	日	字	号					
10	31	科汇	10	21～31日发生额		585	贷	585
	31			本月发生额及余额		585	贷	585

表 10-68

会计科目：主营业务收入　　　　　　　　　　　　　　　　　　　　　单位：元

2019年		凭证		摘　要	借方	贷方	借或贷	余　额
月	日	字	号					
10	20	科汇	10	10～20日发生额		278 460	贷	278 460
	31	科汇	10	21～31日发生额	278 460	278 460	平	0
	31			本月发生额及余额	278 460	278 460	平	0

表 10-69

会计科目：主营业务收入 　　　　　　　　　　　　　　　　　　　　　　　　　单位：元

2019 年		凭证		摘　要	借方	贷方	借或贷	余额
月	日	字	号					
10	20	科汇	10	1～10 日发生额	2 808		借	2 808
	31	科汇	10	21～31 日发生额	1 872	4 680	平	0
			31	本月发生额及余额	4 680	4 680	平	0

表 10-70

会计科目：营业税金及附加 　　　　　　　　　　　　　　　　　　　　　　　　单位：元

2019 年		凭证		摘　要	借方	贷方	借或贷	余额
月	日	字	号					
10	31	科汇	10	21～31 日发生额	20 107	20 107	平	0
			31	本月发生额及余额	20 107	4 680	平	0

表 10-71

会计科目：主营业务成本 　　　　　　　　　　　　　　　　　　　　　　　　　单位：元

2019 年		凭证		摘　要	借方	贷方	借或贷	余额
月	日	字	号					
10	31	科汇	10	21～31 日发生额	167 076	167 076	平	0
			31	本月发生额及余额	167 076	167 076	平	0

表 10-72

会计科目：管理费用 　　　　　　　　　　　　　　　　　　　　　　　　　　　单位：元

2019 年		凭证		摘　要	借方	贷方	借或贷	余额
月	日	字	号					
10	10	科汇	10	1～10 日发生额	1 404		借	1 404
	20	科汇	10	11～20 日发生额	2 328.3		借	3 723.3
	31	科汇	10	21～31 日发生额	12 035.4	15 767.7	平	0
			31	本月发生额及余额	15 767.7	15 767.7	平	0

表 10—73

会计科目：财务费用　　　　　　　　　　　　　　　　　　　单位：元

2019年		凭证		摘　要	借方	贷方	借或贷	余额
月	日	字	号					
10	31	科汇	10	21～31日发生额	585	585	平	0
	31			本月发生额及余额	585	585	平	0

表 10—74

会计科目：所得税费用　　　　　　　　　　　　　　　　　　单位：元

2019年		凭证		摘　要	借方	贷方	借或贷	余额
月	日	字	号					
10	31	科汇	10	21～31日发生额	23 190.5	23 190.5	平	0
	31			本月发生额及余额	23 190.5	23 190.5	平	0

表 10—75

会计科目：本年利润　　　　　　　　　　　　　　　　　　　单位：元

2019年		凭证		摘　要	借方	贷方	借或贷	余额
月	日	字	号					
10	31	科汇	10	21～31日发生额	231 376.2	278 460	贷	0
	31			本月发生额及余额	231 376.2	278 460	贷	47 083.8

表 10—76

会计科目：应付职工薪酬　　　　　　　　　　　　　　　　　单位：元

2019年		凭证		摘　要	借方	贷方	借或贷	余额
月	日	字	号					
10	1			月初余额			贷	40 000
	31	科汇	10	21～31日发生额	4 708.4		贷	35 291.6
	31			本月发生额及余额	4 708.4		贷	35 291.6

表 10—77

会计科目：盈余公积　　　　　　　　　　　　　　　　　　　单位：元

2019年		凭证		摘　要	借方	贷方	借或贷	余额
月	日	字	号					
10	1			月初余额			贷	200 000
	31	科汇	10	21～31日发生额		4 708.4	贷	204 708.4
	31			本月发生额及余额		4 708.4	贷	204 708.4

将总分类账与其所属明细分类账、日记账进行核对(略)。

根据总分类账和明细分类账的资料编制财务报表(略)。

10.4　汇总记账凭证账务处理程序

汇总记账凭证账务处理流程如图 10-4 所示。

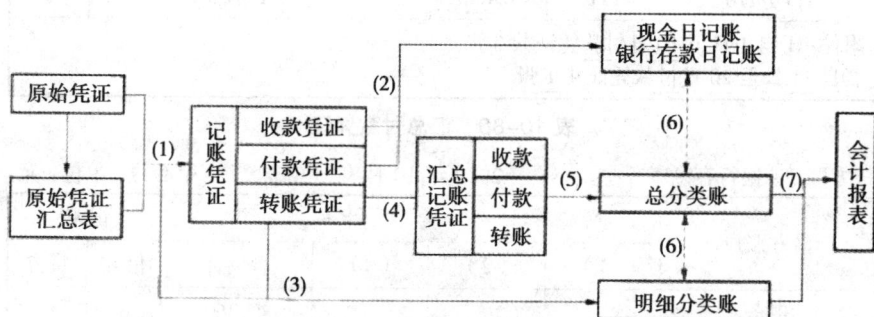

图 10-4　汇总记账凭证账务处理流程图

汇总记账凭证是根据收款凭证、付款凭证和转账凭证定期(一般为每隔 5 天或者 10 天)汇总编制而成的,它包括汇总收款凭证、汇总付款凭证和汇总转账凭证三种。

以丰顺公司 2019 年 10 月的经济业务为例,说明汇总记账凭证的账务处理程序。为节省篇幅,仅以编制现金、银行存款和应付账款汇总记账凭证和登记总分类账为例。

(1)汇总收款凭证如表 10-78 所示。

表 10-78　汇总收款凭证

借方账户:银行存款　　　　　2019 年 10 月　　第 1 号　　　　　单位:元

贷方账户	金　额				记　账	
	(1)	(2)	(3)	合　计	借方	贷方
短期借款				11 700	√	√
应收账款	11 700	13 689		107 289	√	√
主营业务收入	93 600	255 060		255 060	√	√
应交税费		43 360.2		43 360.2	√	√
附件:①自 1 日至 10 日收款凭证共 2 张 　　　②自 11 日至 20 日收款凭证共 5 张						

（2）汇总付款凭证如表10-79和表10-80所示。

表10-79 汇总付款凭证

贷方账户：库存现金　　　　2019年10月　　第1号　　　　　　单位：元

贷方账户	金额				记账	
	（1）	（2）	（3）	合　计	借方	贷方
其他应收款	702			702	√	√
应付职工薪酬	42 120			42 120	√	√
管理费用	117	924.30		1041.3	√	√

附件：①自 1 日至 10 日付款凭证共 3 张
②自 11 日至 20 日付款凭证共 1 张

表10-80 汇总付款凭证

贷方账户：银行存款　　　　2019年10月　　　　　　第2号 单位：元

借方账户	金额				记账	
	（1）	（2）	（3）	合　计	借方	贷方
现金		1 170		45 360	√	√
待摊费用				5 616	√	√
固定资产	44 460			68 445	√	√
应付账款	5 616			87 165	√	√
营业费用	68 445	68 445	1 872	4 680	√	√
管理费用	18 720	2 808	936	2 340	√	√
生产成本		1 404	8 190	8 190	√	√
制造费用			234	234	√	√

附件：①自 1 日至 10 日转账凭证共 5 张
②自 11 日至 20 日转账款凭证共 4 张
③自 21 日至 31 日转账款凭证共 4 张

（3）应付账款汇总转账凭证如图表10-81所示。

表10-81 汇总转账凭证

贷方账户：应付账款　　　　2019年10月　　第 × 号　　　　　　单位：元

借方账户	金额				记账	
	（1）	（2）	（3）	合　计	借方	贷方
原材料	58 500	16 380		74 880	√	√
应交税费	9 945	2 784.6		12 729.60	√	√

附件：①自 1 日至 10 日转账凭证共 1 张
②自 11 口至 20 日转账款凭证共 1 张

该公司总分类账列示如表 10-82~ 表 10-84 所示。

表 10-82　总分类账

会计科目：库存现金　　　　　　　　　　　　　　　　　　　　　　　单位：元

2019 年		凭证		摘要	对应账户	借方	贷方	借或贷	余额
月	日	字	号						
10	1 31	汇付	1	月初余额（略）	其他应收款 应付职工薪酬 管理费用 银行存款	45 630	702 42 120 1 041.3	借 借	1 000 2 766.7
				本月发生额及月末余额		45 630	43 863.3	借	2 766.7

表 10-83　总分类账

会计科目：银行存款　　　　　　　　　　　　　　　　　　　　　　　单位：元

2019 年		凭证		摘要	对应账户	借方	贷方	借或贷	余额
月	日	字	号						
10 10	1 31	汇收 汇付	1 2	月初余额（略）	短期借款 应收账款 主营业务收入 应交税费 库存现金 待摊费用 固定资产 应付账款 销售费用	11 700 107 289 255 060 43 360.2 45 630	45 630 5 616 68 445 87 165 4 680	借	800 000
					管理费用 生产成本 制造费用		2 340 8 190 234	借	995 109.2
	31			本月发生额及月末余额		417 409.2	222 300	借	995 109.2

表 12-84　总分类账

会计科目：应付账款　　　　　　　　　　　　　　　　　　　　单位：元

2019年		凭证		摘要	对应账户	借方	贷方	借或贷	余额
月	日	字	号						
10	1			月初余额（略）				贷	18 720
	31	汇付汇转	2×		银行存款原材料应交税费	87 165	74 880 12 729.6	贷	19 164.6
				本月发生额及月末余额		87 165	87 609.6	贷	19 164.6

10.5　日记总账账务处理程序

日记总账账务处理程序是根据原始凭证(或原始凭证汇总表)填制记账凭证,根据记账凭证直接登记日记总账的一种账务处理程序,日记总账账务处理程序的特点是设置日记总账,采用日记账和分类账结合的格式,直接根据记账凭证登记日记总账。

日记总账账务处理程序如图 10-5 所示。

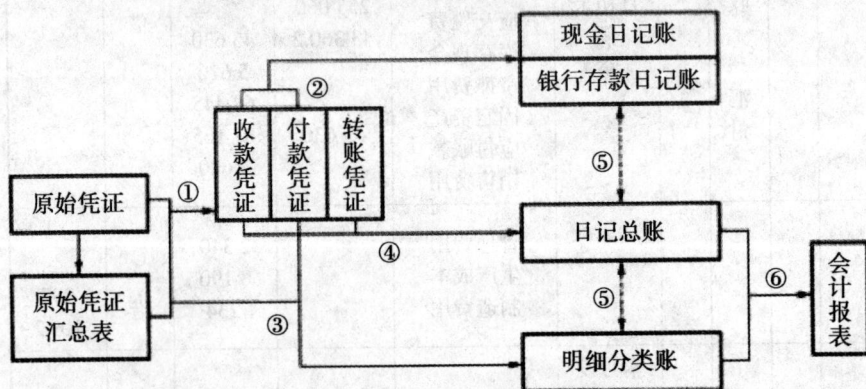

图 10-5　日记总账账务处理程序图

日记总账是将全部会计科目集中在一张账页上,根据记账凭证,将发生的经济业务逐笔进行登记,最后按各科目进行汇总,分别计算出借、贷方发生额和期末余额,它既是日记账,又是总分类账。

日记总账的填制方法是：根据收款凭证、付款凭证和转账凭证逐日、逐笔登记日记总账，对每笔经济业务的借贷方发生额，都应分别登记到同一行对应科目的借方栏或贷方栏内。月终，结算出各科目本期借贷方发生额和余额，并核对相符。其格式如表 10-85 所示。

表 10-85　日记总账（简表）

2020 年 ×× 月第 × 页

年		凭证号数	摘要	库存现金		银行存款		应收账款		库存商品		短期借款		制造费用		生产成本		主营业务收入	
月	日			借	贷	借	贷	借	贷	借	贷	借	贷	借	贷	借	贷	借	贷
			本月发生额																
			本月余额																

10.6　通用日记账账务处理程序

通用日记账账务处理程序是根据原始凭证（或原始凭证汇总表）在通用日记账中做会计分录，再根据通用日记账直接登记总分类账的一种账务处理程序。

通用日记账账务处理程序如图 10-6 所示。

图 10-6　通用日记账账务处理程序图

这种账务处理程序的主要优点是：减少了编制记账凭证的大量工作；便于了解企业每日每项经济业务的发生和完成情况；便于顺序查阅会计资料。其缺点是：只设一本通用日记账，不便于分工记账；根据通用日记账逐笔登记总分类账，登记总账的工作量大。

因此，通用日记账核算形式一般适用于实行会计电算化的单位。

第11章 新时期会计领域的新发展

在信息技术的推动下,会计信息化越来越和会计的发展融为一体,会计发展的未来就是一个不断和信息技术融合创新的过程。早在20世纪80年代初期,杨纪琬、阎达五等就在《会计研究》等刊物上发表论文,探讨会计电算化应用的相关问题。杨纪琬教授在为某杂志创刊的序言中预言"在 IT 环境下,会计学作为一门独立的学科将逐步向边缘学科转化。会计学作为管理学的分支,其内容将不断地扩大、延伸,其独立性相对地缩小,而更体现出它与其他经济管理学科相互依赖、相互渗透、相互支持、相互影响、相互制约的关系。"①

11.1 IT 技术对会计的影响

11.1.1 IT 技术对会计实务的影响

IT 技术对会计的影响首先是从实务开始的,在实务层面,IT 技术对会计的影响主要体现四个方面。

11.1.1.1 IT 对会计业务流程的影响

IT 技术对于会计业务流程影响主要体现在三个方面。

(1)效率提升。

IT 技术带给会计业务流程的主要影响是效率提升,包括数据采集效率、数据处理效率、数据存储效率、数据披露效率、数据鉴证效率等。IT 技术能力包括计算能力、存储能力、网络传输能力的持续提升,其使得会计业务流程不断加速,大大提高了会计数据处理和加工的时效性。同时,

---

① 王盛. 会计信息化背景下的《基础会计》课程教学 [J]. 财会月刊, 2012(18):92~97.

传统的以数据处理为主要内容的业务流程环节被计算机替代,业务流程中的环节大大减少。此外,借助于云计算、大数据方式,可以实现对分布式数据的高效处理,进一步提升了会计业务流程效率。

(2)管控强化。

网络技术的成熟应用,使得企业内部机构的沟通和外部相关利益者的协同能力得到加强,业务流程的链条也随之不断延伸。从企业内部相关部门,到集团企业,再到价值链,企业管控的时空范围不断扩展。同时,随着开发和应用技术的成熟,内部控制、审计线索逐渐被内嵌入会计信息系统,基于 ISCA 模型的会计信息系统得到大量应用。从空间范围上看,会计信息系统的应用已经超出了企业的边界,逐步形成和外部衔接紧密的信息系统;从业务范围上看,随着预算管理、资金管理、合并报表等应用系统的使用,会计信息系统的管控能力得到加强。

(3)流程融合。

会计信息系统的产生本身就是会计与 IT 技术相融合的产物,会计信息系统的发展历程就是一个不断融合与创变的过程。在会计电算化阶段,会计信息系统以模拟手工方式实现会计业务流程在信息技术上的映射;随着 ERP 系统的应用,会计信息系统与业务系统实现集成,并伴随着 SCM、CRM 等系统的应用,实现了向企业外部价值链的延伸,业务和财务逐渐连接并融合成一个整体;随着互联网技术的成熟,会计系统实现了在时空范围的整合和连接,企业可以突破物理空间的限制,实现资源在信息系统中逻辑上的整合和统一配置,原本割裂的信息流和业务流逐渐融合在一起,信息采集、加工、处理、传递过程与管理活动中的分析、预测、决策、控制过程相互渗透,表现在会计层面,则是管理会计和财务会计的融合。伴随着大数据、云计算和区块链等技术的应用,会计信息系统的管控链条再次延伸,实现与企业相关利益者、与政府监管部门的衔接,企业可以在社会化的层面进行资源配置和整合,会计与宏观经济的联系日趋紧密。而智能技术的应用,则改变了会计信息系统的构建逻辑,会计信息系统不再是一个单纯的人机对话系统,而逐渐转化为人机共生系统。人、数据、软件在一个系统中协同运转,共同支持企业管理活动的开展;与此同时,信息化环境下,新的生产要素的加入也改变了会计信息系统的处理对象,会计信息系统不再是一个单纯的信息加工和输出系统,而是逐渐转变成一个企业管理活动的协调、控制协同系统。会计也伴随着会计信息系统在信息技术的支持下成为企业管理活动中活跃的组成部分。

11.1.1.2 IT 对会计组织结构的影响

组织是为达成某一目标而协同工作的集合体,会计组织是企业承担相关会计职责并达成会计工作目标的载体。近年来,伴随着信息技术的深入应用,企业会计组织特别是集团企业会计组织形态正在发生着深刻的变化,而变化背后折射的是会计应用的发展趋势[①]。因此,通过对企业会计组织形态的研究,不仅可以帮助企业建立科学高效的会计组织,而且也有助于摸清会计自身发展规律,丰富会计相关理论研究。

组织是社会化生产、专业化分工的产物,关于组织理论的研究也先后经历了传统组织理论、行为科学组织理论和系统管理理论三个阶段。关于组织的研究也从最初对组织方式、授权、制度建设的研究逐步转向了对组织目标、人、行为方式关系的研究。一般认为,信息技术对会计的影响体现在三个依次递进的层级:一是对会计工作技术本身的改进,工具的先进必然带来工作方式、工作效率的提升;二是技术影响带来的工作内容和工作范围的扩展,表现在会计工作中则是会计工作的空间范围和时间范围的扩展;三是对会计行为方式和会计文化的影响,随之带来的则是会计组织形态的变化。信息化给会计组织的目标、价值系统、组织结构、组织文化带来了深刻的影响。

(1)信息化环境下集团企业会计组织形态演进路径。分散组织→集中化组织→共享化组织→众包化组织。

(2)信息化环境下会计组织形态演变的一般规律。

①追求会计业务处理边际收益最大化。按照会计业务流程的重要程度和发生频率,可以建立会计业务流程的分析矩阵,如图 11-1 所示。

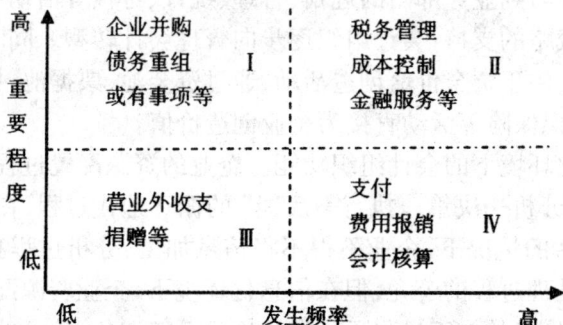

图 11-1　会计业务流程矩阵

---

① 李洁.集团企业会计组织形态演进研究 [J].山西财经大学学报,2019(S2):54-55.

随着信息化程度的提高和智能化技术的应用,原先位于其他象限的业务会逐渐向第四象限靠拢,表现在会计组织中则是越来越多的业务向共享方式或众包方式靠拢,共享中心或众包平台承担了更多的会计职责。

②会计组织的专业化分工更加明显。

③会计组织职能的外部化。

④会计组织去中心化。

(3)信息化环境下会计组织的再造。

①信息化环境下的会计组织目标。会计组织的目标应该于企业目标保持一致。企业目标是价值最大化,因此,会计组织的目标是保证企业价值最大化目标的实现。会计组织的目标不仅在于帮助企业创造价值,同时也必须承担解释价值形成和确定价值分配的职责。由于会计社会化属性的存在,传统的会计组织主要围绕披露价值信息以解脱企业管理层受托责任展开,会计工作的主要任务是向企业的相关利益者投资人、债权人、政府、监管部门、往来客户、内部员工提供会计信息,会计部门的主要工作集中在会计数据的采集、加工、交换和披露上,在信息化背景下,这些过程被信息系统所取代,并能够通过多维信息和综合报告的提供改善会计信息质量,会计组织的目标更多地转向帮助企业创造价值上来。价值创造体现在两个方面,一是通过有效的管理和筹划,提高企业管理效率,降低企业管理成本,间接为企业创造价值;二是不再将货币作为经济活动的从属物,而是将货币作为创造价值的源泉和资源。表现在会计组织的特征上,则是会计组织发展的两个趋势,一是会计组织和业务组织的融合;二是会计组织向金融化方向的延伸和扩展。伴随着财务业务一体化进程的加速,原先归属于会计组织的职能逐渐向业务组织渗透,会计组织越来越多地参与到业务部门的规划、管理、统计、考核等活动中,并更多地参与对企业战略的支持,会计组织逐步向管理会计转型。同时,越来越多的集团企业关注于资金价值创造活动,通过资金池、票据池、投融资管理、融资租赁、担保保险等活动直接为企业创造价值。

②信息化环境下的会计组织功能。企业的资源配置过程是一个包括"数据收集→分析→决策→执行→反馈"的循环迭代过程,在工具和管理能力相对落后的情况下,企业不得不将信息加工、分析过程独立出来,从而保证信息处理过程的公允,但在信息化环境下,企业资源配置的链条得到加速,会计信息的加工过程逐步被计算机系统取代,信息的公允可靠通过技术层面的信息鉴证而提高。会计组织的功能逐步实现了向资源配置的转移。

③信息化环境下的会计组织结构。在经历了扁平化和去中心化的

过程之后,信息化环境下的会计组织结构将呈现出网状结构的特征。所谓网状结构有以下三层含义:第一,网状结构中各节点之间是对等关系。更类似于互联网环境下的端到端关系(Peer to Peer, P2P),各节点具有相对独立的职能,企业各职能之间相对平等。传统的会计组织职能被赋予到多个独立法人或利润中心上,他们之间平等独立地开展各自的业务。第二,网状结构的各节点之间是协同关系。网状结构的各节点之间由于不再有中心节点,各节点之间的工作将摆脱传统的"指挥—控制—监督—评价"的管理模式,而是采用协同的方式展开。各节点之间的连接通过"契约 + 服务"的方式进行组织。所谓契约是指在个节点之间达成的合作协议,是在共同的价值观引导下达成的为企业目标实现而形成的共识,并以合约的形式固化下来。所谓服务则是指个节点之间通过彼此提供服务连接成统一的价值共同体,共同支持企业会计工作的开展。第三,网络结构代表着更大的开放性和稳定性。开放性意味着企业的会计组织将不再是一个封闭的、固化的组织,而是一个开放的、动态的群体。开放意味着企业可以于内部或外部的不同节点进行连接,企业可以调集企业内外部资源,通过自营、共享、外包等多种方式开展会计工作,可以充分借助于内外部的专业化分工提升价值创造能力。动态则意味着企业根据服务需求,按需定制,灵活获取支持和服务,以更低的成本享受更好的服务。

　　④信息化环境下的会计组织文化。在组织文化方面将会注入更多的互联网基因。互联网基因意味着开放、平等、共享和创新。会计组织将更多的类似于阿米巴的方式存在,企业的会计组织将具有更强的灵活性和环境适应性,他们在共同价值观的引导下形成会计生态圈,在良好的"竞合 + 共生"模式下开展会计工作。作为组织中的人员将具有更强的参与感和责任感,能够与企业、与价值生态融为一体,共同为企业创造价值。

　　会计组织作为会计职能的载体,是研究会计发展的一个窗口,在信息化的背景下,会计组织将以企业价值创造为目标,以资源配置为主要职能,形成以"契约 + 服务"方式连接的、动态的、开放的网状结构和"竞合 + 共生"的生态环境。

11.1.1.3 IT 对会计数据管理的影响

　　IT 对会计数据的管理也伴随着 IT 技术的不断发展而发展,随着对数据及其重要性的认识的不断深入,其管理形式也在不断发展变化。

　　(1)文件管理。

　　会计数据以独立文件的形式存在。如类似于 EXCEL 表格、WORD

文档等。以此类方式保存的会计数据虽然实现了电子储存,但其本质和纸质文档管理没有实质区别。文档之间相互独立,难以形成关联关系;文档数据存在大量的数据冗余,数据不一致,数据利用难度较大。

(2)结构化管理。

采用结构化管理方式,将会计数据以二维表格的形式存储,并建立表与表之间的关联关系,遵循数据库设计第三范式(3NF)要求,消除数据冗余和数据的不一致性。对结构化数据的操纵简单,结构化管理方式带给会计数据非常便利的可维护性和可访问性,会计数据独立于会计软件存在,使得数据的共享性大大提升,同时也有利于会计信息系统的维护和管理。

结构化数据管理方式仍然是目前会计数据管理的主流方式,但也存在一些应用弱点,如不支持图片、文本、视频等非结构化数据,无法快速适应外部环境变化等。

(3)大数据管理。

大数据环境下,会计数据不再是结构化数据,而逐步转向结构化数据、半结构化数据和非结构化数据的整合,意味着会计可以更广泛地采集多样化的业务活动数据,并动态实时做出分析、判断和决策。会计信息的呈报也会以多角度、多维度方式灵活展现。

(4)数据治理。

毋庸讳言,在信息化环境下,特别是大数据时代的到来,意味着数据、信息可以为企业或相关组织带来价值,数据真正成为可以带来未来收益的资产。数据资产的管理催生出数据治理的概念。数据治理就是对数据的获取、处理、使用进行监管,以保证数据资产的增值和价值发现。数据治理的功能包括对数据存储、发布、披露、使用、采集的权力进行全程监督和管理。

会计数据作为企业重要的数据资源,始终是数据治理的重要对象。如何保证信息化环境下会计数据的真实、准确、及时,如何保证会计数据加工逻辑的合理、合规,如何恰当地对外披露会计信息,如何对会计信息进行保管和存档,如何对会计信息的访问权限做出清晰的定义是会计数据治理的主要内容。

11.1.2 IT 技术对会计理论的影响

IT 技术对会计的影响首先是从实践应用开始的,但随着 IT 技术不断发展,IT 技术对会计理论的影响也逐步凸显。在 IT 环境下,随着会计管理链条、管理方式、管理行为的不断变化,在会计理论层面也带来一定的影响。

11.1.2.1 IT 环境下对会计目标的影响

会计目标是会计工作应该达到的要求和目的。对会计目标的研究是会计理论研究的核心问题,也通常被认为是研究会计的起点。

IT 技术带给会计业务最明显的变化在于降低信息成本,消除信息不对称,从而降低交易成本,受制于"效益 > 成本"原则而无法在手工环境下实现的会计在资源配置和优化管控方面的目标可以借助于信息化方式实现,会计的目标不仅仅是提供相关利益者所需的各类信息,更可以参与到企业管理活动中,成为优化资源配置的行为和活动。在 IT 环境下,会计的目标可以扩展为实现资源配置和价值创造。

11.1.2.2 IT 环境下对会计基本假设的影响

会计假设即会计基本假设,是指会计人员对会计核算所处的变化不定的环境和某些不确定的因素,根据客观的、正常的情况或趋势所做出的合乎情理的判断。会计假设是会计赖以存在的经济、政治和社会环境的基本前提或基本假设,是构成会计理论的基石。一般意义上的会计假设包括:会计主体、持续经营、会计分期和货币计量。会计假设不是一成不变的,它会随着经济、社会管理环境的变化而改变。

在 IT 环境下,并没有对会计假设带来颠覆性影响,但对各个假设都赋予了新的内涵和意义。

(1)对会计主体的影响。

IT 环境下的会计主体并没有消失,只是会计主体变得更加多样化。会计主体是指会计工作为其服务的特定单位或组织,是会计人员进行会计核算时采取的立场以及在空间范围上的界定[①]。会计主体本质上应该具备三个特征;一是可以通过会计工作为其提供特定的服务,并采取合适的立场;二是可以清楚的确定其边界;三是可以独立的计量。在通常意义上,会计主体往往是一家企业或一个经济实体。但在 IT 环境下,会计主体呈现多样化趋势。在企业内部,随着类似于阿米巴管理模式的出现,会计主体可以是企业内部的一个责任中心;在集团企业中,会计主体可

① 王守军,武雷,查道林,等.我国高等学校会计交易及事项分类的研究 [J].教育财会研究,2013(4):13-20.

以是集团的分支结构,也可以是围绕某一产品、地区形成的跨组织经济体;随着价值链、生态圈等企业价值形态的出现,会计主体也可以是围绕核心企业形成的价值链或生态圈。会计主体在 IT 技术的支持下呈现出多样化特征,但辨别一个会计主体的本质特征并没有发生变化,在任何环境下,都需要清晰地识别会计主体,以便于合理地进行资源配置、利益分配和价值协同。

(2)对持续经营的影响。

持续经营是指企业会计确认、计量和报告应当以持续、正常的生产经营活动为前提。一般情况下,应当假定企业将会按当前的规模和状态继续经营下去,不考虑停业、破产、清算或大规模削减业务等因素,明确了这个基本前提,会计人员就可在此基础上选择会计原则和方法,如资产能够按计量基础计算成本,费用能够定期进行分配,负债能够按期偿还,否则正常的核算就无法进行。

IT 环境下并没有给持续经营带来颠覆性影响。但由于工具的先进性,企业或相关利益者可以从不同维度观测企业的经营状况,并为企业未来发展做出预测,可以使用不同会计原则和方法的组合进行会计确认、计量、记录和报告。持续经营是会计主体进行会计预测、估计的必选假设,但并不排斥企业在其他假设条件下对企业发展做出的判断和分析。

(3)对会计分期的影响。

会计期间是指在会计工作中,为核算经营活动或预算执行情况所规定的起讫期间。会计期间主要是确定会计年度,会计年度也是财政年度、预算年度。会计分期是会计权责发生制进行确认和计量的基础,要求会计按照权利和义务对等的原则核算企业的收益,并使得会计提供的信息具有可比性。

在 IT 环境下,可以支持会计主体进行多种会计分期的核算,可以按照多种时间维度确定权利和义务,也可以按照企业生产特征和营运规律采用多样化的会计分期,以提供更为灵活的会计信息。

(4)对货币计量的影响。

货币计量(Monetary Measurement)是指会计主体在会计确认、计量和报告时以货币计量,反映会计主体的生产经营活动。货币是商品的一般等价物,是衡量一般商品价值的共同尺度,具有价值尺度、流通手段、贮藏手段和支付手段等特点。选择货币这一共同尺度进行计量,能够全面、综合反映企业的生产经营情况。

随着 IT 技术的发展,企业的经济活动日益多样化,但企业的价值却难以通过货币形式全面完整地予以揭示。企业经济活动的不确定性、不稳定性、模糊性愈加明显。一方面,越来越多的为企业带来经济利益的经济活动难以通过货币方式全面准确的反映;另一方面,货币计量要求货币相对稳定性的条件也越来越难以满足。比如,对产品关注度、对网络流量、技术创新性等企业新价值的体现,通过货币尺度难以建立衡量和判别的标准。因此,企业需要多维度的反映企业价值变化的信息,需要更为综合的多种计量标准的报告。

11.1.2.3 IT 对复式记账法的影响

复式记账法能够清晰地描述一项经济活动的来龙去脉,同时,基于会计恒等式,又可以对记载事项的准确性进行校验。可以说,复式记账法是一种科学而高效的信息记录方式。

在 IT 环境下,随着信息多样化需求的产生和信息加工成本的降低,复式记账法并不是唯一的经济事项的记载方式。例如,大数据的应用,使得对分布式数据处理能力得到显著提升,企业的管理者可以在短时间内,围绕某一目标或需求,聚合海量数据进行分析和决策;区块链技术的出现,也使得分布式账簿成为可能,对经济事项的记录和反映可以通过多种途经和方式进行,对经济利益关系的校验不一定完全依赖会计恒等式进行校验。

11.1.3 IT 环境下会计发展的趋势

11.1.3.1 会计和企业微观管理活动的融合

在 IT 技术的支持下,会计活动的独立性逐渐弱化,会计越来越和企业的管理活动融为一体。会计的基本职能是"反映"和"监督",两项职能从本质上讲,就是一种管理活动。在技术手段相对落后的前提下,为保证反映过程的客观公允,必须把这一过程从企业业务活动中剥离出来,建立独立的会计数据采集、加工、存储和披露过程,这一过程也成为绝大多数企业会计工作的主要内容。而这一过程在信息技术的支持下,逐渐和企业的管理活动融为一体。其融合过程主要体现为三个层级。

(1)技术融合,IT 技术的应用不断向会计中渗透,从最初的单项工具应用,逐渐成为会计工作的基础运行平台和环境,并且这一融合进程还在不断加速,技术对会计的带动和引领作用逐步凸显。会计已经深刻感受到信息技术带来的变化。例如,上海国家会计学院调查的影响会计从业人员的十大信息技术评选中,财务云、电子发票、移动支付、数据挖掘、数字签名名列前五。

（2）流程融合。流程融合包括会计与业务的深度融合，最初的业财一体化是通过数据的交换和传递实现的，现在的业财融合则是业务活动和会计活动相伴发生，一体化完成执行、监督和控制。流程融合的另一层面则体现在会计核算活动与会计决策、控制活动的融合，随着核算自动化程度的提高，以及借助于数据挖掘、人工智能、大数据等技术，会计控制和决策效率显著提升，会计核算与决策、控制活动也逐渐融为一体。

（3）职能融合。当会计流程与业务流程融为一体后，相应的职能也逐渐融合，会计真正成为企业管理活动中的一个组成部分，是业务活动的一个分支。这一过程也在财务共享服务中心得到体现。在财务实现共享后，一般会将企业的财务活动划分为战略财务、共享财务和业务财务三个部分，共同支持企业的会计管理行为和管理活动。

11.1.3.2 会计和社会宏观管理活动的融合

在信息技术的支持下，会计管理活动也伴随着企业管理链条的延伸逐步向外扩展。

（1）会计向集团企业的延伸。会计在信息技术的支持下，实现了向集团企业的延伸，集团企业通过预算管理、资金管理、集团报表等系统实现了对分支机构的管理和控制；通过财务共享中心的建设实现了会计资源的规模化管理和专业化分工，进一步提高了效率降低了成本；通过内部控制、内部审计信息化实现了对集团企业业务活动的监督和控制，有效降低了企业风险。

（2）伴随着价值链的延伸。特别是随着 SCM（Supply Chain Management）、CRM（Customer Relationship Management）等系统的应用，企业实现了计划、管理向上游供应商和下游客户的延伸，在信息技术的支持下，可以实现与上下游之间的动态协同和连接，保证了业务的顺畅，同时也明确了供应链上各成员之间的权责，实现价值链的共赢。

（3）在信息技术的推动下，特别是和企业相关利益者的信息系统集成，会计的链条已经向社会公共管理领域延伸。企业、银行、税务机关、鉴证机构、监督机关、证券市场可以实现数据的互联、互通和互相印证，进一步改变了会计信息的生成方式和鉴证模式，会计需要在更为广泛的领域考虑权责的分配和利益的均衡，需要在社会层面考虑资源的配置和优化。同时，会计作为社会经济宏观管理工具的作用得到体现，会计不仅仅提供面向微观的管理活动,同时也是社会宏观经济运行、宏观调控的重要手段。集成业、财、经一体化的大会计信息系统呼之欲出。

11.2 大数据与云计算在会计信息化中的机遇和挑战

随着移动互联网技术、物联网技术及自动数据采集技术等技术的快速发展及广泛应用,人们面临着前所未有的海量数据量,并且数据量呈现爆炸式增长。据相关统计显示,互联网上的各类数据量以两年翻番的惊人速度递增,每年的增长速度高达50%。

什么是大数据? 通俗来讲,大数据就是大量的数据,但是,众多的数据有何作用,人们如何从大数据中获益呢? 大数据技术的数据主要通过统计、检验、科学实验等方式来获取,被广泛用于技术设计、科学研究、决策及查证的数值。通过全面、准确、系统地测量、收集、记录、分类、存储这些数据,再对其进行严格地统计、分析、检验就能得出一些很有说服力的结论。长期地测量、记录、存储、统计、分析大规模数据,所获得的海量数据就是大数据。学术界已经总结了大数据的许多特点,包括体量巨大、速度极快、模态多样、潜在价值大等。目前关于大数据的特征还具有一定的争议,但是普遍被接受的4V:规模性(Volume),多样性(Variety),价值密度(Value)和高速性(Velocity)进行描述。因此,大数据时代的会计数据肯定是以定量描述性数据为主,定性描述会计数据与非结构化、碎片化会计数据为辅,从而也决定了以后的会计数据的计量手段同样还应是以货币计量为主,其他计量为辅的做法。目前会计理论与实务的发展遇到了困境,如人力资源会计、行为会计、企业社会责任会计、环境资源会计等,其主要原因在于这些重要的会计领域难以定量描述,难以准确地反映在报表上,而大数据的产生以及大数据挖掘方法的应用将会促进这些领域的定量描述,把这些领域逐渐纳入到会计核算体系,更真实、更全面地反映某一会计主体的生产经营过程以及经营结果,将从可靠性与相关性等几个方面提高会计信息的质量。

11.2.1 大数据和云计算在企业会计信息化中的应用优势

11.2.1.1 降低会计信息化应用成本

大数据和云计算降低会计信息化应用成本体现在三个方面:第一,

企业可以从大数据和云计算服务商那里租用 IT 基础设施,不需要进行巨大的一次性 IT 投资,彻底省去了购置、安装、管理资源的费用;第二,企业在使用这些资源时,可以按照实际使用量付费,并且可以运用到最新的软硬件资源;第三,传统的会计信息系统需要大量的人力和物力对 IT 设施进行维护和管理,使用大数据和云计算,软硬件资源交给更加专业的团队进行维护,既节省成本,又可以获得更高的性能和可靠性,企业可以更专注于对自身发展有长远作用的战略性活动[①]。

11.2.1.2 提升会计信息化专业水平

大数据和云计算服务提供商雇用了专业的会计人员和行业专家,他们对业务有深刻的理解并拥有丰富的管理经验。即使不同行业的企业,也可以及时获得业务管理最有针对性的解决方案。会计人员的工作变得更加方便快捷,管理者能够实时掌握企业的财务状况,快速识别和控制企业风险,增加数据管理的可靠性。

大数据和云计算将财务数据放在云端,有专业的团队帮助企业管理信息,有专业的数据中心帮助企业备份数据。云计算采取的是大规模分布式存储方式,这种方式通常把完整的数据实体切割成若干的“块”或者“碎片”,然后将每一个“块”或者“碎片”通过互联网存储在多个远程的服务器上,如果有非法用户想要盗取云中数据,必须获得存储所有“块”的服务器的访问权限,这几乎是不可能的。另外,这种分布式存储方式会在不同的服务器上对分块文件建立副本,因此,即使一台服务器发生故障,也不会导致数据丢失。

11.2.1.3 提高工作效率

从企业内部看,未来更多的经济交易都可以通过资金转移和电子数据交换在网上进行。例如,当经济业务发生时,数据信息通过互联网及时地在云中进行处理,形成相关的会计信息,并可以进一步进行成本控制、预算控制等业务。大数据和云计算强大的计算能力,可以实时形成各种指标和报表,管理者能够迅速了解企业经营状况,识别经营风险。大数据和云计算以内部会计流程为中心,通过信息流协同企业各部门有序合作,进而形成高效率的企业信息一体化流程。

从企业外部看,企业可以随时向上下游企业、客户和合作伙伴索取和

① 刘爽,谢武.云会计在企业会计信息化中的应用研究 [J].新会计,2012.

提供数据。例如,目前各地税务系统逐渐将云计算系统平台引入到税收信息化建设中,企业可以通过该平台进行各项办税业务;会计师事务所可以通过网络对企业的财务状况及时做出电子版审计报告;企业购销业务的合同采用电子数据的形式在网上进行交互,通过互联网进行资金转移。大数据和云计算通过互联网实时处理企业与外部有关部门之间的财务和会计业务,加快了交易速度,提高了工作效率。另外,企业可以把整个会计流程划分为几个部分,把其中的某一个业务流程交给财务公司、会计师事务所等,这样可以精简人员,使工作更有效率。

11.2.2 大数据和云计算对会计信息化的挑战

11.2.2.1 数据安全性挑战

如何建立安全、性价比高的存储系统成为业界的普遍需求。云计算系统中用户数据存储在云端,如何保证用户的数据不被非法访问和泄露是系统必须解决的两个重要问题,即数据的安全和隐私问题。云计算系统本身的可扩展性、可用性、可靠性、可管理性等都是要重点解决的问题。

因为云计算和云存储技术的发展,才让大数据的应用成为可能,云计算和云存储技术是解决大数据分析、预测的基本方法。

以云计算和云存储为基础的数据存储、信息分享和数据挖掘,可以高效地将大量、高速、多变的数据存储起来,并随时进行分析与计算,使得从数据中提取隐含的、未知的、具有潜在价值的信息越来越容易,但却给个人隐私和数据安全保护带来极大的挑战。

云存储是在云计算概念上延伸和发展出来的一个新的概念,是一种新兴的网络存储技术,是指通过集群应用、网络技术或分布式文件系统等,将网络中大量的各种不同类型的存储设备通过应用软件集合起来协同工作,共同对外提供数据存储和业务访问功能的一个系统 [①]。

经常听到人们谈论云存储,但是没看过实际的图,人们很难想象云存储到底是什么模样,图11-2就是一个云存储的简易结构图。

与传统的存储设备相比,云存储不仅是一个硬件,而且是一个由网络设备、存储设备、服务器、应用软件、公用访问接口、接入网和客户端程序等多个部分组成的复杂系统。各部分以存储设备为核心,通过应用软件对外提供数据存储和业务访问服务。云存储系统的结构由四层组成,如

① 贺海玉.基于5G技术的移动视频直播系统设计及应用[J].电视技术,2019(Z2):62-64.

图 11-3 所示。

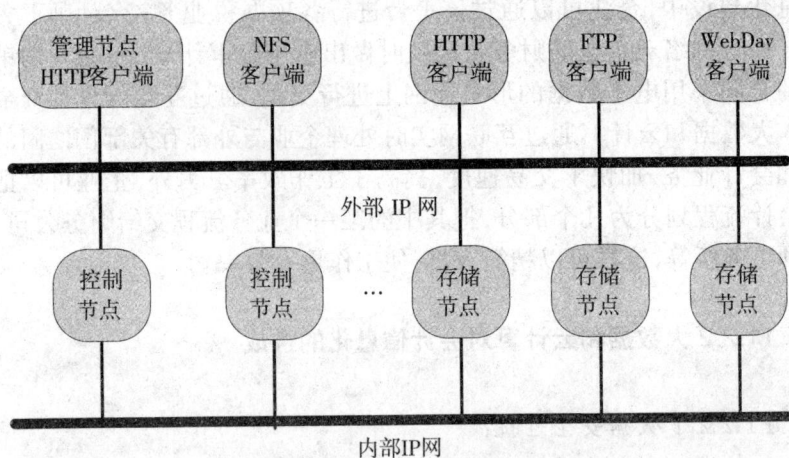

图 11-2　云存储简易结构

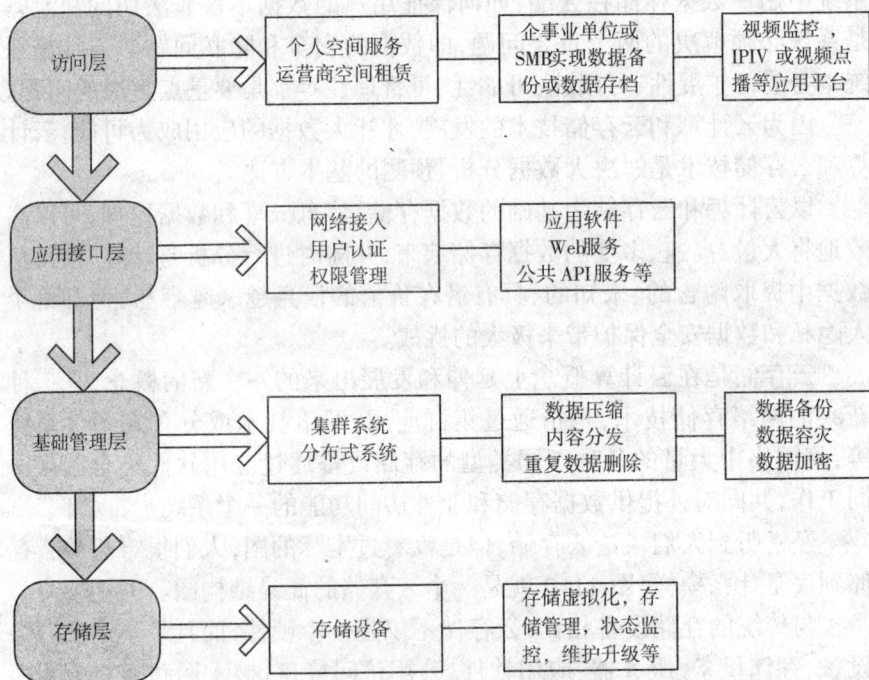

图 11-3　云存储结构模型

云存储所面临的安全问题多种多样,比如由云服务商管理事故或黑客攻击引起的数据损坏、数据窃取、访问控制漏洞等,更有甚者,可能存在一些恶意的云服务商,故意隐瞒事故,甚至是直接由经济利益驱使、盗卖数据等。不过粗略地划分一下,可以发现,无论是什么样的安全隐患,要么是破坏了数据的完整性,要么是破坏了数据的隐私性。

（1）数据完整性。

当用户将数据远程存储至云端后,为了释放本地的存储空间以及降低本地维护管理数据的成本,用户一般会选择不再保留本地的数据备份,那么一个很重要的问题是：如何保证用户存储至云端的数据是完整的。一个简单而平凡的想法是,我们可以利用传统密码学中的 Hash 算法,先对本地数据计算出一个 Hash 值,验证数据完整性的过程可以分为这样两步：从云端将外包的数据下载至本地；在本地计算这个数据的 Hash 值,和之前计算出的 Hash 值比较,如果一样,则证明数据是完整的。

这样做理论上讲是正确的,但是存在一个很明显的缺点：通信量过大。每一次验证都要将全部数据传输一遍,如果用户需要频繁地执行验证,那么这种通信量是一定不能被接受的。

为了解决上述问题,针对远程云数据的完整性验证的研究快速展开。这些研究成果大多采用"挑战 – 应答"模式,通过挑战外包数据的部分数据块,以较高概率检测出整个数据集的完整性,此外,由于很多外包至云端的数据是敏感的、机密的,所以几乎所有的数据完整性验证方案还要考虑数据隐私性的保护问题,有关于数据隐私,在后面会有详细的论述。现在,将国内外学者在数据完整性验证领域的几个主要的研究成果列举如下。

①2007 年,Juels 等首次提出了对于文件的可取回性证明方案（Proots of Rett–ivabilit,POR）,此方案是最早的关于完整性验证的详细论述,用户不需要将数据全部取回,而只需要存储一个用于验证的密钥。

②同年,Ateniese 等也同样提出了一篇具有开创性意义的数据持有性证明方案（Proofs of Data Posession,PDPI）,PDP 与 POR 的作用类似,都是为了解决远程大文件的高效完整性验证问题,然而 PDP 只保证所存储的数据的完整性,并不关心数据一旦被损坏是否可恢复,POR 则通过编码技术保证了数据损坏后的可恢复性。

③2012 年,Wang 等提出了一种安全可靠的云存储服务,在这个方案中,他们实现了数据完整性验证、数据恢复、错误定位,以及动态更新等多重功能。

④2013 年,Wang 等提出了对于云存储安全的公开审计方案,在保护用户隐私性的前提下允许一个不可信的第三方承担用户的数据完整性审计工作,从而大大减轻了用户的负担。

⑤2014 年,Armknecht 等基于 POR 方案设计了一种新的 OPOR 方案,

考虑了之前 POR 方案没有考虑到的安全问题,同时也进一步减轻了用户在数据审计过程中的通信及计算代价。

其实上面只是列举了有关数据完整性验证研究的冰山一角,除此之外,还有很多研究工作,在支持动态更新,多副本存储等方面做出改进。比如 Erway 等在 2009 年提出了动态 PDP 的概念,设计了可支持动态更新的 PDP;Hao 等在 2010 年提出多副本数据的完整性验证;Du 等针对多租客的云基础设施中可能存在的共谋攻击,构建了基于数据重放的解决方案,提出了基于节点自身信任分数和节点间信任分数的自适应多跳完整性证明协议。此外还有很多非常有影响力的研究成果,这些研究成果使得云端数据完整性验证技术日臻完善,限于篇幅,我们在此不一一列举了。

总结一下,云计算所提供的新的数据存储模式和传统的本地存储有着本质上的不同,这使得数据完整性验证变成了一个具有挑战性的难题。为了解决这个问题,几乎所有的完整性验证方案都从以下五个方面提出了相应的技术需求。

①轻量级通信。为此,大多方案使用概率性的验证方案(比如挑战数据块的完整性)。同时,即便是采用这种计算标签的"挑战应答"协议,也要使得用户所需要传送和接收的信息量尽可能地低。

②支持动态更新。云存储需要支持数据的动态更新,对于用户而言,长期存档使用的,不需要更新的数据量毕竟有限,更多的是一些需要即时更新的数据。所以更新过程不能为用户或者云造成过大的通信及计算代价。

③更加准确。因为大多完整性验证是概率性的,所以要能够保证这些方案尽可能地以接近 100% 的概率正确验证数据完整性。

④更加高效。"挑战应答"更加节省用户及云服务商的计算代价,例如引入第三方审计者的方案,就是为了解决这个问题。

⑤更加安全。在验证数据完整性时,特别是将审计任务外包给一个第三方审计者的情况下,要能够应对各种能力的敌手对用户数据隐私的攻击。

针对上述技术需求,我们在已有方案的基础上,针对新的应用环境提出了对于数据完整性验证的改进策略。

(2)数据隐私性。

与数据完整性所带来的安全问题相比,数据隐私性的风险更加严重和普遍。数据时代,数据就是资源,就是金矿,谁掌握了数据,谁就掌握了时代的脉搏。所以几乎任何商业竞争,到最后都是对于数据的竞争,所以无论用户出于何种考虑将数据外包,一个最需要谨慎考虑的问题就是数据的机密性以及用户的其他隐私,例如企业用户外包的可能是商业机密数据,政府机构外包的是社会统计数据,医疗、金融这些机构外包的数据,类似于健康记录、财务状况等,都严重涉及用户隐私。虽然说,具有更稳定服务性能的云存储技术会在一定程度上比传统的本地数据存储更有优势,比如通过部署集中的云计算中心,可以组织安全专家以及专业化安全服务队伍实现整个系统的安全管理,避免不专业导致安全漏洞频出而被黑客利用。但是,与此同时,云存储的集中管理却更容易成为黑客攻击的重点目标。由于系统的巨大规模以及前所未有的开放性与复杂性,其安全性面临着比以往更为严峻的考验。以上这些安全隐患,使得数据隐私性这个传统概念在云计算的大环境下有了新的意义。首先,我们先要搞清数据隐私性与数据机密性的区别。所谓数据机密性,这是一个较为狭隘的概念,指数据内容本身的保密性;而数据隐私性则含义更为广泛,既指数据外包的数据内容本身,也指由外包数据、读取数据、检索数据等一系列操作所带来的关于用户身份、癖好、习惯等一系列涉及隐私的数据。

当前数据隐私性的风险来源大致有以下四个方面。

①由云服务器管理者的管理疏忽或黑客攻击造成的数据泄露,也是当前最常见的隐私问题。

②由恶意的云服务商主动造成的数据泄露,云服务商通过这种恶意盗卖数据,以谋取自身经济利益。这种情况有两种特征:由于这属于极度恶劣的违法行为,所以发生率不高,但不是不可能;如果用户外包的是明文形式的数据,那么一旦这种情况发生,数据机密性将一定被破坏。

③由云计算的动态虚拟化机制引发的安全问题。

④由用户数据访问造成的隐私性泄露。用户将数据存储至云端当然不仅仅是"存"这么简单,更复杂的问题是数据的访问,因为多数情况下存储至云端的数据是经过加密的,那么很多明文上方便使用的功能,在密文上就变成了一个难点如何操作密文数据,同时不暴露任何与用户相关的隐私,也是当前的研究热点针对这些数据隐私方面存在的安全隐患,一个简单而有用的方法是对数据在外包前加密,这也是云环境下,隐私保护最常用的方法。传统的对称加密算法,比如 DES、AES 显然已出现了几十年,但即便在当今,普遍计算能力早已超越当年好几倍,这些加密算法也依然表现出可靠的安全性以及良好的实现性能。然而,我们需要解决的一个问题是:如何在云端所存储的加密数据上,执行以前能在本地存储的明文数据的操作,包括查找、读取、计算、修改等。技术上讲,对于外

包的加密数据,既要能够保证准确、高效的数据使用,又要保证整个数据使用过程的安全性(特指保护数据机密性以及其他用户隐私)。

除了加密之外,还有另外一种常见而有效的方式是对数据分类处理,将关键的机密数据单独放在个别服务器上,与其他的服务器进行隔离。在 Hadoop 平台上构建了一种混合云的存储模型,在保证安全性的同时,也提高了存储数据的传输速度与检索效率。

11.2.2.2 管理型财务向价值型财务体系转型的挑战

大数据时代带来的挑战已深入各行业、各企业的业务体系。财务系统及资产管理部门须积极提升企业绩效管理能力与风险管理水平,推动企业关键信息的整合,实现更高的利润增长和投资回报。在云计算应用模式下,新的管理方式能够被很快集成在云中,企业可以根据自己的需求选择相应的服务。由于系统部署在云端,软件服务、业务服务均可在云端进行。财务管理的云服务化,使财务管理可以在任何地域实现。财务管理活动中,企业内外部的相关数据信息都要通过财务流程来进行相应的处理,生成有利于决策的财务报表,其处理的数据量是巨大的。数据仓库、数据挖掘等技术的发展,为财务信息系统实现智能化、远程化、实时化提供了有力的技术支持,使得财务信息系统提供实时财务信息成为可能。由于国内企业信息化多发端于财务部门,原有的财务管理体系正按照信息系统的架构方式逐步进行配置与展开,信息化管理已经成为推动提升股东价值战略的重要杠杆,使得企业从管理型财务向价值型财务体系转型。在价值型财务体系中,财务人员的工作将聚焦于价值管理和价值创造。在这个过程中,以云计算为代表的新一轮技术进步,对完成向价值创造型财务的转型具有催化作用,在迈向"财务智慧新时代"的进程中,以云计算、大数据和共享中心为代表的主流 IT 应用成为价值创造型财务体系的重要技术支撑[①]。

---

① 梁勇.基于大数据与云计算的会计信息化变革研究[J].中国管理信息化,2013(23):20-22.

11.3　云计算环境下的中小企业会计信息化模式

11.3.1 云计算概述

以前由于条件的限制,个人使用计算机软件与企业建立和开发系统,都需要一定的预算。例如,个人首先需要在自己的电脑上安装各种软件,这些软件有些免费,而有些软件需要额外付费。即使是不经常使用的付费软件,也需要购买后才能使用。而对于企业来说,如果需要建立一套软件系统,除了需要购买硬件等基础设施外还需要购买软件的许可证,同时,需要由专门的人员维护。随着企业规模的扩张和需求的增加,各种软、硬件设施需要通过不断升级来完成工作、获取盈利、提高效率。但事实上,企业真正所需要的并不是计算机的硬件和软件本身,如何通过租用和共享来减少支出,对企业来说,真的是再好不过。

部分服务提供商抓住这个机会,纷纷开始思考:为给个人和企业用户提供更多的便捷,是否可以提供某种服务,例如,将软件以租赁的方式提供给用户? 这样,用户只需要交纳少量租金,就可使用这些软件服务,不仅能够节省许多购买软、硬件的资金,还能够及时更新服务资源。在计算机应用中推广这种服务模式的想法最终导致了云计算的产生。

云计算改变了人们的生活和工作方式,为人们的生活提供了无限的可能。用户的计算机只需要通过浏览器给"云"发送请求然后接收数据,就能便捷地使用云服务。这样一来,计算机不再需要过大的内存,甚至也不需要购买硬盘和安装各种应用软件,但仍然能获得海量的计算资源、存储空间和各种应用软件等。

11.3.1.1 云计算的概念

由于人们对云计算的认识还不够全面,云计算也在不断地发展和变化中,因此目前云计算并没有非常严格和准确的定义。

在计算机还没有普及的 20 世纪 60 年代,就有科学家曾经提出"计算机可能变成一种公共资源。"2006 年,谷歌首席执行官艾里克·施密特在搜索引擎大会上第一次提出了云计算的概念。

从云计算概念的提出到不断推广和逐步落地,其作为 IT 产业的革命性发展趋势已经不可逆转,甚至被称为当今世界的第三次技术革命,但到底什么是云计算,却是众说纷纭,有许多种定义,让人云里雾里。

云计算已经成为一个大众化的词语,似乎每个人对于云计算的理解各不相同,云计算的"云"就是存在于互联网上的服务器集群上的资源,它包括硬件资源(服务器、存储器、CPU 等)和软件资源(应用软件、集成开发环境等),本地计算机只需要通过互联网发送一个需求信息,远端就有成千上万的计算机为用户提供需要的资源并将结果返回给本地计算机。

最近几年,云计算这一概念经常成为各大报道的头条,虽然大部分人对云计算的真正含义还不是很了解,但是不得不承认,云计算技术在社会生活的诸多领域中已经开始运用。云计算是一种具有开创性的新计算机技术,它是传统计算机和网络技术发展到一定阶段融合的产物。通过互联网提供计算能力即,就是云计算的原始含义。

2012 年,国务院政府工作报告将云计算作为国家战略性新兴产业给出了定义:"云计算是基于互联网服务的增加、使用和交付模式,通常涉及通过互联网来提供动态、易扩展且经常是虚拟化的资源。"

云计算能提供更多的厂商和服务类型。云计算的应用和影响力日益扩大,并成为新兴、战略性产业之一。云计算体系结构如图 11-4 所示。

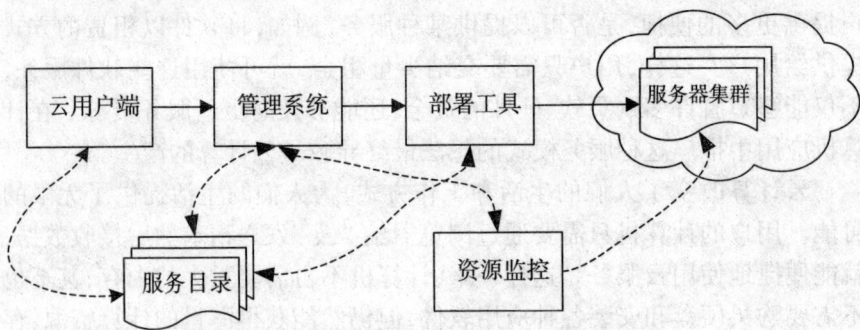

图 11-4 云计算体系结构

在云计算环境下,用户形成了"购买服务"的使用观念,他们面对的不再是复杂的硬件和软件,而是最终的服务。用户不需要购买硬件设施实物,节省了购买费用,同时可以节省等待时间(漫长的供货周期和冗长的项目实施时间),只需要把钱汇给云计算服务提供商,就能立刻享受服务。云计算的最终目标是将计算、服务和应用作为一种公共设施提供给公众。

11.3.1.2 云计算的特征

目前,大众普遍接受的云计算具有以下特点。

(1)规模化。云计算"资源库"拥有的规模相当大,一般由较多台机器组成"云"的集群,企业的云系统一般拥有几十万台到一百多万台服务器,企业的私有云一般也拥有成百上千台服务器不等。

(2)虚拟化。在互联网的基础上建立了云计算,而互联网本身就是一个虚拟的世界,因此,云计算技术也是虚拟的。事实上,可以把云计算类比成一个存在于网络虚拟世界里的"资源库",所有用户请求的来源都出自该"资源库",并非一个个固定的实体。

(3)可靠性高。"将资料存储在硬盘里或计算机中,硬盘或计算机一旦出现故障,或者云系统一旦崩溃,自己的资料会不会无法找回?"这是很多用户的担忧。实际上,"云"使用了数据多副本容错、计算节点同构可互换等措施来保障服务的高可靠性,使用云计算比本地计算机的可靠性要高。因为数据被复制到了多个服务器节点上拥有多个副本(备份),即使遇到意外删除或硬件崩溃存储在云里的数据也不会受到影响。

云计算技术相比于传统的互联网应用模式,它不仅能够从各个方面确保服务的灵活性、高效性和精确性,还能够为用户带来更完美的网络体验以及为企业创造更多的效益。

(4)通用性。为了给用户提供更大的便利,在"云"的支持下可以构造出千变万化的应用,同一个"云"可以支持不同的应用同时运行,用户对是否通用并不用担心。

(5)可扩展性高。为了能够满足应用和用户规模增长的需要,云计算的规模可以动态伸缩,用户可以根据自己的需要进行扩展。

(6)按需服务。云计算有一个庞大的资源库,用户按需购买,可以充分利用资源,不造成资源浪费。

(7)成本低。云计算技术拥有强大的容错能力,其节点的构成成本非常小。用户和企业都能认可它所创造的价值。例如,利用云计算只要花费几百美元和几天时间就能完成以前需要数万美元和历经数月才能完成的任务。

(8)资源的共享性。达到资源共享是云计算运行的目的,同时也是对用户的主要贡献之一。其可以不受地域的限制,即便用户处于世界的另一端,只要被网络覆盖,用户对云数据的需求都能够得到满足。拥有庞大的计算机服务器系统的云计算系统的服务商,它们能够通过网络,建立起一个足够大的平台,然后在这个平台中,用户的计算机或者手机能够获取所需的服务,这样极大地增加了知识和信息的共享性,同时服务商的运营成本也得以降低,真正优化配置了资源。

11.3.1.3 云计算的应用

云计算作为一项涵盖面广且对产业影响深远的技术,已逐步渗透到信息产业和其他产业的方方面面,并将深刻改变产业的结构模式、技术模式和产品销售模式,进而深刻影响人们的生活。随着云计算的不断发展,云计算的应用也将越来越广泛。

近年来,金融行业加快了云计算的应用步伐。目前我国银行、证券、保险机构正分批次将所有的系统,先从不重要的再到核心的,全部部署在自行搭建的私有云或由云服务商搭建的私有云或公有云上。在金融行业中,银行云计算应用居首,保险次之、但后续发展劲头强劲,中小金融机构对金融云的需求也在提升。

云计算技术可以充分满足互联网金融企业对于 IT 系统高度弹性、快速部署、按需选择、按量收费、灵活伸缩的诉求,为互联网金融赋能,广泛应用于 P2P、第三方支付、众筹、金融网销等互联网金融业务场景。互联网金融巨头可以构建云平台,而中小互联网金融企业可以直接购买云服务商产品。下面就云计算互联网金融应用场景进行介绍。

(1)互联网金融云平台。

在快速变化的互联网金融行业里,云计算实际上就是互联网金融的支撑平台,它为整个互联网金融的发展奠定了一个安全、可靠、坚实的基础。

云平台采用开放的分布式互联网技术架构,维护系统安全稳定,按互联网金融多服务场景灵活匹配定制。云服务可快速接入并支持自主选择模块。通过智能授权和大数据分析的场景化应用进行风险趋势分析,完善金融企业的风险管控体系。

①综合互联网金融云平台。互联网金融云平台,可以为客户打造一站式整体线上金融服务解决方案,帮助客户提升获客、营销、客服、产品、支付、风控等互联网金融平台基础能力。多功能的互联网金融云平台架构如图 11-5 所示。

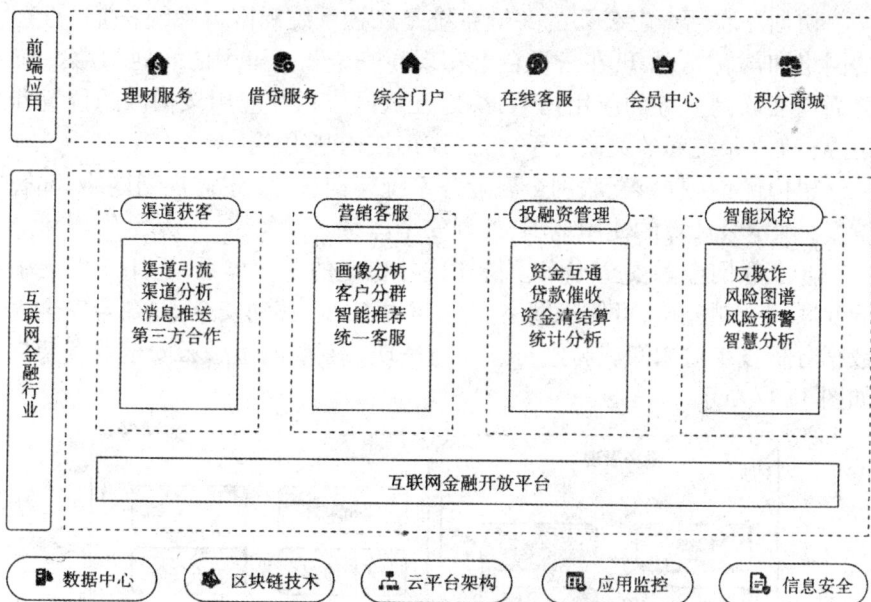

图 11-5　互联网金融云平台架构

资料来源：平安云。

②互联网金融方案。互联网金融方案适合初创的互联网金融公司快速搭建平台,满足在开业筹备期间快速完成各类监管验收所需的系统搭建和业务功能。互联网金融云业务架构如图 11-6 所示。

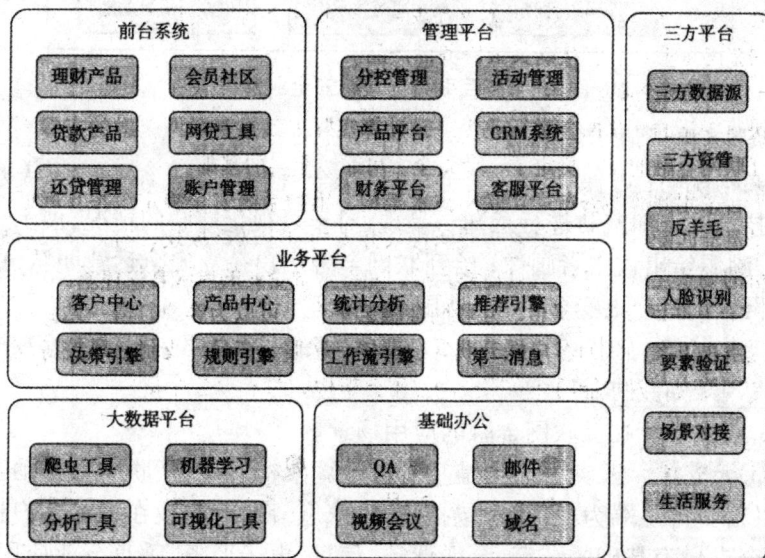

图 11-6　互联网金融云业务架构

资料来源：阿里云。

初创互联网金融公司的关键系统是风控系统和网申系统;通过合理的网络和部署规划,可在云平台上实现高安全和高可用的规划、方案;确立面向互联网业务的应用体系,决定互联网应用在应用架构内的位置和边界;确立系统间的关联关系,形成应用架构基线。

架构优势:提供互联网金融业务系统架构参考;按需规划网络、部署方案;确定云计算的使用范围,规划安全体系。

③互联网金融安全方案。搭建成熟稳定的安全体系,适用于发展中的互联网金融公司,可保障网络安全、主机安全、移动安全,并结合安全大数据分析技术对未知威胁进行感知与呈现。互联网金融云安全业务架构如图11-7所示。

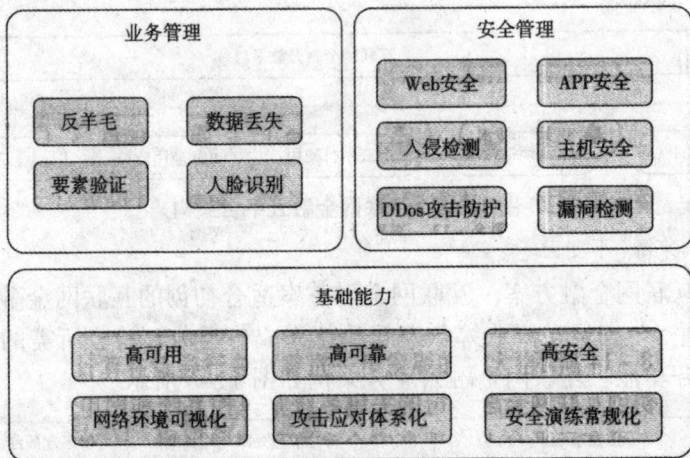

图11-7 互联网金融云安全业务架构

资料来源:阿里云。

架构说明:可保障网络安全、主机安全、移动安全;结合安全大数据分析技术对未知威胁进行感知与呈现,对于可视化威胁的情况,展示入侵路径,溯源给出攻击者画像;给互联网金融用户一支安全运营团队,保证互联网金融用户更安全、可靠地开展业务。

架构优势:轻松应对 DDoS 攻击;严密的防控手段;预防敏感数据泄露;发现未知威胁。

(2)云计算在互联网金融的应用场景。

①云支付。云支付指的是基于云计算架构,依托互联网和移动互联网,以云支付终端为载体,为包括个人、家庭、商户、企业在内的客户提供以安全支付为基础的结算、金融业务、信息、电子商务、垂直行业应用、大数据等各种云服务的新一代支付模式。

云支付可以克服移动支付可能发生的商户不支持、安全隐患及付费失败等问题,以提高支付流程的安全性和稳定性,提升用户信心,减少用户投诉。以腾讯云支付为例,腾讯云支付至今的订单故障率在每百万单以下,中间态的恢复时间一般在 10 秒以内。云支付在支付流程中的位置如图 11-8 所示。

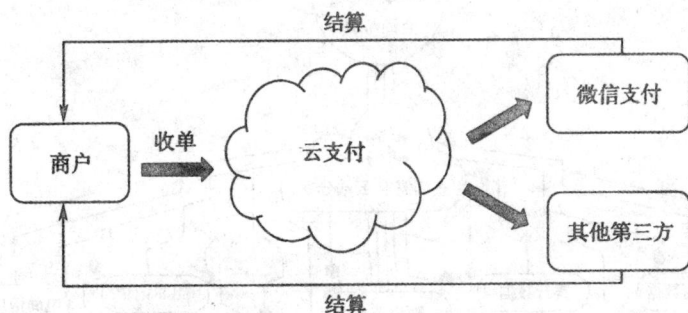

图 11-8　云支付在支付流程中的位置

云支付内部其他模块建构如图 11-9 所示。

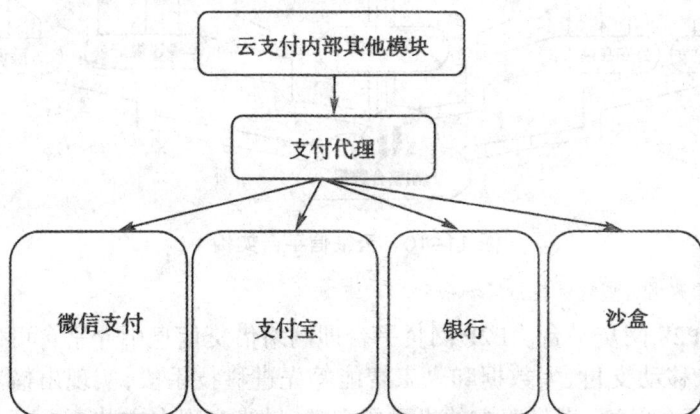

图 11-9　云支付内部其他模块建构

一个构建良好的云支付,基本上可以在保证数据安全性的基础上,为商户服务商提供简单、易用、数据视图一致、逻辑视图一致、用户视图一致的商业支付解决方案,降低商户 / 服务商使用第三方支付的门槛,降低错误率,提升用户信心,保障用户和商户的资金安全。

②客户征信:云征信。云征信采用分布式零存储创新模式,数据更安全。一站式查询所有的征信数据,方便快捷;行业 P2P 平台对接联盟,有效预防多头贷款,抵制行业老赖;采取点对点连接查询(即分布式查询),数据提供方为知名 P2P 平台、征信公司、大数据公司,在保证数据来

源可靠性的同时又保证了数据的安全性。

云征信平台通过云端整合对象各方面关联数据,云端分发,回应客户查询请求。云征信平台架构如图 11-10 所示。

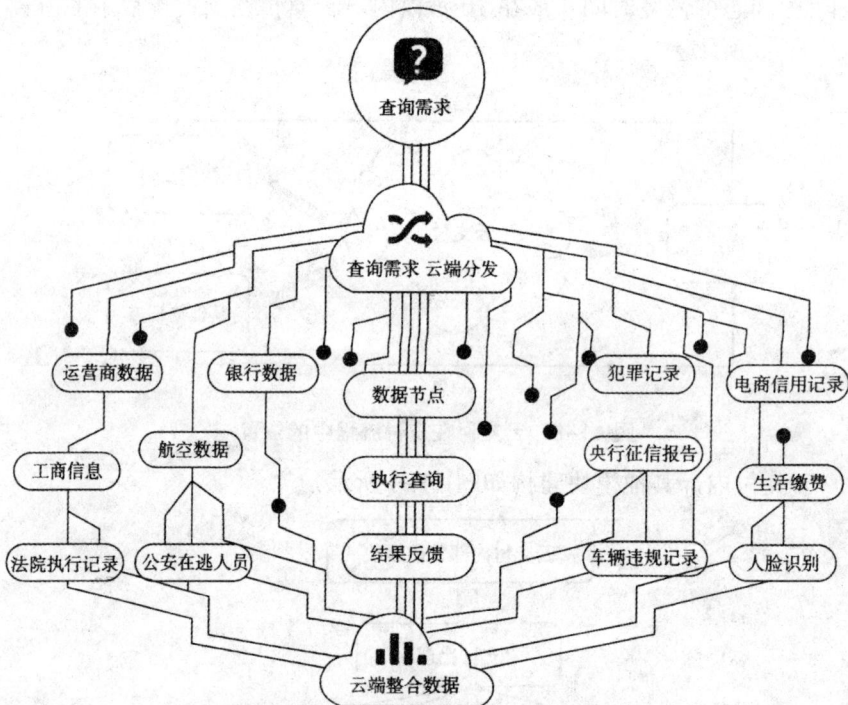

图 11-10　云征信平台架构

资料来源:蜜蜂数据。

③ P2P 网贷平台。P2P 网贷平台即网络借贷信息中介平台可以借助云计算、移动支付、大数据和人工智能等先进科技手段,实现出借者和融资者的资金融通,满足双方的投融资需求,最终实现多方共赢。

④借贷反欺诈。云计算可以克服网络借贷中常见的欺诈问题,及时预警潜在的针对客户的欺诈风险,使信贷欺诈显形。下面以腾讯云天御借贷反欺诈(AntiFraud, AF)为例进行说明。天御借贷反欺诈专注于识别银行、证券、互联网金融、P2P 等金融行业的欺诈风险。

通过腾讯云的人工智能和机器学习能力,准确识别恶意用户与行为,解决客户在支付、借贷、理财、风控等业务环节遇到的欺诈威胁,帮助客户提升风险识别能力,降低企业损失。

①贷前审核。天御借贷反欺诈适用于银行、互联网金融、P2P 等金融行业的借贷场景,有效提高欺诈风险识别能力,降低企业损失。通过贷前

审核,快速判断申请人的欺诈风险,有效识别黑白用户。

②消费分期。适用于消费金融、银行、电商平台等消费分期场景,提高欺诈风险识别能力,避免用户钱货两空。

11.3.2 基于云计算的中小企业在选择会计信息化建设模式

云计算是一种商业计算模型,它将计算任务分布在大量计算机构成的资源池上,使用户能够按需获取计算力、存储空间和信息服务。美国国家标准和技术研究院提出云计算的三个基本架构(服务模式),即软件即服务(SaaS)、平台即服务(PaaS)和基础设施即服务(IaaS)。不同的云层,提供不同的云服务。那么基于云计算的中小企业在选择会计信息化建设模式分为以下三种。

11.3.2.1 软件即服务(SaaS)

SaaS 是一种基于互联网提供软件服务的应用模式,即提供各种应用软件服务。用户只需按使用时间和使用规模付费,不需安装相应的应用软件,打开浏览器即可运行,并且不需要额外的服务器硬件,实现软件(应用服务)按需定制。在用户看来,SaaS 会省去在服务器和软件授权上的开支;从供应商角度来看,只需要维持一个应用程序就够了,这样能够减少成本。SaaS 主要面对的是普通用户。

SaaS 的典型产品有 Salesforce.com、阿里软件、铭万、金算盘、中企动力、神码在线、商务领航、友商网、八百客、bibisoft.cn 等。其中,Salesforce. com 是全球按需 CRM(Customer Relationship Management,客户关系管理)解决方案的领导者。阿里软件居世界第二,是中国最大的电子商务网站阿里巴巴集团继成立"阿里巴巴""淘宝""支付宝""雅虎"后,于 2007 年 1 月 8 日成立的第五家子公司。

相较于大型企业,SaaS 模式提供了更好地解决中小企业会计信息化的方案。在 SaaS 模式下,中小企业资金实力不足以自己开发组建内部云计算平台,而且数据也不像大型企业那么庞大,根据成本效益原则,租赁云计算平台比较合理。SaaS 之所以能成为中小企业新宠,是由于它在降低中小企业自身运营维护风险的同时降低了维护和人员成本,充分利用互联网在线服务,把财务系统软件作为应用程序放在云平台中供企业按需租用资源。比如在云平台中部署有会计核算管理系统、固定资产管理系统、报表生成应用系统、存货管理系统等与会计信息化系统应用相关的模块,用户订购自己所需业务模块,不需要购买软件许可和安装需支持的软硬件,从传统的一次性财务软件买卖关系变为长期的客户服务关系。在这个平台中,管理者可以随时随地掌握最新发布的财务数据,以便企业利用有价值数据进行内外部沟通协调,尽早发现企业资金利用缺陷和财务管理漏洞,大幅度提升资金利用效率和管理效果,抢占市场,响应变化,顺应潮流。这个模式对推动中小企业会计信息化无疑是不错的选择[①]。

11.3.2.2 平台即服务(PaaS)

PaaS 是把应用服务的运行和开发环境作为一种服务提供的商业模式。即 PaaS 为开发人员提供了构建应用程序的环境,开发人员无须过多考虑底层硬件,可以方便地使用很多在构建应用时的必要服务。

Google App Engine(应用引擎)提供了一种 PaaS 类型的云计算服务平台,专为软件开发者制定。Google App Engine 是由 Python 应用服务器群、BigTable 数据库访问及 GFS 数据存储服务组成的平台,它能为开发者提供一体化的、提供主机服务器及可自动升级的在线应用服务。用户编写应用程序,Google 提供应用运行及维护所需要的一切平台资源。在 Google App Engine 平台上,开发者完全不必担心应用运行所需要的资源,因为 Google App Engine 会提供所有的东西。开发者更容易创建及升级在线应用,而不用花费精力在系统的管理及维护上。

Google App Engine 这种服务让开发人员可以编译基于 Python 的应用程序,并可免费使用 Google 的基础设施来进行托管(最高存储空间达 500 MB)。超过此上限的存储空间,Google 以 CPU 内核使用时长及存储空间使用容量按一定标准向用户收取费用。

Google App Engine 和 Amazon 的 S3、EC2 及 SimpleDB 不同,因为后者直接提供的是一系列硬件资源供用户选择使用。

PaaS 的关键技术有两个,一个是分布式的并行计算,另一个是大文件分布式存储。分布式并行计算技术是为了充分利用广泛部署的普通计算资源实现大规模运算和应用的目的,实现真正将传统运算转化为并行计算,为客户提供并行服务。大文件分布式存储是为了解决海量数据存储在廉价的不可信节点集群架构上数据安全性及运行性的保证。

虽然 SaasS 模式对推动中小企业会计信息化优点多多,但是也有一定的局限。作为对 SaaS 的进一步延伸和发展模式,PaaS 可以改进 SaaS 的不足之处。与 SaaS 模式提供标准化应用程序不同的是,PaaS 可以灵

① 乔瑞.云计算环境下的中小企业会计信息化建设模式研究[D].太原:山西财经大学,2014.

活满足中小企业个性化需求,因为不同规模和行业的中小企业对财务报表信息的侧重点是不同的,外部环境也随时可能发生巨变,统一化的财务软件就不能很好地与企业实际业务流程和环境契合,缺乏从企业自身角度的考虑。如果不能适应企业的财务流程,则会引起内部财务人员的抵抗,给财务工作的顺利展开带来困难,进而给企业带来损失。基于这些原因,Paas 模式下服务提供商站在企业的角度,让企业用户加入财务系统的开发过程。指导理念是将开发会计信息系统的任务从服务商转移到企业自身。具体过程就是熟悉企业财务流程用户和技术专家组成团队,量身定做自己的财务系统,服务商只是提供一个个性化的服务平台,用户仅仅是利用它提供的服务器、平台、开发工具等,财务人员把系统流程需求传递给技术专家后,他们据此利用平台的开发环境(如系统编程语言、开发程序、数据模型等)定制开发应用系统。初步开发后再结合财务人员的实际使用效果设置和更改部分参数,比如基本配置、人员访问规则和授权、数据保密级别。如有更复杂的需求,可以由软件工程师修改编程语言和程序、脚本设计。这个过程要求财务人员和系统开发人员高度互动,相互协同,从而使其贴近企业真实的财务管理流程。与以前的企业自行开发进行企业财务管理信息化建设相比较,采用 PaaS 模式大幅缩短了开发周期,更重要的是符合企业个性需求,间接提高企业在 IT 上的投资回报率,在 Paas 平台上定制化开发将是一种长期的发展趋势。

11.3.2.3 基础设施即服务(IaaS)

IaaS 为 IT 行业创造虚拟的计算和数据中心,使得其能够把计算单元、存储器、I/O 设备、带宽等计算机基础设施,集中起来成为一个虚拟的资源池来为整个网络提供服务。IaaS 提供接近于裸机(物理机或虚拟机)的计算资源和基础设施服务。

IaaS 的典型代表是 Amazon 的云计算服务(Amazon Web Service,AWS)的 AWS 平台,它提供了两个典型的云计算平台:弹性计算云 EC2(Elastic Computing Cloud)和简单存储服务 S3(Simple Storage Service),EC2 完成计算功能,在该平台上用户可以部署自己的系统软件,完成应用软件的开发和发布。S3 完成存储计算功能,S3 的基础窗口是桶,桶是存放文件的容器。S3 给每个桶和桶中每个文件分配一个 URI 地址,因此用户可以通过 HTTP 或者 HTPS 协议访问文件。收费的服务项目包括存储服务器、带宽、CPU 资源以及月租费。

IaaS 的关键技术及解决方案是虚拟化技术。使用虚拟化技术,将多台服务器的应用整合到一台服务器上的多个虚拟机上运行。其中,有五台独立的服务器,每个服务器有其相应的操作系统和应用程序,但每台服务器的利用率都很低,为了充分利用服务器,将五台服务器上的应用整合到一台服务器上的多个虚拟机上运行,其利用率大大提高。计算虚拟化提高了服务器资源的利用率,安全可靠地降低了数据中心总所有成本TCO(Total Cost of Ownership)。

虚拟化技术的一些主要功能可以用来应对数据中心面临的挑战,这些主要功能之一就是分区。分区意味着虚拟化层为多个虚拟机划分服务器资源的能力;每个虚拟机可以同时运行一个单独的操作系统(相同或不同的操作系统),从而实现在一台服务器上运行多个应用程序;每个操作系统只能"看"到虚拟化层为其提供的"虚拟硬件(虚拟网卡、SCSI 卡等)",使它认为运行在自己的专用服务器上。

虚拟化技术的另一个主要功能是隔离。如某个虚拟机崩溃或故障(如操作系统故障、应用程序崩溃、驱动程序故障等),不会影响同一服务器上的其他虚拟机。在某个虚拟机中的病毒、蠕虫等与其他虚拟机相隔离,就像每个虚拟机都位于单独的物理机器上一样。虚拟化技术还可以进行资源控制以提供性能隔离,即可以为每个虚拟机指定最小和最大资源使用量,以确保某个虚拟机不会占用所有的资源而使得同一系统中的其他虚拟机无资源可用。

传统模式下,企业要发展会计信息化首要是购买昂贵的基础设施如专用服务器、存储设备,建立数据中心,这些往往投资大、回报慢,直接延缓了中小企业会计信息化进度。而在 IaaS 模式下,这些基础设施投资由专门服务商提供,利用先进的服务器虚拟技术把网络资源、存储功能、网络一系列资源转化为可计量出租的商品。企业在需要的时候交付相应租金即可使用对应的计算能力,服务商拥有所有权,负责机房、机器等日常维护。这种模式并非指企业不需要投资所有的基础设施,对于必要的基础设施,可以比较自行购买建设或者外包建设的成本进行最优选择。新建中小企业的初期规模小、业务少,会计信息化系统太过完美则会闲置浪费计算资源和资金;有的企业的业务有明显的季节性变化,淡季时闲置了大量的资源,而旺季时大量业务数据需要处理分析挖掘,资源需求量将会激增。针对这些对资源需求不均衡的矛盾情况,IaaS 模式帮助企业实现了成本最低化、价值最大化。除了必要的基础设施,需求量高峰期可以采用租赁服务来应对,不需要时再返还给服务提供商,降低企业的基础设施投资成本,实现资金的高效率投资,达到 IT 资源供需的平衡。

11.3.3 基于云计算的中小企业会计信息化网络设计方案

　　构建基于云计算的中小企业会计信息化模式有三种网络设计方案,分别是自行建网、互联网和虚拟专用网。其中自行建网对于中小企业的实施难度较大,虽然中小企业可以完全依据自己的需求合理建设网络,数据安全性能最高,自主性较强,但是构建和维护成本需要自身承担,不适合中小企业。公共互联网因为使用成本低,信息沟通速度快,交换形式多样,有图片、视频、文字等,不受空间和时间限制,而广受欢迎。但是一些财务核心机密数据不宜使用公共互联网传递,网络不稳定时传输速度受影响且安全性能较低,可适用于一般数据的传输。

　　云存储是由第三方运营商提供的在线存储系统,如面向个人用户的在线网盘和面向企业的文件、块或对象存储系统等。云存储的运营商负责数据中心的部署、运营和维护等工作,将数据存储包装成服务的形式提供给客户。云存储作为云计算的延伸和重要组件之一,提供了"按需分配、按量计费"的数据存储服务。因此,云存储的用户不需要搭建自己的数据中心和基础架构,也不需要关心底层存储系统的管理和维护等工作,并可以根据其业务需求动态地扩大或减小其对存储容量的需求。

　　云存储通过运营商来集中、统一地部署和管理存储系统,降低了数据存储的成本,从而也降低了大数据行业的准入门槛,为中小型企业进军大数据行业提供了可能性。比如,著名的在线文件存储服务提供商Dropbox,就是基于 AWS(Amazon Web Services)提供的在线存储系统S3 创立起来的。在云存储兴起之前,创办类似于 Dropbox 这样的初创公司几乎不太可能。

　　云存储背后使用的存储系统其实多是采用分布式架构,而云存储因其更多新的应用场景,在设计上也遇到了新的问题和需求。另外,云存储和云计算一样,都需要解决的一个共同难题就是关于信任(Trust)问题——如何从技术上保证企业的业务数据放在第三方存储服务提供商平台上的隐私和安全,的确是一个必须解决的技术挑战。

　　将存储作为服务的形式提供给用户,云存储在访问接口上一般都会秉承简洁易用的特性。比如,亚马逊的S3 存储通过标准的 HTTP 协议和简单的 REST 接口进行存取数据,用户分别通过 Get、Put 和 Delete 等HTTP 方法进行数据块的获取、存放和删除等操作。出于操作简便方面的考虑,亚马逊 S3 服务并不提供修改或者重命名等操作;同时,亚马逊S3 服务也并不提供复杂的数据目录结构,而仅仅提供非常简单的层级关系；用户可以创建一个自己的数据桶（bucket），所有的数据直接存储在这个 bucket 中。另外，云存储还需要解决用户分享的问题。亚马逊 S3 存储中的数据直接通过唯一的 URL 进行访问和标识，因此，只要其他用户经过授权，便可以通过数据的 URL 进行访问了。

存储虚拟化是云存储的一个重要技术基础，是通过抽象和封装底层存储系统的物理特性，将多个互相隔离的存储系统统一化为一个抽象的资源池的技术。通过存储虚拟化技术，云存储可以实现很多新的特性。比如，用户数据在逻辑上的隔离、存储空间的精简配置等。

虚拟化技术其实很早以前就已经出现了，虚拟化的概念也不是最近几年才提出来的。虚拟化技术最早出现于 20 世纪 60 年代，那时候的大型计算机已经支持多操作系统同时运行，并且相互独立。如今的虚拟化技术不再是仅仅只支持多个操作系统同时运行这样单一的功能了，它能够帮助用户节省成本，同时提高软硬件开发效率，为用户的使用提供更多的便利。尤其近年来，虚拟化技术在云计算与大数据方向上的应用更加广泛。虚拟化技术有很多分类，针对用户不同的需求涌现出了不同的虚拟化技术与方案，如网络虚拟化、服务器虚拟化、操作系统虚拟化等，这些不同的虚拟化技术为用户很好地解决了实际需求。

云计算与云存储依赖虚拟化技术实现各类资源的动态分配、灵活调度、跨域共享，从而极大地提高资源利用效率，并使得 IT 资源能够真正成为公共基础设施，在各行各业得到广泛应用。

维基百科对虚拟化的定义为：虚拟化是将计算机物理资源如服务器、网络、存储资源及内存等进行抽象与转换后，提供一个资源的统一逻辑视图，使用户可以更好地利用这些资源。这些资源的新的虚拟视图不受原物理资源的架设方式、地理位置或底层资源的物理配置的限制。

因此，可以说虚拟化是一种整合或逻辑划分计算、存储以及网络资源来呈现一个或多个操作环境的技术，通过对硬件和软件进行整合或划分，实现机器仿真、模拟、时间共享等。通常虚拟化将服务与硬件分离，使得一个硬件平台中可以运行以前要多个硬件平台才能执行的任务，同时每个任务的执行环境是隔离的。虚拟化也可以被认为是一个软件框架，在一台机器上模拟其他机器的指令。

目前广泛使用的虚拟化架构主要有两种类型，根据是否需要修改客户操作系统，分为全虚拟化（Full Virtualization）和半虚拟化（Para-Virtualization）。全虚拟化不需要对客户操作系统进行修改，具有良好的透明性和兼容性，但会带来较大的软件复杂度和性能开销。半虚拟化需要修改客户操作系统，因此一般用于开源操作系统，可以实现接近物理机的性能。两种虚拟化技术的基本结构如图 11-11 所示。

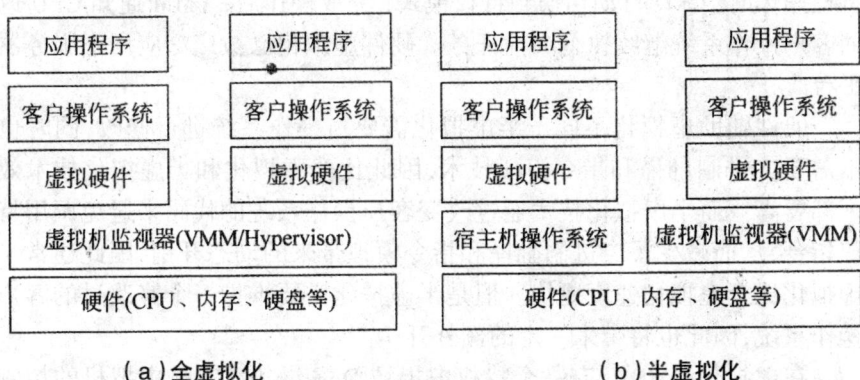

应用程序	应用程序	应用程序	应用程序
客户操作系统	客户操作系统	客户操作系统	客户操作系统
虚拟硬件	虚拟硬件	虚拟硬件	虚拟硬件
虚拟机监视器(VMM/Hypervisor)		宿主机操作系统	虚拟机监视器(VMM)
硬件(CPU、内存、硬盘等)		硬件(CPU、内存、硬盘等)	

（a）全虚拟化　　　　　　　　　　（b）半虚拟化

图 11-11　虚拟化平台的两种基本结构

在两种基本结构中,虚拟机监视器(Virtual Machine Monitor, VMM)或虚拟机管理程序(Hypervisor)是虚拟化的核心部分。VMM 是一种位于物理硬件与虚拟机之间的特殊操作系统,主要用于物理资源的抽象与分配、I/O 设备的模拟以及虚拟机的管理与通信,可以提高资源利用效率,实现资源的动态分配、灵活调度与跨域共享等。

在全虚拟化架构中,VMM 直接运行在物理硬件上,通过提供指令集和设备接口来提供对上层虚拟机的支持。全虚拟化技术通常需要结合二进制翻译和指令模拟技术来实现。大多数运行在客户操作系统中的特权指令被 VMM 捕获,VMM 在这些指令执行前捕获并模拟这些指令。对于一些用户模式下无法被捕获的指令,将通过二进制翻译技术处理。通过二进制翻译技术,小的指令块被翻译成与该指令块语义等价的一组新的指令。

在半虚拟化架构中,VMM 作为一个应用程序运行在客户操作系统上,利用客户操作系统的功能实现硬件资源的抽象和上层虚拟机的管理。半虚拟化技术需要对客户操作系统进行修改,特权指令被替换为一个虚拟化调用(Hypercall)来跳转到 VMM 中。虚拟域可以通过 Hypercall 向 VMM 申请各种服务,如 MMU (Memory Management Unit,内存管理单元)更新、I/O 处理、对虚拟域的管理等。VMM 为客户操作系统提供了一些系统服务的虚拟化调用接口,包括内存管理、设备使用及终端管理等,以确保全部的特权模式活动都从客户操作系统转移到 VMM 中。

硬件辅助虚拟化是全虚拟化的硬件实现。由于虚拟化技术应用广泛,主流硬件制造商在硬件层面提供了虚拟化支持,例如 Intel 的 VT、

AMD-V 和 ARM 的 VE（Virtualization Extension）。当客户操作系统执行特权操作时，CPU 自动切换到特权模式；完成操作后，VMM 通知 CPU 返回客户操作系统继续执行当前任务。硬件虚拟化已被广泛应用于服务器平台。

硬件辅助虚拟化不同于半虚拟化需要对操作系统进行修改，同时也不需要二进制翻译和指令模拟技术，因此比全虚拟化和半虚拟化技术效率都要高。而半虚拟化技术通过改变客户操作系统的代码来避免调用特权指令，从而减少了二进制翻译和指令模拟带来的动态开销，因此通常半虚拟化比全虚拟化速度更快。但是半虚拟化需要维护一个修改过的客户操作系统，因此也将带来一定的额外开销。

在虚拟化系统中，有一个特权虚拟域 Domain 0。它是虚拟机的控制域，相当于所有 VMS 中拥有 root 权限的管理员。Domain 0 在所有其他虚拟域启动之前要先启动，并且所有的设备都会被分配给这个 Domain 0，再由 Domain 0 管理并分配给其他的虚拟域，Domain 0 自身也可以使用这些设备。其他虚拟域的创建、启动、挂起等操作也都由 Domain 0 控制。此外，Domain 0 还具有直接访问硬件的权限。Domain 0 是其他虚拟机的管理者和控制者，可以构建其他更多的虚拟域，并管理虚拟设备；它还能执行管理任务，比如虚拟机的休眠、唤醒和迁移等。

在 Domain 0 中安装了硬件的原始驱动，担任着为 Domain U 提供硬件服务的角色，如网络数据通信（DMA 传输除外）。Domain 0 在接收数据包后，利用虚拟网桥技术，根据虚拟网卡地址将数据包转发到目标虚拟机系统中。因此，拥有 Domian 0 的控制权限就控制了上层所有虚拟机系统，这也致使 Domain 0 成为攻击者的一个主要目标。

Xen 是由英国剑桥大学计算机实验室开发的一个开放源代码虚拟机监视器，它在单个计算机上能够运行多达 128 个有完全功能的操作系统。Xen 把策略的制定与实施分离，将策略的制定，也就是确定如何管理的相关工作交给 Domain 0；而将策略的实施，也就是确定管理方案之后的具体实施，交给 Hypervisor 执行。在 Domain 0 中可以设置对虚拟机的管理参数，Hypervisor 按照 Domain 0 中设置的参数去具体地配置虚拟机。

虚拟化技术可以实现大容量、高负载或者高流量设备的多用户共享，每个用户可以分配到一部分独立的、相互不受影响的资源。每个用户使用的资源是虚拟的，相互之间都是独立的，虽然这些数据有可能存放在同在一台物理设备中。以虚拟硬盘来说，用户使用的是由虚拟化技术提供的虚拟硬盘，而这些虚拟硬盘对于用户来说就是真实可用的硬盘，这些虚拟硬盘在物理存储上可能就是两个不同的文件，但用户只能访问自己的硬盘,不能访问别人的硬盘,所以他的各自的数据是安全的,是相互不受影响的,甚至各个用户使用的网络接口都是不一样的,所使用的网络资源也是不一样的,使用的操作系统也不一样。

使用虚拟化技术可以将很多零散的资源集中到一处,而使用的用户则感觉这些资源是一个整体。如存储虚拟化技术则可以实现将很多的物理硬盘集中起来供用户使用,用户使用时看到的只是一块完整的虚拟硬盘。

使用虚拟化技术可以动态维护资源的分配,动态扩展或减少某个用户所使用的资源。用户如果产生了一个需求,如需要添加更多的硬盘空间或添加更多的网络带宽,虚拟化技术通过更改相应的配置就可以很快地满足用户的需求,甚至用户的业务也不需要中断。

随着虚拟化技术在不同的系统与环境中的应用,它在商业与科学方面的优势也体现得越来越明显。虚拟化技术为企业降低了运营成本,同时提高了系统的安全性和可靠性。虚拟化技术使企业可以更加灵活、快捷与方便地为最终的用户进行服务,并且用户也更加愿意接受虚拟化技术所带来的各种各样的便利。为更加直观地感受与认识虚拟化,下面对一个计算机系统有无使用虚拟化技术进行一个简单的对比,如图 11-12 所示。

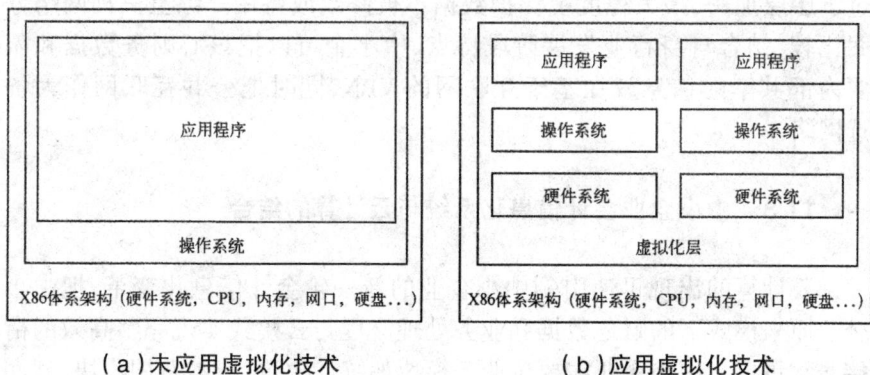

（a）未应用虚拟化技术　　　　（b）应用虚拟化技术

图 11-12　虚拟化软硬件框架对比

如图 11-12（a）所示,未应用虚拟化技术时,操作系统直接安装在硬件上,而应用程序则运行在操作系统中。应用程序独占整个硬件平台;应用虚拟化技术时,则多了一层虚拟化中间层,用于提供对硬件的模拟,这样在该虚拟化层上可以装多个操作系统和多个应用程序,它们之间相互独立,如图 11-12（b）所示。

虚拟化技术可以同时模拟出多个不同的硬件系统,而操作系统则安装在虚拟出来的硬件系统之上,操作系统与应用程序将不荐独占整个硬件资源,从而实现了多个操作系统可同时运行的效果。

作为云计算与云存储平台的支撑技术,虚拟化为云存储带来极大的优势。

（1）利用虚拟化技术,云存储资源以服务的方式提供给用户,可以极大地提高资源利用效率,从而降低成本,节约能源消耗。

（2）可以实现资源的动态分配与灵活调度,从而可以根据实际需要实时进行配置,可满足不断变化的业务需求。

（3）可以利用专业的安全服务提高安全性。个人用户很难有专业的安全知识,但云服务提供商可以提供专业的安全解决方案。

（4）使得云存储具有更高的可扩展性,可动态调整资源粒度,并动态进行扩展。

（5）更强的互操作性,云存储可以实现平台无关性,也可以满足各种接口和协议的兼容性。

（6）云服务提供商具备实现容灾备份的条件,可以改善灾难恢复效率。

选择虚拟网作为中小企业发展基于云计算的会计信息化系统适应了未来的发展趋势,用户只需简单在公用网络上接入专线,然后进行相关配置,减少了不必要的软硬件投资成本和企业网络维护成本。VPN 隧道经过了层层加密,最大程度上保护数据不被修改或盗用。综上三种网络方案比较,结合自身行业发展阶段特点,中小企可以把核心财务数据和需要内部共享的信息放在基于互联网的 VPN,同时把公共互联网作为备选网络。

11.3.4 中小企业会计信息化系统与云计算的结合

云计算的出现迅速引领中小企业的新一轮会计信息化变革,把中小企业原来模式下的财务数据和业务处理流程与云模式实现完整高效的衔接非常重要。中小企业需要按业务模块如统计模块、成本费用模块、利润模块、管理固定资产模块、报表模块、查询模块等区分各自处理流程,掌握各自环节中的关键控制点和核心数据,理清彼此之间勾稽关系,从大局出发,要有战略性眼光。可以采用价值链分析方法,把低增值非核心资源通过按需租赁取得,集中精力投身于重要的增值业务中。对中小企业的会计信息化现状分析完后,要引入具有强大技术优势的云计算。基于云计算的中小企业会计信息化模式架构可以分为五层,不同结构对应不同的服务,可以分为应用层结构、云平台服务层、数据中心层、基础设施层、虚拟化硬件层。五个层次有效整合分别发挥作用促进中小企业会计信息化。

　　应用层结构也就是采用软件即服务（SaaS）搭建中小企业的日常会计核算系统、财务数据查询系统、薪酬福利系统、经济决策支持系统、财务部门的门户访问以及与会计业务发生密切联系的模块。中小企业需要自行研发会计系统、开发应用环境或者建立数据库，可以灵活应用云平台提供的服务。对于企业的核心会计信息和对决策起重要作用的经济信息，可以利用数据中心层来完成大量的计算处理分析。通过基础设施即服务（IaaS）提供的虚拟硬件资源将可以用的计算资源分配至各用户，比如多大的计算能力，多大的内存空间、硬盘容量，是否需要数据的备份，来按照用户的需要租用给用户，按照使用时间来收费，达到弹性利用计算资源能力。这几个层次提供的服务归根结底都需要通过 Internet 实现基于云计算的会计信息化体系。

　　利用云计算构建中小企业会计信息化体系应当由三部分构成：第一，会计核算平台，包括总账，日记账、明细账、存货管理账、成本核算账、收入账等具体业务集成的日常财务核算系统。第二，财务管理综合平台，通过企业价值综合分析指标、资金投资分析、筹资管理、运营分析、平衡计分卡等全面预算指标体系创造企业价值最大化。第三，企业管理综合平台，企业的采购、仓储、生产、销售、行政管理、客户服务、售后管理等与财务流程密切相关，要把这些业务有机融合在一起形成企业信息化管理综合系统。例如，发生某项业务时，业务数据在云平台中传输得到处理，实时记录在会计信息系统中生成财务数据。云计算环境使得企业日常业务如与银行对账、向税务局报税、会计师事务所审计、客户之间交易和会计信息系统整合为一体，方便彼此之间沟通联系，有利于企业内部各个流程之间协作，可以及时反馈外部信息到企业的综合系统中实时做出决策。

参考文献

[1] 李雄平.信息化背景下会计领域的新发展[M].成都：四川大学出版社,2019.

[2] 王小沐,高玲.大数据时代我国企业的财务管理发展与变革[M].长春：东北师范大学出版社,2017.

[3] 潘栋梁,于新茹.大数据时代下的财务管理分析[M].长春：东北师范大学出版社,2017.

[4] 段华.基础会计理论与实务[M].上海：复旦大学出版社,2015.

[5] 徐哲,王柏慧,李贺.基础会计[M].上海：立信会计出版社,2018.

[6] 缪启军.会计基础与实务[M].4版.上海：立信会计出版社,2017.

[7] 赵萌.会计基础与实务[M].石家庄：河北人民出版社,2016.

[8] 于文等.财务会计实务[M].上海：上海财经大学出版社,2018.

[9] 杜俊娟.会计基础理论与实务[M].上海：上海财经大学出版社,2015.

[10]武平,田淑华.基础会计实务与指导[M].北京：中国市场出版社,2014.

[11] 周虹,耿照源.会计学基础[M].杭州：浙江大学出版社,2019.

[12] 李政,赵桂青.基础会计[M].北京：北京理工大学出版社,2019.

[13] 颜剩勇,廖文军.基础会计学[M].沈阳：东北财经大学出版社,2019.

[14] 刘海云.会计学基础[M].北京：对外经济贸易大学出版社,2019.

[15] 李国田,杨贵兴.基础会计[M].厦门：厦门大学出版社,2019.

[16] 刘春姣.互联网时代的企业财务会计实践发展研究[M].成都：电子科技大学出版社,2019.

[17] 申仁柏.互联网+对现代会计教学改革的影响研究[M].长春：吉林大学出版社,2019.

[18]姜明霞,胡生歺.会计电算化实务[M].2版.大连：东北财经大

学出版社,2016.

　　[19]陈英蓉.会计电算化实务[M].成都:西南财经大学出版社,2014.

　　[20]杨友霞.信息化视角下会计核算方法选择探讨[J].财经与管理,2013(2):231.

　　[21]杨周南.XBRL分类标准认证的理论基础和方法学体系研究[J].会计研究,2011(11):10-15.

　　[22]杨周南,会计信息化标准体系构建的理论框架和方法学研究[J].会计研究,2016(9):4-8.

　　[23]赵刚.事项会计、云计算与多维会计算[J].财会月刊,2013(8):327-328.

　　[24]智浩.基于会计信息化环境的会计科目设置探讨[J].会计之友,2014(1):22-23.

　　[25]翟伟栋.事项会计、数据库会计与REA会计之[J].财月刊,2015(19)98-100.

　　[26]邹欣.XBRL对会计信息质量改善问题浅析[J].时代金融,2017(2)178-179.

　　[27]许金叶,王梦琳.管理会计信息化的定位、内容与规范[J].财务与会计,2015(15):16-18.

　　[28]熊磊.云计算在管理会计信息化中的应用初探[J].财会通讯,2014(34):99-100.

　　[29]隋春蕾.心理资本管理会计研究概述-基于大数据技术和云计算视角[J].财会通讯,2014(22):113-114.

　　[30]耿云江,赵晓晓.大数据时代管理会计的机遇、挑战与应对[J].会计之友,2015(01):1-14.

　　[31]傅红彬,官登水.大数据浪潮下的管理会计对策与发展的探讨[J].中国管理信息化,2015,18(03):54-55.

　　[32]陈旭.范亮.移动互联网下的管理会计信息化构想-基于云计算平台[J].会计之友,2015(19):80-82.

　　[33]熊磊.财务共享服务下管理会计信息化有效实施策略[J].会计之友,2015(08):7-9.

　　[34]何淑姆.基于"互联网+"的企业管理会计信息化建设探索[J].全国商情,2016(30):79-81.

[35] 黄柳青 . "互联网 +"时代管理会计信息化对传统会计的影响 [J]. 时代金融,2018（3）：135+142.

[36] 徐海宁 . 互联网 + 时代下管理会计的新发展 [J]. 科技创新与应用,2015（29）：268-269.

[37] 李昕阳 . "互联网 +"时代的管理会计信息化探讨 [J]. 财经界(学术版),2018（20）：93-94.

[38] 石燕管 . 理会计在供给侧改革背景下的应用研究 [J]. 纳税,2018,12（27）：92-93.

[39] 刘慧莲 . 浅议经济新常态下管理会计在企业中的应用 [J]. 中国集体经济,2018（24）：33-34.

[40] 马丹,黄轩 . 浅谈大数据时代管理会计的变革 [J]. 现代营销(下旬刊),2017（11）：132-133.

[41] 王燕 . 大数据时代管理会计信息化现状分析 [J]. 财学习,2016（07）：142.

[42] 温月 . 大数据时代管理会计面临的挑战及对策 [J]. 会计之友,2017（15）：68-70.

[43] 冯云霞 . 浅谈财务共享服务下管理会计信息化有效实施策略 [J]. 时代金融,2018（29）：246+248.

[44] 韩向东管理会计信息化的应用现状和成功实践 [J]. 会计之友,2014（32）：85-88.